Rechtsentscheide von Moses Nachmanides aus Gerona

JUDENTUM UND UMWELT
REALMS OF JUDAISM

Herausgegeben von/Edited by
Prof. Dr. Dr. Johann Maier

In Verbindung mit/in Connection with
Paolo Sacchi und Joseph Shatzmiller

Band 77

PETER LANG
Frankfurt am Main · Berlin · Bern · Bruxelles · New York · Oxford · Wien

RECHTSENTSCHEIDE VON MOSES NACHMANIDES AUS GERONA

Teil 3

Aus dem Hebräischen
und Aramäischen übersetzt
von Hans-Georg von Mutius

Peter Lang
Europäischer Verlag der Wissenschaften

Bibliografische Information Der Deutschen Bibliothek
Die Deutsche Bibliothek verzeichnet diese Publikation in der
Deutschen Nationalbibliografie; detaillierte bibliografische
Daten sind im Internet über <http://dnb.ddb.de> abrufbar.

ISSN 0721-3131
ISBN 3-631-50370-9

© Peter Lang GmbH
Europäischer Verlag der Wissenschaften
Frankfurt am Main 2004
Alle Rechte vorbehalten.

Das Werk einschließlich aller seiner Teile ist urheberrechtlich geschützt. Jede Verwertung außerhalb der engen Grenzen des Urheberrechtsgesetzes ist ohne Zustimmung des Verlages unzulässig und strafbar. Das gilt insbesondere für Vervielfältigungen, Übersetzungen, Mikroverfilmungen und die Einspeicherung und Verarbeitung in elektronischen Systemen.

www.peterlang.de

Das Buch ist dem Andenken meines ersten akademischen Lehrers, des Alttestamentlers und Ägyptologen Siegfried Herrmann aus Bochum gewidmet, der trotz mancher Schwierigkeiten, die er im Umgang mit meiner Person empfand, mich großzügig förderte und meinem beruflichen Werdegang in der entscheidenden Anfangsphase den Weg ebnete.

Fernab von den politischen Zwängen und den gegenseitigen persönlichen (Begutachtungs-)Abhängigkeiten in der Drittmittelforschung lege ich hiermit den dritten und letzten Band meiner Übersetzungen der Rechtsgutachten von Moses Nachmanides vor. Die Arbeit mit den teilweise recht dunkel formulierenden Texten erwies sich stellenweise als extrem schwierig. Etliche weitere Entscheidungen des katalanisch-jüdischen Gelehrten sind außen vor geblieben und harren der Bearbeitung. Mit ihnen mag sich befassen, wer sich dazu berufen fühlt. In Einlösung von gegenüber Dritten abgegebenen Versprechungen stehen bei mir selbst jetzt wieder Fragen zur Bearbeitung an, mit denen ich vor 30 Jahren meine akademische Laufbahn begann. Ungeklärte Schwankungen des hebräischen Bibeltextes im Mittelalter aus der jüdischen und christlichen(!) Zitatliteratur mit ihren Beziehungen zur Septuaginta, zu den lateinischen Bibelübersetzungen, zur Peschitta, und vor allem zu den Bibeltexten von Qumran stellen für mich ein in gleichem Maße faszinierendes, aber weit weniger mühsames Arbeitsfeld dar als die Beschäftigung mit der (von mir inzwischen verstandenen) Funktion eines Kammrad-Stockgetriebes in iberischen Wassermühlwerken oder mit der Gläubigerkonkurrenz im Mobiliarzwangsvollstreckungsverfahren more rabbinico.

Mein herzlicher Dank gilt wieder Herrn Wolfgang Schmitt-Garibian von der Bayerischen Staatsbibliothek, der das Manuskript auf Flüchtigkeitsfehler sorgfältig durchgeschaut und mich vor mancher Peinlichkeit erneut bewahrt hat.

München, im Juni 2004
Der Bearbeiter

INHALTSVERZEICHNIS

Einleitung							XV

A) Entscheidungen allgemein schuldrechtlicher Art

(Barcelona): An welchem Ort muß der Schuldner leisten
oder der Gläubiger die Entgegennahme der Leistung des
Schuldners akzeptieren, wenn im Vertrag kein ausdrücklicher Leistungsort vereinbart ist?
Kann ein Gläubiger die vorzeitige Tilgung der Verbindlichkeit durch den Schuldner verweigern?
Darf ein Ausfallbürge seine Garantieverpflichtung einseitig aufkündigen, wenn der Gläubiger es vorläufig unterläßt,
den Hauptschuldner bei Säumigkeit zu belangen?			1
◊

(Barcelona): Welche Modalitäten muß ein vom Gläubiger belangter Ausfallbürge beachten, damit er hinterher den Hauptschuldner selber in Regreß nehmen kann?			5
◊

(Barcelona): Zwei Personen nehmen bei einer dritten ein
Darlehen auf. Kann der Gläubiger von nur einem der beiden
Schuldner die ganze Summe zurückfordern?
Geht die gemeinsame Darlehensaufnahme eines Ehepaares
zu Lasten der Ketubba-Ansprüche der Frau, wenn das Geld
zurückgezahlt wird?						7
◊

(Barcelona): Ein Darlehensnehmer verschwendet sein Vermögen, so daß dessen Zahlungsunfähigkeit absehbar ist;
oder er will vor der Fälligkeit der Rückforderung ins ferne Ausland reisen. Kann der Darlehensgeber in beiden Fällen schon vor dem Rückzahlungstermin gegen seinen
Schuldner vorgehen, um die Bezahlung seiner Forderung
zu sichern?							10
◊

(Barelona): Ruben fordert Simon auf, dem ebenfalls anwesenden Levi eine Mine zu zahlen. Simon erklärt sich dazu
bereit und sagt auf Nachfragen Levis aus, daß er die Mine
von Ruben bekommen habe. Als Levi den Simon am nächsten Tag zur Zahlung auffordert, weigert sich Simon, der
Aufforderung Levis nachzukommen. Zur Begründung verweist er auf ein formfehlerhaftes Verhalten des Ruben
bei der Zession. Ist die Forderungsabtretung nun gültig
oder nicht?

Jemand hinterlegt bei seinem Glaubensbruder Weizen und fordert den Verwahrer auf, einem dritten Glaubensbruder 20 Schillinge aus dem Weizen zu geben. Kann der Verwahrer von einer diesbezüglich gemachten Zusage hinterher wieder zurücktreten, weil er vom Hinterleger ja kein bares Geld anvertraut bekommen hat und die Formulierung des Hinterlegers nicht unbedingt klar gehalten ist? 15
◊

(Barcelona): In einem zinslosen Darlehensvertrag zwischen zwei Glaubensbrüdern wird vereinbart, daß der Darlehensnehmer die turnusmäßig fällige Vermögenssteuer des Darlehensgebers an den König von Aragon in Höhe des auf den kreditierten Betrag entfallenden Bruchteils stellvertretend für den Darlehensgeber entrichten soll. Verstößt diese Vereinbarung in verschleierter Form gegen das innerjüdische Zinsverbot, zumal der Darlehensnehmer seinem Gläubiger die kreditierte Summe in voller Höhe zurückzahlen soll? 18
◊

(Barcelona): Ruben bittet Simon um die Gewährung eines Darlehens. Simon fordert Ruben auf, einen ordnungsgemäß beurkundeten Schuldschein erstellen zu lassen und ihm, Simon, das Dokument anschließend zu übergeben. Nach dem Empfang des Schuldscheins werde er ihm dann das Darlehen gewähren. Kann Simon, der von Ruben hernach den gewünschten Schuldschein zur Annahme präsentiert bekommt, von seiner Kreditzusage wieder zurücktreten und die Annahme des Dokuments verweigern? 21
◊

(Barcelona): A fordert von seinem insolventen Schuldner B Geld. B hat eine ausstehende Forderung gegen C. Kann B gegenüber C auf seine Forderung noch verzichten, solange das jüdische Gemeindegericht diese Forderung zugunsten von A nicht beigetrieben hat?
A fordert von seinem insolventen Schuldner B kraft eines mündlich kontrahierten Darlehensvertrages Geld. B hat eine schriftlich kontrahierte Darlehensforderung gegen C, der ebenfalls insolvent ist. Kann A seine Forderung aus den von C zwischenzeitlich verkauften Grundstücken beitreiben und deren Käufer evinzieren? 30
◊

(Barcelona): Ruben tritt mit einem Schuldschein vor Gericht, in dem Simon als Gläubiger und Levi als Schuldner eingetragen sind. Ruben behauptet, die von Simon verlie-

hene Mine stamme aus seinem eigenen Vermögen, und beruft sich dabei auf eine Schuldanerkenntnis Simons vor Zeugen. Kann Ruben die Zahlung Levis für sich beanspruchen? 32
◊
(Barcelona): Ruben leiht Simon Geld, läßt aber in den Schuldschein Levi als Gläubiger eintragen. Als die Rückforderung fällig wird und Ruben den Simon auf Zahlung verklagt, weigert sich Simon, dem Ruben das Geld zurückzuzahlen, und erklärt, nur an Levi zahlen zu wollen. Wer von den beiden befindet sich im Recht? 34
◊
(Barcelona): Ruben gibt Simon Geld in Verwahrung. Als er nach einiger Zeit sein Geld zurückfordert, verweigert Simon die Herausgabe und erklärt das Geld zugunsten eines Gläubigers von Ruben für beschlagnahmt. Ist Simons Vorgehen rechtmäßig? 35

B) Entscheidungen zum Grundpfandrecht außerhalb des Insolvenzverfahrens

(Barcelona): Kann der Gläubiger seinen Schuldner jederzeit zwingen, ein von ihm stammendes Grundpfand auszulösen, wenn im Darlehensvertrag die Nutzungszeit der Liegenschaft durch den Gläubiger nicht fixiert worden ist? 42
◊
(Barcelona): Ist bei einem Grundpfandgeschäft die Verrechnung nur eines Bruchteils der jährlichen Ernteerträge mit der Gläubigerforderung zulässig, oder verstößt dieser Abrechnungsmodus gegen das innerjüdische Zinsverbot? 42
◊
(Barcelona): Jemand verpfändet gegen den Erhalt eines Darlehens eine landwirtschaftliche Nutzfläche an einen Glaubensbruder, und zwar mit der Abrede, nur einen Bruchteil der jährlichen Ernteerträge auf die Forderung angerechnet zu bekommen. Darüber hinaus soll der Grundeigentümer und Schuldner während der Verpfändungszeit die Grundsteuer an den König (von Aragon?) weiter zahlen. Verstößt diese Vereinbarung gegen das innerjüdische Zinsverbot? 45
◊
(Barcelona): Jemand verpfändet gegen ein Darlehen von 100 Währungseinheiten sein Grundstück an einen Glaubensbruder. Bei der Rückzahlung bietet der Schuldner dem Gläubiger 50

Währungseinheiten gegen Rückforderung des halben Grundstücks an. Muß der Gläubiger auf diesen Vorschlag eingehen; oder darf er auf Tilgung der ganzen Verbindlichkeit gegen Rückgabe des ganzen Grundstücks bestehen? 48

C) Entscheidungen zu An- und Verkaufsgeschäften

(Barcelona): Jemand verkauft an einen Glaubensbruder ein Grundstück mit Willensmängeln; und die Transaktion wird später für nichtig erklärt. Der Verkäufer kann aber dem Käufer den Kaufpreis nicht mehr zurückerstatten, weil er zwischenzeitlich insolvent geworden ist. Das fragliche Grundstück wird nun der Zwangsvollstreckung unterworfen; doch der Erlös bringt weit weniger als die damalige Kaufsumme. Kann der geschädigte Käufer den Restbetrag dadurch beitreiben, daß er andere Käufer von weiteren Grundstücken aus dem Verkäufervermögen evinziert?
Ein junger Mann verkauft vor Erreichung des 20.Lebensjahres rechtswidrigerweise ein Grundstück aus dem väterlichen Erbvermögen an einen Glaubensbruder. Der Verkauf wird anschließend für nichtig erklärt; und die Situation des jungen Mannes ist wie die des Verkäufers im vorigen Fall. Kann der geschädigte Käufer auch hier die Erwerber von anderen Grundstücken aus dem Schuldnervermögen zur eigenen Schadloshaltung evinzieren?
Wie ist das Kaufgeld anzusehen, das der Grundstückskäufer dem Grundstücksverkäufer zahlt, wenn beide Parteien wissen, daß das Grundstück dem Verkäufer gar nicht gehört? 50
◊
(Südfrankreich): Ruben verkauft dem Simon ein Feld. Dabei vereinbaren beide, daß Ruben Jahr für Jahr dem Simon Geld gibt, bis der Kaufpreis zurückgezahlt ist und Ruben die Grundfläche dann wieder bekommt. Wenn Ruben auch nur mit einer Jahresrate in Verzug gerät, soll Simon die Grundfläche definitiv behalten dürfen. Die Kaufurkunde wird in der Zwischenzeit einem Treuhänder übergeben. Ist dieses offenkundig kaschierte Darlehens- und Verfallspfandgeschäft wegen möglicher Willensmängel Rubens nichtig? 55
◊
(Barcelona): Wie ist es rechtlich zu bewerten, wenn jemand seinem Glaubensbruder eine beurkundete Darlehensforderung deutlich unter ihrem Nennwert und unbeschadet ihres Fälligkeitszeitpunkts abkauft? 64

D) Entscheidungen zum Insolvenz- und Zwangsvollstreckungsrecht

(Barcelona): Ein Jude nimmt bei einem Glaubensbruder über einen Mittelsmann auf der Basis einer halachisch höchst umstrittenen Vertragskonstruktion ein zinsbares Darlehen auf. Der Zinssatz der beurkundeten Forderung beträgt 100%! Kann der Gläubiger bei Insolvenz des Schuldners zum Fälligkeitstermin die Erwerber von Vermögenswerten aus dem Schuldnereigentum, insbesondere von Grundstücken, zur Befriedigung seiner ganzen Forderung evinzieren? 67

◊

(Barcelona): Ein an seinem Heimatort für insolvent befundener Darlehensschuldner erklärt, im fernen Ausland Vermögenswerte zu besitzen. Der Gläubiger fordert ihn auf, sich dorthin zu begeben, seine Güter zu verkaufen und ihm den Verkaufserlös zurückzubringen. Der Schuldner weigert sich und fordert seinerseits den Gläubiger auf, ins Ausland zu reisen und seine Forderung dort selber aus dem Schuldnervermögen beizutreiben. Wie soll das jüdische Gemeindegericht am Heimatort der beiden Kontrahenten verfahren? 70

◊

(Barcelona): Ein Gläubiger mit insolventem Darlehensschuldner will die Käufer von Grundeigentum aus dem Schuldnervermögen evinzieren, um seine Forderung daraus zu befriedigen. Die eviktionsbedrohten Käufer sagen aus, daß der Schuldner das Grundeigentum erst nach der Aufnahme des beurkundeten Darlehens erworben und dann noch vor dem Fälligkeitstermin an sie weiterverkauft habe. Deswegen dürfe der Gläubiger sich an ihnen nicht schadlos halten. Der Gläubiger aber sagt aus, daß das fragliche Grundeigentum vom Schuldner schon vor der beurkundeten Darlehensaufnahme erworben worden sei und von jenem während der Darlehenslaufzeit an die Beklagten weiterveräußert worden sei. Deswegen hafte jenes Grundeigentum sehr wohl für die Erfüllung seiner Gläubigerforderung. Wem soll das Gericht Glauben schenken, und wer muß die Richtigkeit seiner Behauptung beweisen? 72

◊

(Barcelona): Ein Gläubiger läßt sich vom Schuldner für den Insolvenzfall eine Klausel in den Schuldschein schreiben, wonach der Schuldner auch mit seinem Mobiliarvermögen

für die Erfüllung der Gläubigerforderung haftet. Hernach kommt ein weiterer Gläubiger mit einer später begründeten Forderung dem früheren Gläubiger zuvor, nimmt dem Schuldner mobile Vermögenswerte zur Erfüllung seiner eigenen Forderung weg, und verkauft diese Wertgegenstände an einen Dritten. Den Verkaufserlös braucht der zweite Gläubiger vollständig auf. Alsdann versucht der erste Gläubiger seine Forderung zu vollstrecken, findet aber den Darlehensschuldner völlig insolvent vor. Kann der erste Gläubiger den zweiten schadensersatzweise belangen, wenn der Käufer und nunmehrige Eigentümer der für die erste Forderung haftenden Mobilien nicht mehr auftreibbar ist? 75
◊

(Barcelona): Eine unklar formulierte Frage nach den unpfändbaren Gebrauchsartikeln eines zahlungsunfähigen Schuldners wird vom Respondenten umfassend, aber nicht durchwegs klar beantwortet. 78
◊

(Barcelona): Welche Modalitäten sind bei der gerichtlichen Taxierung und Zwangsversteigerung eines Grundstücks aus dem Vermögen eines insolventen Schuldners zu beachten? 88
◊

(Barcelona): Ein insolventer Darlehensschuldner mit einer nur kleinen Verbindlichkeit hat ein Grundstück, von dem der Gläubiger bei der Zwangsverwertung nur einen so geringen Bruchteil erhält, daß er wirtschaftlich nicht sinnvoll verwertbar ist. Kann der Gläubiger den Schuldner zwingen, ihm vom Grundstück noch so viel zusätzlich zu verkaufen, daß für den Gläubiger eine wirtschaftlich verwertbare Grundfläche dabei herauskommt?
Kann ein insolventer Darlehensschuldner, dem bei der Zwangsverwertung seines Grundstücks eine wirtschaftlich nicht mehr sinnvoll nutzbare Restfläche verbleibt, den Gläubiger zum Aufkauf dieser Restfläche zwingen? 89
◊

(Barcelona): Können im innerjüdischen Rechtsverkehr bei Insolvenz des Müllers dessen Wassermühlwerk oder Einzelbestandteile der Apparatur vom oder für den Gläubiger zur Sicherung von dessen Forderung gepfändet werden? 92
◊

(Barcelona): Ein ehemals insolventer Darlehensschuldner ist finanziell wieder zu Kräften gekommen und möchte seine bei der Zwangsverwertung verlorene Immobilie von *seinem ehemaligen Gläubiger zurückkaufen, worauf er einen talmudisch begründeten Rechtsanspruch hat. Der Gläubiger hat das alte Haus auf dem Grundstück abreißen und ein neues bauen lassen. Kann der Altgläubiger von seinem Altschuldner verlangen, daß er ihm neben der rückzuerstattenden Darlehensschuld auch noch die entstandenen Abriß- und Neubaukosten ersetzt?* 96

(Barcelona): Ein insolventer Darlehensschuldner hat Grundstücke verkauft, die für die beurkundete Gläubigerforderung haften. Der Darlehensgläubiger geht nun daran, den Käufern das entsprechende Grundvermögen unter Aufsicht des jüdischen Gemeindegerichts wegzunehmen. Welches Stadium des Eviktionsverfahrens ist - wenn überhaupt - vom Gericht wie zu beurkunden? 97

Index locorum
a) Bibelstellen 106
b) Klassische Rabbinica 106
c) Mittelalterliche Quellen 108

Index rerum 110

Verzeichnis der zitierten und darüber hinaus konsultierten Literatur 117

EINLEITUNG

Moses Nachmanides wurde 1194 in Gerona geboren und verbrachte die größte Zeit seines Lebens in seiner katalanischen Heimatstadt. 1263 mußte er auf Geheiß von König Jakob dem Ersten von Aragon in Barcelona mit dem Konvertiten Pablo Christiani über verschiedene Themen des jüdischen Glaubens auf der Basis der rabbinischen Traditionsliteratur disputieren.[1] Die nach dem Religionsgespräch folgenden Schwierigkeiten mit kirchlichen Institutionen veranlaßten Nachmanides 1267 zur Auswanderung in das Heilige Land, wo er im Jahre 1270 starb.[2] Das von Moses Nachmanides hinterlassene schriftliche Werk ist von gewaltigem Umfang. Seine Verdienste als Bibelexeget, Religionsphilosoph und Kabbalist sind so oft dargestellt und geschildert worden, daß eine Wiederholung hier völlig überflüssig ist.[3] Unter seinen halachischen Publikationen ragt der von ihm verfaßte umfangreiche Kommentar zum babylonischen Talmud besonders hervor,[4] der die Auslegungen der nord- und südfranzösischen Talmudistik zusätzlich zu den spanischen Autoritäten umfassend berücksichtigt.[5] Von seinen gesammelten Rechtsgutachten (Responsen), die Beantwortungen auswärtiger Anfragen darstellen, ist ein größeres Fragment erhalten geblieben, das Simcha Asaf vor knapp 70 Jahren edierte.[6] Die Übersetzung und Kommentierung der meisten dort erhaltenen Texte ist Gegenstand der hier präsentierten, auf drei Bände angelegten Veröffentlichung. Der erste, bereits publizierte Band enthält unter anderm Entscheidungen zum Thema Juden und nichtjüdische Obrigkeit, zum Nachbarrecht, zum Eherecht unter besonderer Berücksichtigung des ehelichen Güterrechts, zum Erb- und Testamentsrecht sowie zu Nachlaßverbindlichkeiten. Der zweite, ebenfalls schon publizierte Band befaßt sich

---

[1] Zu diesem Ereignis siehe unter anderm R.Chazan: Barcelona and Beyond: The Disputation of 1263 and its Aftermath, Berkeley u.a., 1992.

[2] Einen kurzen Lebensabriß bietet D.Novak: The Theology of Nahmanides Systematically Presented, Atlanta, Georgia, 1992, S.1f.

[3] Hingewiesen sei hier nur auf M.Idel und M.Perani: Naḥmanide esegeta e cabbalista, Florenz, 1998. Auf S.13ff findet sich eine umfangreiche Bibliographie über Quellenpublikationen und Sekundärliteratur zu Nachmanides.

[4] Mir lag eine digitalisierte Edition unter folgendem Titel vor: RMB"N ʿL TLMWD BBLY; in: HSFRYH HTWRNYT HMMWHŠBT/HQWNQWRDNSYH LŠ"S ʿM R᾽ŠWNYM, Jerusalem, 1999.

[5] Eine kurze, aber weitgehend zutreffende Charakteristik des Werkes liefert M.A.Signer: Nahmanides, Moses; in: The Oxford Dictionary of the Jewish Religion, hrsg. von R.J.Z.Werblowsky und G.Wigoder, New York/Oxford, 1997, S.491.

[6] Und zwar in der Textsammlung SFRN ŠL R᾽ŠWNYM, Jerusalem, 1935, S.53ff. Der Text ist oftmals sehr korrupt, und die Parallelfassungen in Samuel Ben Isaak haSardis Sefer ha-Terumot waren mir hier in München nicht zugänglich, weil die Bayerische Staatsbibliothek das Werk nicht führt.

mit dem Urkundenrecht, dem Schwur der Parteien im Zivilprozeß, und mit der Rechtsstellung des Treuhänders im Zivilprozeß.[7] Der dritte, hier vorgelegte Band befaßt sich mit dem Recht der Schuldverhältnisse, mit sachenrechtlichen Entscheidungen, sowie mit dem Insolvenz- und Zwangsvollstreckungsverfahren.
Als Grundlage für seine Entscheidungen verwendet der Autor primär die talmudische Literatur. Sie besteht zum ersten aus der Mischna, dem kurz nach 200 unserer Zeitrechnung in Palästina von Rabbi Jehuda ha-Nasi und seinem Gelehrtenkreis kompilierten Gesetzeswerk in hebräischer Sprache, deren sechs Teile oder Ordnungen selbst wiederum in etliche Traktate zerfallen. Die Mischna enthält Verordnungen und Gesetze palästinisch-jüdischer Gesetzeslehrer von kurz vor der Zeitwende bis zum frühen 3.Jahrhundert.[8] Die von Nachmanides gebrachten Mischnazitate sind hier mit dem Siglum M gekennzeichnet worden.
Die äußerst konzise, gedrungene Formulierung der in der Mischna enthaltenen Gesetze führte in der Zeit nach 200 bei den jüdischen Gesetzesgelehrten Palästinas und des Zweistromlandes zu umfangreichen Diskussionen, Auslegungen und Ergänzungen, die hauptsächlich in aramäischer Sprache geführt wurden und die die sogenannte Gemara (= Ergänzung/Vollendung) bilden. Mischna und Gemara zusammen konstituieren den Talmud, der in zwei grundlegend verschiedenen Fassungen auf uns gekommen ist. Die ältere Rezension wird vom palästinensischen Talmud gebildet, der auch unter der irreführenden Bezeichnung "Jerusalemer Talmud" bekannt ist. Er wurde in der ersten Hälfte des 5.Jahrhunderts in Galiläa zusammengestellt.[9] In der mittelalterlichen jüdischen Diaspora genoß er nur beschränkte Anerkennung. Die von Nachmanides aus diesem Werk gebrachten Zitate sind hier mit dem Siglum j gekennzeichnet worden.
Bedeutender und gewichtiger als sein palästinensisches Gegenstück wurde der sehr viel umfangreichere babylonische Talmud. Seine Gemara wurde im wesentlichen zwar erst im 8.Jahrhundert abgeschlossen, als das Zweistromland schon unter arabisch-islamischer Herrschaft stand;[10] doch avancierte er sehr rasch danach im Rahmen eines noch ungeklärten Verbreitungsprozesses zum maßgeb-

---

[7] Die Bände tragen den Titel: Rechtsentscheide von Moses Nachmanides aus Gerona: Teil 1, Frankfurt am Main u.a., 2003, Teil 2, a.a.O., ebenfalls 2003 (Judentum und Umwelt 75+76).
[8] Näheres zur Mischna bei G.Stemberger: Einleitung in Talmud und Midrasch, 8.Aufl., München, 1992, S.113ff.
[9] Näheres zu diesem Werk bei G.Stemberger: Der Talmud - Einführung, Texte, Erläuterungen, München, 1982, S.40ff.
[10] Siehe etwa D.Goodblatt: The Babylonian Talmud; in: Aufstieg und Niedergang der Römischen Welt, II-19,2, Berlin/New York, 1979, S.264f und S.318.

lichen Gesetzbuch der jüdischen Gemeinden Vorderasiens, Nordafrikas und Europas. Die meisten Zitate von Moses Nachmanides stammen naturgemäß aus diesem Talmud. Sie sind hier mit dem Siglum b gekennzeichnet worden.

Als weiteres Werk im Kanon des klassischen rabbinischen Schrifttums muß hier auch noch die Tosefta genannt werden, auf die Nachmanides gelegentlich rekurriert. Das rein hebräisch geschriebene Werk enthält mischnische und mischna-ähnliche Lehrsätze, und wurde in Palästina vielleicht in der zweiten Hälfte des 4.Jrh.'s kompiliert.[11] Die Tosefta-Zitate von Nachmanides sind hier mit dem Siglum Tos markiert worden.

Die nachtalmudischen Autoritäten und Quellen, die Nachmanides anführt, werden jeweils an der Stelle ihrer erstmaligen Erwähnung kurz vorgestellt. Die in den Fallschilderungen der Responsen verwendeten Eigennamen wie Ruben, Simon, Levi usw. sind in der Regel fiktiv.[12]

Runde Klammern ( ) in der Übersetzung kennzeichnen Ergänzungen des Übersetzers; eckige Klammern [ ] stehen für Ergänzungen innerhalb von Ergänzungen; und mit ° sind Übersetzungen gekennzeichnet, die auf Konjekturen des hebräisch-aramäischen Textes durch den Herausgeber zurückgehen. Stellenangaben ohne * stammen vom Herausgeber; Stellenangaben mit * stammen vom Übersetzer.

---

[11] Siehe J.Neusner: The Tosefta - An Introduction, Atlanta, Georgia, 1992, S.XXI.
[12] Zu dieser Stileigentümlichkeit vergleiche etwa P.J.Haas: Responsa: Literary History of a Rabbinic Genre, Atlanta, Georgia, 1996, S.111.

A) ENTSCHEIDUNGEN ALLGEMEIN SCHULDRECHTLICHER ART

Ferner hast du noch folgende Frage gestellt:[1] Wenn ein Darlehensgeber seinem Glaubensbruder[2] einen Kredit in der Wüste gewährt, wie ist es dann zu beurteilen, wenn (d)er (Darlehensnehmer) das Geld auch gegen den Willen des Darlehensgebers in der Wüste (wieder) zurückzahlen will? Ebenso (möchtest du wissen): Wenn der eine dem andern ein Darlehen an einem bewohnten Ort gewährte, wie ist es dann zu beurteilen, wenn (d)er (andere) dem einen (das Geld) an einem anderen bewohnten Ort zurückzahlen möchte?[3] Dürfen wir sagen, daß jede (Rückgabe), die an einem (beliebigen) bewohnten Ort erfolgt, geeignet ist? Oder verhält es sich etwa so: Weil (d)er (Rückforderungsberechtigte nach Entgegennahme des ihm Geschuldeten an einem fremden Ort) das (wiederbekommene) Geld in seinen Heimatort transportieren müßte, und es auf dem Weg dazwischen gefährliches Terrain gibt, würde der Zurückgebende jenem gleichkommen, der (seinem Gläubiger das Geschuldete) in der Wüste zurückgeben will?[4]

Das ist die Antwort: Wenn jemand in der Wüste seinem Glaubensbruder etwas zur Verwahrung übergibt oder wenn derjenige, der von ihm Geld leiht, sich dabei in der Wüste befindet, dann darf (zumindest d)er (Darlehensnehmer) dem Darlehensgeber gegen dessen Willen das Geld sowohl in der Wüste als auch an (irgendeinem) bewohnten Ort zurückzahlen.[5] Hat der eine dem andern das Geld in ei-

---

[1] Angeredet wird Samuel Ben Isaak ha-Sardi, ein berühmter Zeitgenosse von Moses Nachmanides, der aus Sardinien gebürtig war und Jahrzehnte in Barcelona verbrachte, wo er ca. 1255 auch verstarb. Berühmt geworden ist Samuel Ben Isaak als Verfasser des halachischen Sammelwerkes Sefer ha-Terumot, in das er auch große Teile seiner Korrespondenz mit unserem Autor integrierte. Wie schon in der Einleitung ausgeführt, ist mir dieses Werk hier in München nicht zugänglich gewesen.
[2] Statt HBRY ist HBRW zu lesen.
[3] Hintergrund der Frage ist neben mutmaßlichen Alltagsproblemen eine nicht unbedingt klare Passage aus M Baba Kamma X,6: HAT JEMAND SEINEN GLAUBENSBRUDER AN EINEM BEWOHNTEN ORT BERAUBT ODER (dort) BEI IHM EIN DARLEHEN AUFGENOMMEN, ODER HAT (dort) JEMAND BEI EINEM ANDERN ETWAS ZUR VERWAHRUNG HINTERLEGT, DANN DARF (d)ER (Räuber, Darlehensnehmer oder Verwahrer) DEM ANDERN (die Sache gegen dessen Willen) NICHT IN DER WÜSTE ZURÜCKGEBEN...
[4] Der Schuldner möchte seinem Gläubiger die geschuldete Leistung nicht an dessen Wohnort erbringen, sondern ihn an einen anderen bewohnten Ort bestellen, um ihm dort die geschuldete Leistung zu erbringen. Oder er trifft seinen Gläubiger außerhalb von dessen Heimatstadt an einem anderen bewohnten Ort und will dann die Gelegenheit nutzen, dort seine ausstehende Verbindlichkeit zu begleichen. Die Annahme der Leistung ist dem Gläubiger unter diesen Umständen möglicherweise nicht zumutbar, weil er die Münzen dann ja noch nach Hause transportieren muß und unterwegs ausgeraubt werden kann.
[5] Steht es hier im Belieben des Schuldners, den Gläubiger zur Entgegennahme der ihm geschuldeten Leistung an eine von ihm, dem Schuldner, bestimmte Lokalität kommen zu

ner bewohnten Ortschaft geliehen, dann muß der andere dem einen das Geld auch in einer bewohnten Ortschaft wieder zurückzahlen, selbst wenn sich zwischen ihnen etliche Wüsten befinden.[6] Denn die Mischna lehrt das, was sie zu einem an einem bewohnten Ort gewährten Darlehen ausführt, als definitive Entscheidung. Und sie lehrt in der Tat: DANN DARF ER DEM ANDERN (das Geld gegen dessen Willen) NICHT IN DER WÜSTE ZURÜCKGEBEN (M Baba Kamma X,6). Sie lehrt damit aber bloß, daß (man das Geld) an dem Ort (zurückgeben soll), der sich für das Geld geziemt.[7] Ein Beweis hierfür ergibt sich auch aus der Tosefta, (die da sagt: HAT JEMAND SEINEN GLAUBENSBRUDER AN EINEM BEWOHNTEN ORT BERAUBT ODER [dort] BEI IHM EIN DARLEHEN AUFGENOMMEN ODER IHM [dort] EINEN VERMÖGENSVERLUST ZUGEFÜGT, SO DARF ER IHM DIE RÜCKERSTATTUNG [in der Regel] NICHT IN DER WÜSTE LEISTEN. ER DARF SIE IHM ABER [dann in der Wüste] LEISTEN, [wenn sich der Leistungsempfänger] IN EINER KARAWANE [befindet])(Tos Baba Kamma X,30).[8]

Wenn jemand für sein Darlehen einen Fälligkeitstermin bestimmt hat und es der Darlehensnehmer vor diesem Termin (zurück-)zahlen will, dann kann (ihm) der Darlehensgeber keine Hindernisse in den Weg legen, indem er die Annahme des Geldes von ihm verweigert,[9] um die Verantwortung des Darlehensnehmers dafür weiter bestehen zu lassen. Das ergibt sich aus dem, was man (im Talmud) sagt: AN EINEM ORT, WO MAN (als Darlehensnehmer) DAS VERPFÄNDETE GRUNDSTÜCK (vom Gläubiger) JEDERZEIT AUSLÖSEN DARF, DA DARF DER GLÄUBIGER (des Gläubigers im Falle des vorzeitigen Todes des Letztgenannten von dessen Erben) DIE LIEGENSCHAFT NICHT ZUR BEGLEICHUNG SEINER EIGENEN FORDERUNG HERANZIEHEN usw.(b Baba

---

lassen? Wie sieht es dann mit den Zumutbarkeitsgrenzen aus? Auf jeden Fall kann hier der Schuldner den Gläubiger - gleichgültig wo er ihn trifft - zur Annahme der ihm geschuldeten Leistung am Begegnungsort zwingen.

[6] Steht es hier in der Vollmacht des Gläubigers, den Schuldner zur Tilgung der von ihm geschuldeten Leistung an irgendeinen bewohnten Ort, im Rahmen welcher Zumutbarkeitsgrenzen auch immer, kommen zu lassen? Oder hat hier der Schuldner das Privileg der freien Ortswahl?

[7] Es ist eine Örtlichkeit gemeint, die denen, die in ihr weilen, wenigstens einen gewissen Mindeststandard persönlichen Schutzes bietet. Hat man als Darlehensnehmer in solch einer Örtlichkeit das Geld empfangen, dann muß man es dem Gläubiger auch an solch einer Örtlichkeit zurückgeben, wobei diese nicht unbedingt identisch mit der ersten sein muß.

[8] Trifft der Schuldner seinen Gläubiger mit der in einem bewohnten Ort begründeten Forderung per Zufall oder absichtlich mitten in der Wüste, und ist der Gläubiger Bestandteil einer Karawane mit mehreren Dutzend Teilnehmern, dann darf der Gläubiger die Annahme der Leistung seines Schuldners nicht mit dem Argument verweigern, der Schuldner möge ihm die Verbindlichkeit an einem sichereren Ort begleichen. Die Karawane selbst bildet sozusagen einen Ort, der dem Gläubiger ein Minimum persönlichen Schutzes vor räuberischen Angriffen bietet.

[9] Statt QBLM müßte es wohl LQBLM oder YQBLM heißen.

Metzi'a 67b).[10] Es verhält sich dort so, wie es die Altvorderen erläutert haben. Infolgedessen darf (d)er (Darlehensnehmer) seine Verbindlichkeit gegenüber dem Gläubiger auch vor deren Fälligkeit begleichen.[11]
Wenn ein (Ausfall-)Bürge zum Fälligkeitszeitpunkt der Forderung zum Darlehensgeber kommt und zu ihm spricht: "Fordere vom Darlehensnehmer (jetzt) dein Geld!", und wenn (d)er (Darlehensgeber den Schuldner jetzt noch) nicht (zur Zahlung) auffordern will, dann ist (d)er (Bürge trotzdem) von nichts befreit.[12] Denn das wäre ja der persischen Rechtspraxis ähnlich.[13] Das würde erst recht der Fall sein, wenn es sich um einen Solidarbürgen handelt.[14] Denn da muß (d)er (Gläubiger) nur jenen, den er belangen möchte, zu einem ihm genehmen Zeitpunkt (ab Fälligkeit der Forderung zur Zahlung) auffordern. Wenn nun der Darlehensgeber dem Darlehensnehmer gegenüber die Darlehenslaufzeit verlängert hat, dann wird der (Ausfall-) Bürge von nichts befreit. Und wenn (in der Zeit der Fristverlängerung) die Güter des Darlehensnehmers Schäden erleiden, die sie gänzlich wertlos machen, dann darf (d)er (Darlehensgeber) den (Ausfall-)Bürgen (auch hernach noch in voller Forderungshöhe) abkassieren. Das ist die allgemeine Regel: EINES MENSCHEN GÜTER BÜRGEN FÜR IHN (b Bechorot 48a); und das Recht, das für einen Darlehensnehmer mit Gütern gilt, ist wie das Recht, das für einen Dar-

---

[10] Beim Grundstück selbst geht dies ohnehin nicht; und die Früchte gelten hier als bewegliche Güter, die den Erben des Pfandgläubigers zufallen.
[11] Da mir die ausführlichere Parallelfassung aus Samuel Ben Isaak ha-Sardis Sefer ha-Terumot hier in München nicht zur Verfügung gestanden hat, wirkt die abgekürzte Argumentation natürlich einigermaßen kryptisch. Vielleicht geht es um folgendes: An einem Ort, wo ein jüdischer Schuldner sein Grundpfand von seinem jüdischen Gläubiger jederzeit auslösen darf, darf er dies auch dann tun, wenn im Darlehens- und Grundpfandvertrag ein Datum über den Auslösungs- und Rückzahlungszeitpunkt enthalten ist. Diese Klausel ist dann als spätest möglicher Rückzahlungs- und Auslösungstermin zu deuten - es sei denn, daß der Pfandgläubiger im Vertrag eine vorzeitige Auslösung der Pfandsache explizit ausschließt. Erst recht gilt dann aber bei jedem gewöhnlichen Darlehensgeschäft mit einem konkret vereinbarten Rückzahlungsdatum ganz generell, daß dieses als spätest möglicher Rückzahlungszeitpunkt zu deuten ist, und daß der Schuldner jederzeit vorher die Möglichkeit hat, seine Verbindlichkeit zu tilgen, wenn er dies möchte. Der Gläubiger darf die vorzeitige Annahme der Leistung nicht verweigern - es sei denn, daß im Darlehensvertrag die vorzeitige Tilgung der Darlehensschuld vom Gläubiger explizit ausgeschlossen worden ist.
[12] Er haftet nach wie vor subsidiär für die Erfüllung der Forderung, wenn der Gläubiger zu einem beliebigen späteren Zeitpunkt die Vollstreckung gegen den Hauptschuldner betreibt und diese dann ganz oder auch nur teilweise mißlingt.
[13] Es wäre eine Willkürentscheidung und kein wirkliches Recht, wenn man dem Ausfallbürgen unter diesen Umständen den einseitigen Ausstieg aus seiner Verpflichtung gestatten würde. Angespielt wird auf b Baba Batra 173b.*
[14] Den der Gläubiger ab dem Fälligkeitstermin der Forderung jederzeit in erster Instanz belangen kann, aber nicht muß. Es steht dem Gläubiger bei einer Solidarbürgschaft frei, entweder den Bürgen oder den Hauptschuldner erstinstanzlich anzugehen.

lehensnehmer mit einem (Ausfall-)Bürgen gilt. Das verhält sich so, wie man es im (Talmudkapitel) GṬ PŠWṬ[15] und im (Talmud-)Kapitel YŠ BKWR LNḤLH[16] sagt.[17] Und ganz wie jemand dem Darlehensnehmer eine Nachfrist und noch eine weitere Nachfrist einräumen darf, um erst dann wiederum seine Forderung aus dem (Schuldner-)Vermögen einzutreiben, gleichgültig, ob sich (d)er (Darlehensnehmer zwischenzeitlich) ins ferne Ausland abgesetzt hat[18] oder ob er (in der Zwischenzeit) seine (für die Forderung haftenden) Vermögenswerte (an Dritte) verkauft hat,[19] so darf (d)er (Gläubiger) auch den (Ausfall-)Bürgen zu einem späteren Zeitpunkt abkassieren.[20] Wenn nun ein (Ausfall-)Bürge oder ein Solidarbürge den Darlehensnehmer (vor der Einleitung des Vollstreckungsverfahrens) auffordert, sie aus der Bürgenverpflichtung zu entlassen, so sind ihre Worte völlig gegenstandslos.[21] Das gilt selbst dann, wenn (d)er (Darlehensnehmer) sein Vermögen (vor dem Fälligkeitstermin) verpraßt und verjubelt, so wie es aus unseren Darlegungen weiter oben klar geworden ist. Dort ging es um einen Darlehensgeber, der (wegen verschwenderischen Lebenswandels seinen Schuldner) vor der Fälligkeit der Forderung zu belangen versuchte.[22] Auch hier steht der

---

[15] In b Baba Batra 174a.
[16] In b Bechorot 48a.
[17] Vor allem aus b Baba Batra 174a geht das von Moses Nachmanides Gemeinte klar hervor: Ein Gläubiger muß den säumigen Schuldner zunächst einmal gerichtlich zur Zahlung auffordern. Er darf erst nach der Feststellung von dessen Zahlungsunfähigkeit die Sachwerte des Schuldnervermögens zur Befriedigung seiner Forderung heranziehen. Ähnlich verhält es sich mit einer (Ausfall-)Bürgschaft: Der Gläubiger muß zunächst seinen Schuldner ganz oder teilweise erfolglos belangt haben; erst danach darf er sich an den Bürgen halten. Es steht aber im Ermessen des Gläubigers, die Klage und Vollstreckung gegen den säumigen Hauptschuldner zu einem beliebig späteren Termin als dem Fälligkeitsdatum der Forderung anzustrengen.
[18] Aber in seiner Heimatgemeinde Vermögenswerte zurückgelassen hat.
[19] Wenn die Darlehensforderung beurkundet ist, darf der Gläubiger bei sonstiger Insolvenz seines Schuldners an vorhandene Käufer des Schuldnervermögens herantreten, um ihnen die betreffenden Sachwerte, insbesondere Grundstücke, zur Erfüllung seiner Forderung wegzunehmen. Evinzierbar sind Immobilien, die der Schuldner während der Darlehenslaufzeit an Dritte veräußert hat.
[20] Wenn die vorgehenden Vollstreckungsmaßnahmen gegen den Hauptschuldner nicht zur (vollständigen) Befriedigung der Gläubigerforderung geführt haben. Der Text erweckt den Anschein, daß der Darlehensgeber den Ausfallbürgen erst dann in Anspruch nehmen kann, wenn er auch die Vollstreckung in die veräußerten Werte des Schuldnervermögens versucht hat, und nicht nur in die zum Vollstreckungszeitpunkt beim Schuldner befindlichen Güter. Aus dem Text des nachfolgenden Responsums ergibt sich aber ganz klar, daß der Gläubiger sich die nervenaufreibenden Auseinandersetzungen mit den Erwerbern von Gütern aus dem Schuldnervermögen ersparen kann und sich stattdessen gleich an den Ausfallbürgen halten darf, wenn die vorgehende Vollstreckung in das frei verfügbare Schuldnervermögen nichts oder nicht genügend erbracht hat.
[21] Weil sie sich mit diesem Verlangen an den falschen Adressaten gewandt haben!
[22] Der Text findet sich weiter unten auf S.10ff übersetzt.

Darlehensnehmer gegenüber dem (Ausfall-)Bürgen erst nach dem Zeitpunkt in der Pflicht, zu dem der Bürge (dem Gläubiger) die Zahlung geleistet hat.[23]

•

Du hast noch folgende Frage gestellt:[24] Auf welche Weise muß der (Ausfall-)Bürge zahlen, um (anschließend) eine Klage auf Beitreibung des von ihm gezahlten Geldes zu Lasten des Darlehensnehmers einreichen zu können?[25] Wann darf der Bürge seine Forderung aus vom Darlehensnehmer verkauften (oder verschenkten) Vermögenswerten befriedigen?[26]
Das ist die Antwort: Über diese Frage bin ich erstaunt. (D)er (Bürge) soll (den Darlehensgeber) vor dem jüdischen Gerichtshof oder in Gegenwart von Zeugen auszahlen; oder der Darlehensgeber quittiert ihm die Zahlung schriftlich (auf dem ausgehändigten Schuldschein) mit dem Vermerk: "Ich habe (das Geld von dir) erhalten." Möglicherweise erscheint es dir zweifelhaft, ob bei einer unter vier Augen erfolgten Zahlung der dem (Ausfall-)Bürgen ausgehändigte Schuldschein einen (hinreichenden) Beweis (zu seinen Gunsten) darstellt, um jetzt selber den Darlehensnehmer abkassieren zu können. Der Meister Salomon[27] hat im (Talmud-)Kapitel HZQT HBTYM eine der-

---

[23] Text in der Ausgabe Asaf, a.a.O., S.80f § 34.
[24] Auch diese Frage stammt von Samuel Ben Isaak ha-Sardi aus Barcelona. Zu Person und Werk siehe S.1 Anmerkung 1.
[25] Der Darlehensnehmer ist in der Regel ohnehin erst einmal insolvent; und der Rückgriff des vom Gläubiger in Anspruch genommenen Bürgen auf den Darlehensnehmer verfolgt zunächst nur den Zweck, künftige Einkünfte des Darlehensnehmers zur Tilgung der Forderung heranzuziehen. Genauso aber kann der Darlehensnehmer zum Zeitpunkt der Geltendmachung der Forderung durch den Gläubiger auch bloß ortsabwesend gewesen sein, ohne pfändbare Vermögenswerte zurückgelassen zu haben. Der Gläubiger hat sich infolgedessen an den Ausfallbürgen gewandt; und mit einem Wiedererscheinen des Darlehensnehmers ist zu rechnen, indem er zum Beispiel erfolgreich von einer Handelsreise zurückkehrt. In diesem Fall hätte der Bürge die Chance auf sofortige anschließende Befriedigung seiner Forderung.
[26] Bei dieser Konstellation hat sich der Gläubiger mit einer beurkundeten Darlehensforderung die nervenaufreibende Mühe gespart, vom jetzt insolventen Schuldner vorher veräußerte Vermögenswerte, primär Immobilien, zu evinzieren. Er hat stattdessen die Bürgschaft in Anspruch genommen und überläßt es nunmehr dem ausgeplünderten Bürgen, sich mit den Erwerbern von Grundstücken aus dem Schuldnervermögen herumzuschlagen und die auf ihn übergegangene Gläubigerforderung bei ihnen einzutreiben.
[27] Gemeint ist Salomon Ben Isaak alias Raschi aus Troyes, der gegen Ende des 11.Jrh.'s einen klassisch gewordenen Talmudkommentar verfaßte. Er ist jeder traditionellen Ausgabe das babylonischen Talmuds beigedruckt. Der nachfolgend erwähnte Kommentar stammt allerdings wohl eher von seinem Enkel Samuel Ben Meir aus dem 12.Jrh.

artige Erläuterung geliefert.[28] Wir aber können dem nicht beipflichten, weil doch im (Talmudkapitel) GT PŠWT folgendes gelehrt wird: WENN DER SCHULDSCHEIN VOM (Ausfall-)BÜRGEN PRÄSENTIERT WIRD, KANN ER (den Schuldner einfach so) NICHT ABKASSIEREN. (STEHT ALLERDINGS IN DEN DOKUMENT DER VERMERK GESCHRIEBEN: 'ICH HABE [das Geld] VON DIR ERHALTEN,' DANN DARF DER BÜRGE [den Schuldner] ABKASSIEREN)(b Baba Batra 174b). Diese Baraita[29] finden wir in klarerer Fassung in der Tosefta (noch einmal vor, wo es heißt): WENN DER SCHULDSCHEIN VOM (Ausfall-)BÜRGEN PRÄSENTIERT WIRD, KANN ER (den Schuldner einfach so) NICHT ABKASSIEREN. HAT IHM ALLERDINGS DER GLÄUBIGER IN DAS DOKUMENT DEN VERMERK HINEINGESCHRIEBEN: 'ICH HABE (das Geld) VON DIR ERHALTEN,' DANN DARF DIESER (Bürge den Schuldner) ABKASSIEREN (Tos Baba Batra XI,15).* Und das entspricht ebenfalls nicht[30] den Worten des Meisters Serachja ha-Levi.[31] Grundsätzlich aber kann ein (Ausfall-)Bürge seine Forderung aus den vom Schuldner verkauften (oder verschenkten) Vermögenswerten nur dann befriedigen,[32] wenn ihm der Darlehensgeber seinen Schuldschein unter Beachtung der Formvorschriften ausgehändigt hat,[33] die beim Erwerb von Urkunden zu befolgen sind. So hat man es (immer) als Brauch gehalten.[34]

---

[28] Nämlich zu b Baba Batra 32b, und zwar mit dem Tenor, daß ein vom Gläubiger in Anspruch genommener Bürge mit dem bloßen Schuldschein in der Hand den Schuldner in der Regel zur Begleichung des ihm entstandenen Schadens zwingen kann.

[29] Eine Baraita ist ein mischnaartiger Lehrsatz, der aber nicht in die Mischna selber Eingang gefunden hat, sondern in andere Teile des älteren rabbinischen Schrifttums.

[30] Ist der Anfrageteil des Responsums unvollständig überliefert worden?

[31] Serachja Ben Isaak ha-Levi wirkte im 12.Jrh. in Südfrankreich und verfaßte unter anderm einen Superkommentar mit dem Titel "Sefer ha-Maor" zu Isaak Al-Fasis Talmudkompendium aus dem 11.Jrh. In seinen Ausführungen zu b Baba Batra 174b erklärt er, daß der zitierte Quittierungsvermerk nicht vom Gläubiger, sondern vom Darlehensnehmer als Schuldner stammen müsse! Der Darlehensnehmer bestätige mit dem Vermerk: 'ICH HABE (das Geld) VON DIR ERHALTEN' dem Bürgen, daß dieser den Gläubiger ausbezahlt habe. Das sei so, als ob der Darlehensnehmer das Geld vom Bürgen zunächst persönlich erhalten habe! Diese Deutung des Talmudtextes klingt wenig plausibel und wird von Nachmanides unter dem Rekurs auf die Tosefta-Parallele überzeugend widerlegt. In seinem eigenen Superkommentar zu Isaak Al-Fasis Talmudkompendium mit dem Titel "Milchemet ha-Schem" klassifiziert er Serachja ha-Levis Ausführungen ausdrücklich als Unfug und verweist dort ebenfalls auf die Tosefta-Passage.

[32] Siehe noch einmal oben S.5 Anmerkung 26.

[33] Statt MKR ist in jedem Fall MSR zu lesen.

[34] Dem an den Bürgen ausgehändigten Schuldschein muß in diesem Fall eine gesonderte Übertragungsurkunde beigefügt werden, die den Besitzerwechsel festhält. Der bloße Quittierungsvermerk des Gläubigers auf dem ausgehändigten Schuldschein reicht dafür nicht aus. Bekommt der vom Gläubiger in Anspruch genommene Bürge den Schuldschein ohne dieses Begleitdokument ausgehändigt, dann kann er die Erwerber von Gütern des Schuldnervermögens, insbesondere von Grundvermögen, nicht evinzieren. Er muß dann solange warten, bis der Schuldner selbst wieder zu Vermögenswerten

•

Du hast noch folgende Frage gestellt:[35] Zwei Personen nahmen bei einer dritten (gemeinsam) ein Darlehen in der Weise auf, daß sie einer für den andern (bezüglich der Forderung) hafte(te)n und (ausfallweise) bürg(t)en.[36] Müssen wir diese Konstellation nach dem Recht beurteilen, das für einen (Ausfall-)Bürgen gilt? Denn wir haben ja folgendes gelernt: (WER SEINEM GLAUBENSBRUDER EIN DARLEHEN MIT DER SICHERHEIT EINES [Ausfall-]BÜRGEN GEWÄHRT), DER DARF DEN (Ausfall-)BÜRGEN NICHT IN ERSTER INSTANZ BELANGEN (b Baba Batra 173b).[37]
Das ist die Antwort: Man muß zur Erläuterung folgendes sagen: Wenn zwei Personen bei einer dritten ein Darlehen aufgenommen haben oder ein Dritter bei ihnen (Geld) zur Verwahrung hinterlegt hat, muß keiner von ihnen (vorab) die ganze Summe (zurück-)bezahlen. Vielmehr kann der Betreffende hierfür von Rechts wegen nur als (Ausfall-)Bürge in Anspruch genommen werden. Wenn nämlich sein Mitschuldner kein Geld hat,[38] dann darf (d)er (Darlehensgeber) bei Fälligkeit der Forderung nur im Rückgriff) vom anderen (Schuldner die entsprechende Teilsumme zusätzlich zu der vom anderen ohnehin zu zahlenden Teilsumme) einkassieren. Hat aber (d)er (Mitschuldner bei Geltendmachung der Forderung) Vermögenswerte, so kann (d)er (Darlehensgeber den anderen Schuldner) als Ausfallbürgen nicht in erster Instanz (auf die Zahlung der gesamten Forderung) belangen. Vielmehr darf er von jedem (Schuldner) nur jeweils die halbe Forderung einkassieren, die jedem (zu zahlen) auferlegt ist. So haben es einige Lehrer gelehrt; und die Worte des Meisters

---

kommt, die der Pfändung unterwerfbar sind. Text in der Ausgabe Asaf, a.a.O., S.81 § 35.

[35] Der Fragesteller ist auch hier wieder Samuel Ben Isaak ha-Sardi aus Barcelona. Zu Person und Werk siehe S.1 Anmerkung 1.

[36] Anspielung auf j Schebuʿot V,1.

[37] Der Gläubiger muß sich bei einer Ausfallbürgschaft vielmehr zunächst an den Hauptschuldner halten und darf sich erst nach gänzlichem oder teilweisem Mißlingen der diesbezüglichen Beitreibungsversuche an den Bürgen wenden. Die Frage lautet hier, ob der Gläubiger irgendeinen der beiden Schuldner bei Fälligkeit der Forderung gleich von vorneherein zur Zahlung der gesamten Verbindlichkeit auffordern darf; oder ob er zunächst einmal jedem der beiden Schuldner nur die jeweils halbe Forderung abverlangen darf, und sich erst im Falle der Zahlungsunfähigkeit eines Schuldners dessen Hälfte vom anderen Schuldner zusätzlich zu der von jenem zu bezahlenden eigenen Hälfte holen darf.

[38] Eine Variante schreibt statt KSFYM ein NKSYM, so daß sich die Übersetzung "...kein Vermögen hat" ergibt.

Moses Maimonides[39] wirken so (verstanden) einsichtig.[40] Der Beweis dafür ergibt sich aus dem (Talmud-)Kapitel HŠW᾽L, wo sich gemäß dem Textwortlaut (zwei) GENOSSEN (eine Kuh von einem Dritten) AUSGELIEHEN HABEN (b Baba Metzi῾a 96a)*, usw.[41] Es verhält sich damit so, wie es dort erläutert wird, usw.[42] In der Tosefta habe ich im Traktat Baba Batra folgende Bestimmung gefunden: WENN JEMAND SEINEM NÄCHSTEN EIN DARLEHEN MIT DER SICHERHEIT ZWEIER (Ausfall-)BÜRGEN GEWÄHRT, DARF ER VON KEINEM DER BEIDEN DIE (Rück-)ZAHLUNG VERLANGEN. HAT ER DABEI ABER GESAGT: 'ICH GEHE DEN VERTRAG UNTER DER BEDINGUNG EIN, DASS ICH DIE (Rück-)ZAHLUNG VERLANGEN DARF, VON WEM ICH WILL', (DANN DARF ER EINEN DER BEIDEN ZUR ZAHLUNG VERANLASSEN)(Tos Baba Batra XI,15). Diese (dunkel klingende) Bestimmung ist so zu exegesieren: (Wenn der Hauptschuldner bei fälliger Forderung zahlungsunfähig ist), dann darf (d)er (Darlehensgeber) nicht gleich zu Anfang (der Bürgschaftsinanspruchnahme) von einem der beiden (Ausfallbürgen den vollen Betrag) einkassieren. Vielmehr verhält es sich so: Wenn (d)er (Darlehensgeber) bei Insolvenz des Darlehensnehmers daherkommt, um die Summe von ihnen einzukassieren, dann soll er sich vom einen (Bürgen) die eine Hälfte und vom andern (Bürgen) die andere Hälfte (der geforderten Gesamtsumme) auszahlen lassen. Hat der eine (Bürge) nichts, so darf (d)er (Darlehensgeber danach) vom zweiten (Bürgen den vollen Betrag) einkassieren.[43] Das verhält sich

---

[39] Gemeint ist das große Gesetzbuch des Moses Maimonides, die Mischne Tora, in der der Religionsphilosoph in der 2.Hälfte des 12.Jrh.'s in Ägypten das talmudische und nachtalmudische jüdische Recht in einer bis dahin nicht gekannten Klarheit und Systematik zusammenfaßte.

[40] In Kap.XXV § 9 der Hilchot Malwe we-Lowe schreibt Maimonides unter anderm, daß zwei Personen, die bei einer dritten ein beurkundetes Darlehen aufgenommen haben, füreinander ausfallbürgnerisch haften, selbst wenn diese Haftung nicht explizit in den Schuldschein eingetragen worden ist.

[41] Im Talmudtext geht es um folgende Konstellation: Zwei Genossen leihen sich von einem andern unentgeltlich eine Kuh aus, um damit ein gemeinschaftlich bewirtschaftetes Feld zu pflügen. Der Eigentümer verdingt sich gleichzeitig selber umsonst an einen der beiden Genossen, um für ihn zu pflügen, wobei das bepflügte Feld nur diesem einen Genossen gehört und kein Gemeinschaftseigentum darstellt. Der Talmud stellt die nicht beantwortete Frage, wie es mit den Haftungs- und Schadensersatzpflichten der beiden Entleiher oder auch nur des einen Entleihers steht, wenn das Tier in der Obhut seines Eigentümers zu Tode kommt.

[42] Da die ausführlichere Parallelfassung in Samuel ben Isaak ha-Sardis Sefer ha-Terumot mir hier in München nicht zugänglich gewesen ist, ist die Argumentation an dieser Stelle nicht transparent.

[43] Diese Ausführungen betreffen allerdings nur den ersten Satz aus der Tosefta-Stelle. Hat der Gläubiger aber eine gesamtschuldnerische Haftung mit den beiden Bürgen klar und deutlich vereinbart, dann darf er bei Inanspruchnahme der Bürgschaft wegen Insolvenz des Hauptschuldners sich von einem der beiden Bürgen gleich die ganze Summe holen. Siehe dazu den Rest des Tosefta-Zitates.

rechtlich gesehen so wie mit den (beiden) Personen, die bei einer dritten ein Darlehen aufgenommen haben. Beim Meister M(oses Maimonides) habe ich geschrieben gesehen, daß bei zwei (Ausfall-) Bürgen (d)er (Darlehensgeber nach erfolgloser Belangung des Hauptschuldners) sich (gleich anschließend die ganze Forderung) nach eigenem Belieben von welchem der beiden (Bürgen) auch immer bezahlen lassen darf.[44] Das aber ist nicht (zutreffend).

Wenn ein Mann und dessen Frau bei einem Dritten ein Darlehen aufgenommen haben, dann soll die Frau die Hälfte aus ihren Ketubba-Gütern (und -Ansprüchen zurück-)zahlen.[45] Denn sie[46] ist im Hinblick auf ihren (Darlehens-)Halbteil rechtlich wie eine Frau anzusehen, die aus eigener Initiative (bei einem Fremden) ein Darlehen aufgenommen hat. Wenn nämlich der Gläubiger[47] die ganze Forderung aus den Gütern des Ehemannes einkassiert, gleichgültig, ob er noch lebt oder schon tot ist, so stellt der Gläubiger ihnen, (also dem Mann oder dessen Erben), eine schriftliche Quittung mit dem Vermerk aus: "Ich habe (so und so viel Geld) erhalten." Dann können sie wiederum die Hälfte (der weggenommenen Gesamtsumme) aus den Gütern der Frau einkassieren, so wie es ein Ausfall- oder ein Solidarbürge[48] (im Rückgriff auf den Hauptschuldner) tun dürfen, wenn sie gezahlt haben.[49] Ist der Mann noch vorhanden und behauptet die Frau ihm gegenüber: "Du hast doch das ganze Geld an dich genommen," so soll ihr das nicht geglaubt werden.[50] Könnte sie allerdings im Hinblick auf die Bezahlung eine Behauptung aufstellen, die man ihr wegen fehlender Gegenbeweise abnehmen müßte, dann müßte ihr (die soeben zitierte Behauptung freilich doch) ge-

---

[44] Und zwar auch ohne die explizite Vereinbarung einer gesamtschuldnerischen Haftung der Bürgen im Bürgschaftsvertrag. Siehe die Mischne Tora: Hilchot Malwe we-Lowe Kap.XXV § 10.
[45] Die Ketubba, also der Ehevertrag, enthält unter anderm eine Aufstellung ihrer finanziellen oder geldwerten Leistungen, die der Frau bei Eheende durch Scheidung oder aufgrund des Todes des Ehemannes zustehen. Dazu zählt neben der vereinbarten besonderen Abfindung in Geld auch die Rückgabe ihrer in der Ketubba verzeichneten Mitgift.
[46] Statt HW' ist ein HY' zu lesen.
[47] In der hier geschilderten Ausgangssituation.
[48] Zur Solidarbürgschaft siehe S.3 Anmerkung 14.
[49] Das heißt im Ergebnis, daß die Frau bei Fälligkeit ihrer eigenen ehegüterrechtlichen Forderungen einen entsprechend geminderten Ketubba-Betrag ausgezahlt bekommt.
[50] Die Aussage ist doppeldeutig. Sie kann beinhalten, daß der Mann das ganze Darlehen für sich vereinnahmt hat und die Ehefrau nur pro forma Mitschuldnerin gewesen ist; oder die Aussage beinhaltet, daß kurz vor dem Fälligkeitstermin die Frau dem Ehemann das ganze Geld übergeben mußte, das sie dem Gläubiger schuldig war, bevor er es mit seinem eigenen Teilschuldbetrag zusammen dem Gläubiger zurückerstattete.

glaubt werden.[51] Die Verfahrensbeteiligten stehen bei derartigen Behauptungen wie zwei sonstige Personen da, die (bei einer dritten gemeinsam) ein Darlehen aufgenommen haben. Bitte verlange von mir hier an dieser Stelle keinen Beweis (für die Richtigkeit meiner Worte). Denn bei dieser Rechtslage gibt es nicht den geringsten Zweifel oder irgendeinen Raum für Befürchtungen. Wir benötigen hier nicht den Verweis auf das Responsum der von dir erwähnten gaonäischen Autorität.[52]

•

Ferner hast du noch folgende Frage gestellt:[53] Jemand hat (an einen Glaubensbruder ein zinsloses) Darlehen mit einem fest vereinbarten (Rückzahlungs-)Termin vergeben. Der Darlehensnehmer hat nur mobile Sachwerte (inklusive Geld) und verschwendet diese. Oder er will nahe vor dem Fälligkeitstermin der Forderung ins ferne Ausland gehen, so daß er vor dem Fälligkeitstermin von dort nicht wieder zurückkommen kann. Müssen wir uns da die Sorge machen, daß (d)er (Schuldner) vielleicht (in die Kategorie desjenigen fällt, der von der Wegnahme bedrohte) FRÜCHTE SCHNELL PFLÜCKT UND VERZEHRT (b Baba Metzi'a 66b* u.a.), (so daß der Gläubiger das Nachsehen hat)? Kann man den Schuldner also dazu verpflichten, (vor der Fälligkeit der Forderung das) Geld bei einem treuhänderischen Verwahrer oder beim jüdischen Gerichtshof (seines Heimatortes) erhaltungsweise zu hinterlegen?

---

[51] Wenn eine Darlehensforderung nur mündlich kontrahiert worden ist und der Gläubiger den Schuldner gerichtlich zur Zahlung auffordert, so geht der Schuldner leistungsfrei aus, wenn er behauptet, die Zahlung an den Gläubiger bereits geleistet zu haben. Er muß die Wahrheit seiner Behauptung lediglich beschwören. Wenn solch ein Darlehensvertrag von zwei Schuldnern, hier von den Eheleuten, eingegangen worden ist, dann ist schon ein Schuldner glaubwürdig, wenn er vor Gericht aussagt, die halbe Summe an den Gläubiger gezahlt zu haben. Wenn der Ehefrau bei Vorliegen dieser Voraussetzung eine entsprechende Aussage vor Gericht geglaubt werden müßte, dann muß ihr erst recht die Aussage geglaubt werden, daß sie von dem Darlehen nichts wirklich abbekommen hat, oder daß sie dem Ehemann ihren Teilbetrag vor der Fälligkeit der Rückzahlung aushändigen mußte.

[52] Da der vollständige Text der Entscheidung des Nachmanides mir nicht vorgelegen hat, bleibt es hier offen, wer mit der gaonäischen Autorität gemeint ist. Laut Auskunft des Hrsg.'s zur Stelle handelt es sich um ein Responsum Isaak Al-Fasis, der im 11.Jrh. erst in Nordafrika, dann in Südspanien wirkte und neben etlichen Responsen auch einen kommentierten, kanonisches Ansehen genießenden Auszug zum babylonischen Talmud verfaßte. Text in der Ausgabe Asaf, a.a.O., S.84f § 40.

[53] Der Fragesteller ist auch hier wieder Samuel Ben Isaak ha-Sardi aus Barcelona. Zu Person und Werk siehe S.1 Anmerkung 1.

Das ist die Antwort: Ihr habt doch schon beim Meister Natronai Gaon[54] folgende schriftliche Aussage vorgefunden: 'Wenn jemand (als Darlehensnehmer) ins ferne Ausland gehen will, dann darf der Darlehensgeber ihn nicht dazu drängen, einen (Ausfall-)Bürgen zu stellen oder bei einem treuhänderischen Verwahrer Geld (zur Sicherung der Ansprüche des Darlehensgebers) zu hinterlegen. Das darf er erst dann tun, wenn der Zeitpunkt für den Rechtsstreit zwischen ihnen gekommen ist.'[55] Doch unser großer Meister[56] hat zu dieser Problematik ein Responsum mit anderem Tenor geschrieben. (Es geht dort um folgende Frage): Ruben verkaufte dem Simon ein Feld und bekam (von Simon auch) das Geld (dafür). Nun drohte (dem Käufer Simon und dessen Feld) die Eviktion.[57] (Simon) begab sich nun zum (örtlichen) jüdischen Gerichtshof und forderte folgendes: "Ich hege die Befürchtung, daß du, (Ruben), mein Geld bis zum völligen Nichtvorhandensein aufbrauchen könntest, und ich (nach der Eviktion des Feldes beim Rückgriff auf dich) nichts mehr bei dir vorfinden werde, (um den mir entstandenen Schaden ausgleichen zu können). Du mußt für jenes Geld, (das du von mir als Kaufpreis bekommen hast), ein Grundstück kaufen, das ich (dir) entreißen kann, (wenn mir dein früheres Feld entwehrt wird)." Darauf erteilte der Meister[58] folgenden Antwortbescheid: 'Das ist eine ganz ausgezeichnete Argumentation; (und dem Verlangen des Klägers muß stattgegeben werden).' Als Beweis führte er[59] folgende (talmudische) Bestimmung an: WIR STELLEN EINE ADRACHTA-URKUNDE (normalerweise nur) ZU LASTEN DES GRUNDVERMÖGENS (des Schuldners) AUS, NICHT ABER (in jedem Fall auch) ZU LASTEN SEINES MOBILIARVERMÖGENS.[60] ES

---

[54] Natronai Bar Hilai Gaon wirkte im 9.Jrh. in Babylonien und gilt als einer der herausragendsten Rechtsgutachter seiner Zeit.

[55] Wenn der Schuldner erst bei Erreichung des Fälligkeitsdatums für die Forderung Anstalten macht, ins ferne Ausland zu verreisen, dann darf der Gläubiger ihn zu den entsprechenden Maßnahmen drängen.

[56] Gemeint ist Isaak Al-Fasi. Zu Person und Werk siehe S.10 Anmerkung 52.

[57] Es sind Leute mit der Behauptung dahergekommen, daß Ruben das Feld an Simon nicht hätte verkaufen dürfen, weil sie vorgehende Rechte an dem Feld besäßen. Erweist sich die Klage der Beschwerdeführer als substanziiert, so muß Simon mit der entschädigungslosen Wegnahme des Feldes zugunsten der Kläger rechnen.

[58] Isaak Al-Fasi.

[59] Isaak Al-Fasi.

[60] Gerät der Schuldner nach Erreichung des (durch gerichtliche Nachfristen oft verlängerten) Fälligkeitstermins in Zahlungsverzug, dann kann der Gläubiger beim jüdischen Gemeindegericht im ersten Schritt des Zwangvollstreckungsverfahrens eine sogenannte Adrachta-Urkunde erwirken. Sie gibt ihm das Recht, Grundstücke des Schuldners aufzuspüren und zur Erfüllung seiner Forderung vorläufig zu sichern. Auch zur Ergreifung von Mobilien des Schuldners kann die Adrachta-Urkunde den Gläubiger ermächtigen, wenn der Schuldner sich zum Beispiel geweigert hat, der Ladung des Gerichtes Folge zu leisten, oder wenn er zu Beginn des Zwangsvollstreckungsverfahrens nicht sofort die aufschiebend wirkende Einrede der Urkundenfäl-

KANN JA SEIN, DASS (D)ER (DARLEHENSGEBER DIE MOBILEN WERTE [des Schuldnervermögens]) AN SICH REISST (UND AUFBRAUCHT. WENN DANN DER DARLEHENSNEHMER DAHERKOMMT UND ZEUGEN FÜR DIE UNGÜLTIGKEIT DES SCHULDSCHEINS BEIBRINGEN KANN), IST NICHTS MEHR VORHANDEN, WORAUS ER BEIM ANDERN SEINE RÜCKZAHLUNGSFORDERUNG BEFRIEDIGEN KÖNNTE (b Baba Kamma 112b).'[61] Das sind die Worte unseres großen Meisters, dessen Andenken (uns) zum Segen gereichen möge. Obwohl aber die Furcht vor seiner Weisheit auf uns liegt, darf es in Rechtsfragen kein Ansehen der Person geben. Wir finden nämlich im Talmud keine Bestimmung vor, wonach wir das Geld desjenigen, dessen Zahlungspflicht noch gar nicht eingetreten ist, bei einem jüdischen Gerichtshof in Verwahrung geben müssen, bloß weil (der Gläubiger mit seiner noch nicht fälligen Forderung) die Furcht hat, daß andere (als er) sich des Geldes des Schuldners (vorher) bemächtigen könnten. Und was er[62] da auf der Basis der (Bestimmung mit der) Adrachta-Urkunde als Beweis gebracht hat, (so muß man dazu folgendes sagen): Es handelt sich dort um eine gerichtliche Entscheidung (nach Fälligkeit der Forderung). Ein jüdischer Gerichtshof aber soll (bei bestimmten Konstellationen auch nach der Fälligkeit der Forderung) Betroffenen keine Sache wegnehmen, deren Wegnahme irreparable Konsequenzen haben kann. Wenn (d)er (Gläubiger die fragliche Sache) nämlich (qua gerichtlicher Ermächtigung) an sich reißt und aufbraucht, (und) dann nichts mehr vorhanden ist, woraus (d)er (Schuldner bei dem erst angekündigten und dann geführten Beweis für die Unbegründetheit der Gläubigerforderung) seinen Rückzahlungsanspruch befriedigen könnte, so wäre es ja der jüdische Gerichtshof, der durch eigenes ursächliches Handeln das Geld des Schuldners vernichtet

---

schung gegen den Schuldschein des Gläubigers vorgetragen hat. Die Beschränkung der richterlichen Adrachta-Bescheinigung auf das Grundvermögen kann solch eine Einrede des Schuldners voraussetzen, die mit der Ankündigung des Schuldners verbunden sein muß, diese seine Behauptung beweisen zu wollen.

[61] Grundstücke aber stellen keine Gegenstände dar, die durch Konsum vernichtet werden könnten. Sie sind immer vorhanden und greifbar, um durch Forderungsberechtigte zu Lasten ihres jeweiligen Inhabers verwertet werden zu können. Spricht ein jüdisches Gemeindegericht jemandem im Irrtum ein Grundstück zu, so kann es diesen Irrtum später noch korrigieren. Spricht ein jüdisches Gemeindegericht jemandem im Irrtum mobile Vermögenswerte inklusive Geld zu, und verbraucht der Begünstigte dieses Vermögen, so ist es dann irgendwann nicht mehr vorhanden. Will ein Gläubiger seine Forderung aus den beweglichen Gütern seines Schuldners befriedigen, so kann er bei aufschiebend wirkender Einrede der Urkundenfälschung durch den Schuldner zwar die Hilfe des Gerichts dafür in Anspruch nehmen, nicht aber eine gerichtliche Adrachta-Bescheinigung erwirken wie für die Immobiliarzwangsvollstreckung. Bei der Verwertung des schuldnerischen Mobiliarvermögens müssen die beschlagnahmten Gegenstände oder Gelder bis zur Klärung des Vorwurfs der Schuldscheinfälschung einem Treuhänder oder dem jüdischen Gemeindegericht selber übergeben werden.

[62] Isaak Al-Fasi.

und seinem Vermögen Schaden zugefügt hat. Deswegen soll er (eine Adrachta-Urkunde auch mit Wirkung auf das Mobiliarvermögen des Schuldners, falls überhaupt), erst ab der Klärung des Sachverhaltes ausstellen. Es darf ja durch das Gericht keine rechtswidrige Verleitung anderer zur Sünde stattfinden.[63] Wenn aber jemand einem Habenichts ein Darlehen gewährt oder ebenso von jemandem (ein Grundstück) kauft, der sonst kein weiteres mehr hat, (und selber keinen)[64] Vermögensschaden erleiden will, was können wir da zu seinen Gunsten schon tun? Erst wenn der Zeitpunkt für die Fälligkeit seiner Forderung gekommen ist, dann kann der Rechtsstreit zwischen ihnen ausgetragen werden.[65] Du solltest dich über dich selber wundern: Wenn es nach der Meinung unseres Meisters (Isaak Al-Fasi) gehen würde, müßten wir doch °selbst bei Grundbesitz des Darlehensgebers, (der sein Darlehen möglicherweise zu Unrecht einfordert und es dann aus dem Mobiliarvermögen des Schuldners verbraucht), die Befürchtung haben, daß sich die Grundstücke in der Zwischenzeit total verbilligen (und im Wert nicht mehr ausreichen, die Rückforderung des geschädigten Schuldners voll abzudecken). Das würde sich so (ähnlich) verhalten, wie wir es bei der (Diskussion um die) Adrachta-Urkunde (im Talmud) befürchten.[66] Folglich müßte (d)er (Gläubiger selbst wiederum) beim jüdischen Gerichtshof Geld (zur Sicherung eventueller Rückforderungen seines Schuldners) hinterlegen.[67] Doch der (dem Isaak Al-Fasi präsentierte) Fall paßt nicht zu dem (von ihm gelieferten) Beweis.[68] Wir finden diesen Sachverhalt[69] (erst einmal) nur in Ver-

---

[63] Das Gericht soll Gläubigern, die ihre Forderung möglicherweise betrügerisch geltend machen, die Aneignung und den Verbrauch von mobilen Vermögenswerten des Schuldners nicht mehr oder minder unbesehen ermöglichen.
[64] Im Text muß eine Negationspartikel ausgefallen sein.
[65] Bei der zweiten Konstellation wäre das die Eviktion des Käufers, die ihm einen Schadensersatzanspruch gegen den Verkäufer einbringt.
[66] In b Baba Kamma 112b wird die Perspektive ausdrücklich angesprochen, daß die Adrachta-Urkunde (bei Einrede der Urkundenfälschung durch den Schuldner?) auch Mobilien aus dem Schuldnervermögen einschließen dürfe, sofern der Gläubiger Grundvermögen hat, das bei ungerechtfertigter Abkassierung des Schuldners zur Befriedigung seiner Rückzahlungsforderung ausreichen würde. Dieser Auffassung wird dort verneinend entgegengehalten, daß das Grundvermögen des Gläubigers im Wert so verfallen kann, daß die Rückzahlungsforderung des zu Unrecht abkassierten Schuldners daraus nicht mehr beglichen werden kann. Im übrigen siehe noch einmal S.12 Anmerkung 61.
[67] Eine solche Schlußfolgerung ist aber laut Nachmanides absurd.
[68] Die Talmudstelle behandelt die Ansprüche und Gegenansprüche des Gläubigers und seines Schuldners im Zwangsvollstreckungsverfahren, nicht aber die Rechtsansprüche zwischen einem Grundstücksverkäufer und seinem Käufer, die den Inhalt der an Isaak Al-Fasi gerichteten Frage ausmachen.
[69] Daß man gegen einen Schuldner oder Schuldigen vor Eintritt seines Leistungstermins Maßnahmen ergreift.

bindung mit dem Strafrecht vor. Es steht ja geschrieben: (Wenn zwei sich streiten, der eine den andern körperlich schwer verletzt, der Verletzte bettlägerig wird und sich im Lauf der Zeit wieder so weit erholt, daß er draußen auf Krücken umhergehen kann), SO IST DERJENIGE FREI (von der Todesstrafe), DER IHN GESCHLAGEN HAT. (ALLERDINGS MUSS ER FÜR DIE ARBEITSLOSIGKEIT DES VERLETZTEN ZAHLEN UND FÜR SEINE HEILKOSTEN AUFKOMMEN) (Ex.21,19).* DAS LEHRT, DASS MAN IHN (bis zur Genesung seines Kontrahenten) INS GEFÄNGNIS TUT (b Ketubbot 33b).[70] Aber bei (rein) zivilrechtlichen Angelegenheiten darf man vom Schuldner (im Grundsatz) vor Eintritt seiner Leistungspflicht nichts (und schon gar nicht ihn selber) in Beschlag nehmen. Die Rechtslage zwischen Darlehensgeber und Darlehensnehmer sieht letztlich so aus, daß kein jüdischer Gerichtshof sich mit ihnen befassen darf, bevor ihre Zeit gekommen ist.[71] Geht es allerdings um das Verhältnis des Verkäufers zum Käufer, so darf man da möglicherweise (vielleicht doch) gemäß den Ausführungen unseres Meisters (Isaak Al-Fasi) entscheiden, weil die fragliche Transaktion einem im Irrtum erfolgten Kauf nahekommt.[72] Das gilt erst recht, wenn das Geld noch vorhanden ist, das (d)er (Verkäufer) ihm dann (wieder-)geben soll, so wie wir es (im Talmud) sagen: (RUBEN HAT DEM SIMON EIN FELD VERKAUFT, OHNE FÜR RECHTSMÄNGEL ZU HAFTEN. NUN DROHT LETZTEREM DIE EVIKTION).[73] (D)ER (KÄUFER) KANN VOM GESCHÄFT ZURÜCKTRETEN, SOLANGE ER DAS GRUNDSTÜCK NOCH NICHT MIT EINEM SYMBOLISCHEN ERWERBSAKT IN SEINE VERFÜGUNGSGEWALT GEBRACHT HAT (b Ketubbot 92b-93a).[74] Über die(se) Angelegenheit müssen wir noch weiter nachdenken.[75]

•

---

[70] Um den Täter nach Verbüßung der Haftstrafe auch noch für die Begleichung der Kosten heranzuziehen, sofern das Opfer dauerhaft überlebt hat. Stirbt das Opfer, wird die Haft des (präventiv vor der Tat gewarnten) Täters durch die Todesstrafe beendet. Sein Vermögen wird dann nicht zur Begleichung der Opferansprüche herangezogen.
[71] Also das Fälligkeitsdatum für die Erfüllung der Forderung.
[72] Damit modifiziert Nachmanides seine bisherige Bewertung von Isaak Al-Fasis Entscheidung deutlich: Die Entscheidung Isaak Al-Fasis in dem ihm angetragenen Fall war gar nicht so unrichtig; nur die von ihm gelieferte Begründung aus b Baba Kamma 112b ist laut Nachmanides nicht stichhaltig gewesen.
[73] Siehe noch einmal S.11 Anmerkung 57.
[74] Gemäß der offenkundigen Auffassung des Nachmanides kann der Käufer vorher auch dann noch vom Geschäft zurücktreten, wenn er zwischenzeitlich den Kaufpreis bezahlt hat, und kann vom Verkäufer die Rückgabe des Kaufgeldes verlangen. Nach mischnischem Recht bewirkt allein schon die Zahlung des Kaufgeldes die Grundstücksübereignung; doch die lokalen Rechtsbräuche dürfen von dieser Vorschrift abweichen.
[75] Text in der Ausgabe Asaf, a.a.O., S.75f § 25.

Ferner hast du noch folgende Frage gestellt:[76] Es geht (um eine Forderung), die durch formalisierte Zession in Gegenwart aller drei Parteien übereignet wurde.[77] Ruben sprach nämlich zu Simon: "Gib eine Mine[78] dem Levi!"[79] Der antwortete ihm: "Ja, (das will ich tun)." Levi fragte nun den Simon: "Hast du diese Mine aus dem Vermögen Rubens?" Er antwortete ihm: "Ja, (so ist es)." Am nächsten Tag forderte Levi von Simon die Zahlung. Der aber sprach zu ihm: "Ich werde (dir) nichts geben. Ruben hat zu mir nämlich nicht die (meiner Auffassung nach bindende) Formel gesprochen: 'Ich habe eine Mine von dir zu fordern, gib sie dem und dem!' Vielmehr hat er mich° nur ganz unbestimmt auf eine Mine angesprochen: 'Gib dem und dem eine Mine!' Vielleicht hat er es nämlich so gemeint, (daß ich dir eine Mine) aus meinem Vermögen als Darlehen (geben soll). Das ist doch keine Art und Weise, um einer formalisierten Zession in Gegenwart aller drei Parteien Rechtskraft zu verleihen."[80]

Außerdem haben wir noch bei folgendem Problem einen Zweifel: Der eine hinterlegte bei einem anderen ein Kor[81] Weizen zu Verwahrungszwecken. Dabei sagte er zu ihm: "Gib dem Levi 20 Schillinge von jenem Kor Weizen, das ich[82] von dir (zu welchem Zeitpunkt auch immer zurück) zu fordern habe."[83] Darauf sprach der Zweite zum Ersten: "Ja, (das will ich tun)." Kann (d)er (zur Leistung Aufgeforderte) von seiner Zusage wieder zurücktreten, weil er ja nicht wirklich Geld in seiner Hand hat; oder (kann er das) nicht?

Das ist die Antwort: (Beim ersten Fragekomplex) ist es wahrhaftig so: Wenn Levi den Simon zum Abtretungszeitpunkt gefragt haben sollte: "Hast du diese Mine[84] aus dem Vermögen Rubens?", und er ihm antwortete: "Ja, (so ist es)!", dann hat er, (Levi, den Zahlungsanspruch gegen Simon) rechtsgültig erworben. Denn das Sinnen

---

[76] Der Fragesteller ist auch hier wieder Samuel Ben Isaak ha-Sardi aus Barcelona. Zu Person und Werk siehe S.1 Anmerkung 1.

[77] Im rabbinischen Recht können Forderungen dergestalt abgetreten werden, daß der Altgläubiger als Zedent, der Erwerber der Forderung als Zessionar und der Schuldner zusammentreten, und der Zedent den Schuldner auffordert, statt an ihn an den Zessionar zu zahlen.

[78] Also 100 Währungseinheiten.

[79] Ruben ist offenbar selbst Schuldner und hat im Moment kein Bargeld, womit er Levis Forderung bezahlen könnte. Dafür tritt er seine eigene Forderung gegen Simon an Levi ab.

[80] Muß der Argumentation Simons stattgegeben werden und die Zession wegen Ungültigkeit noch einmal wiederholt werden; oder war die Zession im Sinne Rubens und Levis gültig?

[81] Hohlmaß im Umfang von ca.360 Litern.

[82] Statt LW ist ja wohl ein LY zu lesen.

[83] Diese Aufforderung ist einigermaßen unklar gehalten und wirft Verständnisfragen auf.

[84] Siehe Anmerkung 78.

und Trachten aller Verfahrensbeteiligten war gleichermaßen auf jene Mine ausgerichtet. Und wenn einer von ihnen das Motiv für die Transaktion geoffenbart hätte,[85] würde das als Offenbarung des Motivs durch alle Verfahrensbeteiligten gelten. Es ist allerdings so, daß ein Motiv für die Transaktion (hier) gar nicht geoffenbart werden muß. Denn ich sage: Selbst wenn der eine zum andern nichts (diesbezügliches) gesagt hat, der andere dem einen jedoch eine Mine schuldet, und wenn der eine dann zu dem andern spricht: "Gib dem und dem eine Mine," und wenn dann der andere zum einen spricht: "Ich werde sie (ihm) geben," dann hat (d)er (Dritte den Zahlungsanspruch) rechtsgültig erworben, sofern alle drei Verfahrensbeteiligten (beim Wortwechsel) zugegen gewesen sind. Denn eine Aussage auf Ungültigkeit des Rechtserwerbs hat man nur für die Konstellation gemacht, daß (d)er (Arbeitgeber) ihn, (den lohnfordernden Arbeiter), an einen (ebenfalls zugegen befindlichen) Ladenkaufmann oder Geldwechsler verweist.[86] Denn da hat (d)er (Arbeitgeber) von den beiden nichts zu fordern.[87] Allerdings wären sie (zahlungs)pflichtig, (wenn sie in der Schuld des Arbeitgebers stünden. Darum gilt auch in der Ausgangskonstellation folgendes): Selbst wenn der eine zum andern nicht explizit gesagt hat: "Ich habe eine Mine von dir zu fordern; gib sie dem und dem!", sondern ganz unspezifisch (gesagt hat): "Gib dem und dem eine Mine!", so hat er doch die ihm (als Erstgläubiger) zustehende Mine gemeint, (auf deren Forderung er zugunsten des Zessionars verzichtet).[88] Das verhält sich so, wie wir es (im Talmud) bei der Geschichte mit Geniba sagen:[89] (Die bloße Formulierung) 'VOM WEIN' STÄRKT DIE

---

[85] Nämlich Rubens momentan fehlende Liquidität gegenüber Levi, seinem eigenen Gläubiger.

[86] Es geht um eine dunkle Diskussion in b Baba Metzi'a 112a* auf der Basis von M Baba Metzi'a IX,12:* Wenn der Arbeitgeber seinen Tagelöhner an einen zugegen befindlichen Ladenkaufmann oder an einen Geldwechsler verweist, der ihm den Lohn auszahlen soll, und wenn dann der Tagelöhner trotz der formalisierten Übertragung der Forderung in Gegenwart aller drei Parteien den Naturalienlohn vom Kaufmann oder das Geld vom Geldwechsler nicht bekommt, kann er dann wieder auf den Arbeitgeber zurückgreifen?

[87] Er fordert den Händler bzw. den Geldwechsler lediglich auf, bei der Auszahlung des Tageslohns für ihn in Vorlage zu treten. Die beiden schulden dem Patron a priori gar nichts.

[88] Der sachliche Kontext macht die Aufforderung eindeutig.

[89] Ein gewisser Geniba wird zur Hinrichtung geführt und sagt kurz vor seinem Tod: GEBT DEM RABBI ABINA 400 SUS VOM WEIN AUS NEHARPANJA (b Gittin 65b). Die Frage lautet, ob solch eine merkwürdige Formulierung trotz ihrer Unklarheiten eindeutig genug ist, um dem Begünstigten einen gesicherten Rechtsanspruch in Geld oder in Naturalien im Umfang des genannten Betrages zu verschaffen.

RECHTSSTELLUNG DES BEGÜNSTIGTEN (b Gittin 66a).[90] Wir sagen im Talmud nicht: VOM WEIN EINES RATSHERRN AUS NEHARPANJA usw.[91] Was nun noch deine Frage angeht, wo jemand bei einem andern ein Kor[92] Weizen zu Verwahrungszwecken hinterlegte usw.,[93] (so gilt da folgendes): Wenn der eine zum andern explizit gesagt hat: "Gib 20 Schillinge in Geld von dem Weizen (an den und den!)", so hat (d)er (Begünstigte) keinen Rechtsanspruch (auf eine entsprechende Leistung) erworben, weil der Weizen bloß ein Verwahrgut darstellt.[94] Wenn der eine zum andern aber unspezifiziert gesagt hat: "Gib dem und dem 20 Schillinge von dem Weizen, den ich von dir (zu welchem Zeitpunkt auch immer zurück) zu fordern habe," so sind wir uns dessen sicher, daß (hier derselbe Fall vorliegt wie oben, wo die bloße Formulierung) 'VOM WEIN' DIE RECHTSSTELLUNG DES BEGÜNSTIGTEN STÄRKT (b Gittin a.a.O.). Infolgedessen gleicht er dann jemandem, der zu dem andern gesagt hätte: "Gib dem Dritten Weizen im Wert von 20 Schillingen." (D)er (Dritte) hat so nämlich einen Rechtsanspruch (auf die zugesagte Leistung) erworben.[95] Und wenn der Weizen auf dem andern als (Natural-)Darlehensschuld lastet, (dann gilt folgendes): Weil (d)er (Gläubiger) gegen den Schuldner einen Haftungsanspruch hat, hat (d)er (Dritte) den Leistungsanspruch selbst dann rechtsgültig erworben, wenn (d)er (Gläubiger) dem Schuldner explizit gesagt hat: "Gib dem Dritten 20 Schillinge in Geld!" Denn alle Begründungen, die in der Gemara[96] für die Rechtswirksamkeit der Zession in Gegenwart aller drei Verfahrensbeteiligten angeführt werden, gehen diesen Weg: daß (d)er Schuldner wegen der auf ihm lastenden Haftung nunmehr diesem (Nachfolgegläubiger für die Erfüllung der Forderung) haftbar wird.

---

[90] Der Begünstigte kann also aus dem Nachlaß von Geniba 400 Sus oder Wein in natura im Wert dieser Summe verlangen.
[91] Der nach dieser Auslegung gegenüber dem Todeskandidaten in der Schuld stand. Wenn aber die Leistungszusage des Todeskandidaten in offenkundiger Abwesenheit des zur Leistung verpflichteten Ratsherrn in solch verstümmelter Form schon rechtswirksam ist, dann verschafft erst recht die abgekürzte Formulierungsweise Rubens im Ausgangsfall des Responsums in Gegenwart auch der beiden anderen Verfahrensbeteiligten dem Levi den Zahlungsanspruch gegen Simon. Im Text folgt eine größere Lücke, die ich nicht zu ergänzen vermochte, weil mir die ausführlichere Parallelfassung in Samuel Ben Isaak ha-Sardis Sefer ha-Terumot hier in München nicht zugänglich war.
[92] Siehe noch einmal S.15 Anmerkung 81.
[93] Siehe oben S.15.
[94] Ungeklärt bleibt, ob der begünstigte Dritte bei der Unterredung ebenfalls zugegen ist oder nicht. Anscheinend ist dies nicht zwingend der Fall. Die Schlußbemerkungen des Responsums, die die Anwesenheit des Dritten klar voraussetzen, handeln von der Teilabtretung einer Darlehensschuld.
[95] Die subtilen Unterschiede in den einzelnen Formulierungen haben laut Nachmanides also weittragende Wirkungen in der einen oder in der gegenteiligen Hinsicht.
[96] Zu diesem Begriff siehe S.XVII in der Einleitung.

Infolgedessen hat (d)er (Nachfolgegläubiger) den Leistungsanspruch rechtswirksam erworben; und (d)er (Schuldner) ist wegen dieser Forderungsabtretung verpflichtet, ihm (entweder) 20 Schillinge aus dem Weizen (durch Verkauf einer entsprechenden Menge) oder Weizen (in natura) im Wert von 20 Schillingen (aus der fraglichen Rückgabemasse) zu geben, berechnet nach dem (aktuellen) Marktpreis.[97]

•

Du hast noch folgende Frage gestellt:[98] Ein Darlehensgeber vereinbarte mit dem Darlehensnehmer, daß ihn (d)er (Darlehensnehmer aus eigenem Vermögen) von seiner Steuerzahlungspflicht gegenüber dem König (in bestimmtem Umfang) freihalten solle.[99]
Das ist die Antwort: Dies ist wahrhaftig verboten. Denn weil die Steuer auf seinem Geldvermögen liegt und (d)er (andere) an seiner Stelle (aus der eigenen Tasche die Steuer) zahlt, ist das (als gleichsam vorab ausbedungener Zins) verboten. Der Fall ist wahrhaftig mit jener Stelle (im Talmud) vergleichbar, wo wir sagen: (Es ist nicht erlaubt, als Jude zu einem Nichtjuden zu sagen): ZAHLE (die aus Wein bestehende Naturalienabgabe) AN MEINER STELLE AN DEN (königlichen) SCHATZ(meister)(b ʿAboda Sara 71a).[100] Der

---

[97] Text in der Ausgabe Asaf, a.a.O., S.79 § 32.
[98] Der Fragesteller ist auch hier wieder Samuel Ben Isaak ha-Sardi aus Barcelona. Zu Person und Werk siehe S.1 Anmerkung 1.
[99] Der jüdische Darlehensgeber verpflichtet seinen Schuldner und Glaubensbruder bei der Kreditgewährung, neben der zinslosen Rückzahlung der Darlehensschuld auch eine Steuer an den König von Aragon aus eigener Tasche zu bezahlen, die der Darlehensgeber dem König schuldig ist, und die während der Darlehenslaufzeit fällig wird. Aus den weiteren Darlegungen geht hervor, daß die Steuer eine Abgabe auf das Vermögen, nicht auf das Einkommen darstellt. Der Darlehensgeber möchte für seine ausstehende Darlehensforderung die bruchteilige Vermögenssteuer nicht selber abführen, sondern diesen Teilbetrag dem Darlehensnehmer aufbürden. Die implizierte Frage lautet, ob dieser Darlehensvertrag mit der vorab ausbedungenen Sonderleistung des Schuldners gegen das innerjüdische Zinsverbot verstößt. Diese Frage stellt sich insofern, als die Zusatzleistung vom Darlehensschuldner ja nicht an den Darlehensgeber gezahlt wird.
[100] Wein nichtjüdischer Herkunft oder von Nichtjuden berührter Wein jüdischer Herkunft ist so hochgradig unrein, daß man als Jude neben dem absoluten Genußverbot auch darauf achten muß, aus solchem Wein keine nutzbringende Verwendung zu ziehen. Wenn ein Jude gegenüber der nichtjüdischen Obrigkeit weinsteuerpflichtig ist, darf er keinen Nichtjuden explizit auffordern, für ihn mit dem eigenen, rituell unreinen Wein bei der Steuerbehörde stellvertretend in Vorlage zu treten, bloß weil er als Jude im Augenblick selber keinen (rituell reinen) Wein zur Verfügung hat, um die Steuerschuld damit begleichen zu können. Mit der zitierten Formulierung würde der Jude den Nichtjuden zu seinem Stellvertreter machen, was vom Religionsgesetz her gar nicht geht, den unreinen Wein nichtjüdischer Herkunft virtuell selber erwerben und ihn bei der Steuerbehörde quasi selbst abliefern. Damit aber würde er als Jude den rituell unreinen nichtjüdischen Wein zu eigenem Nutzen verwenden, nämlich zur Tilgung seiner

Sachverhalt muß als Schluß vom Leichteren zum Schwereren behandelt werden.[101] Denn dort (im Talmud) gilt für den Wein, daß er erst dann (für den Juden) zur Verwendung verboten ist, wenn er von ihm ergriffen wurde oder (sonstwie) als von ihm erworben anzusehen ist. (Es verhält sich dabei so), wie wir es dort (noch in einem anderen Zusammenhang) ausführen:[102] WENN ER IHM DEN DINAR VORHER GEGEBEN HAT, (können Probleme entstehen)(b ʿAboda Sara 63b).*[103]

Ferner finden wir in der Tosefta folgende Bestimmung vor: NIEMAND DARF ZU EINEM NICHTJUDEN, EINEM SAMARITANER ODER EINEM IN DER VERZEHNTUNG (von Agrarprodukten) UNZUVERLÄSSIGEN (Juden) SAGEN: 'DA HAST DU 200 °SUS[104] VON MIR! (Kaufe dafür Naturalien) UND ENTRICHTE SIE ALS STEUER ZU MEINEN HÄNDEN[105] AN DEN (königlichen) SCHATZ(meister).'[106] ER DARF ABER ZU IHM SA-

---

Steuerschulden; und das ist verboten. Wenn die nichtjüdische Behörde nach der Entgegennahme rituell reinen jüdischen Weines diesen Wein rituell verunreinigt, so darf das dem jüdischen Steuerpflichtigen übrigens gleichgültig sein. Der Wein wird ja bei solch einer Konstellation rituell erst ab dem Zeitpunkt verunreinigt, zu dem er in das Eigentum der nichtjüdischen Staatsgewalt übergegangen ist; und darum braucht sich der jüdische Voreigentümer dann keine Sorgen mehr zu machen.

[101] Wenn schon ein Nichtjude von seinem jüdischen Freund nicht explizit aufgefordert werden darf, mit seinem rituell unreinen Wein für die Steuerschulden des jüdischen Bekannten stellvertretend in Vorlage zu treten, darf ein Jude seinen jüdischen Glaubensbruder erst recht nicht auffordern, gegenüber der nichtjüdischen Obrigkeit stellvertretend für ihn eine Leistung zu erbringen, die aufgrund seiner eingegangenen zinslosen Darlehensrückzahlungspflicht einer innerjüdischen Zinszahlung gleichkäme. Der Darlehensgeber will diese stellvertretende Steuerzahlung des Schuldners ja nicht mit seiner Darlehensforderung zu dessen Gunsten aufrechnen.

[102] Das nachfolgende Zitat hat diesen Hintergrund: Ein jüdischer Arbeitgeber, der seine nichtjüdischen Arbeiter in Naturalien entlohnen will, verweist sie dafür an einen ebenfalls nichtjüdischen Ladenkaufmann, der mit ihm, dem jüdischen Arbeitgeber, in Geschäftsbeziehungen steht.

[103] Gibt der jüdische Arbeitgeber dem nichtjüdischen Kaufmann den Dinar vorweg und weist er seine nichtjüdischen Arbeiter nach Beendigung der Arbeit an, sich bei dem Kaufmann in Höhe dieses Betrages zu verköstigen, dann gilt folgendes: Lassen sich die Arbeiter von dem Kaufmann unter anderm auch rituell unreinen nichtjüdischen Wein geben, so hat der jüdische Arbeitgeber gegen sein Religionsgesetz verstoßen, weil der von den Arbeitern konsumierte Wein als von ihm vorher käuflich erworben gilt und nach dem Erwerb als Zahlungsmittel eingesetzt wird. Gibt aber der jüdische Arbeitgeber nach Beendigung der Arbeit den Dinar seinen Arbeitern, und kaufen diese dann bei dem Händler nichtjüdischen, rituell unreinen Wein, so darf das dem Arbeitgeber gleichgültig sein. Bei diesem Verhalten hat er das jüdische Religionsgesetz nicht verletzt. Vergleiche hierzu auch den Talmudkommentar von Nachmanides zu b ʿAboda Sara 71a.

[104] Mischnisch-talmudische Währungsbezeichnung.

[105] Gemeint ist: "stellvertretend für mich".

[106] Im Heiligen Land geerntete Agrarprodukte dürfen keinerlei Verwendung zugeführt werden, ehe der jüdische Eigentümer nicht den Zehnten an die Leviten davon abgesondert hat. Die Gefahr ist hier, daß der Mittelsmann von religionsgesetzlich selber nachlässigen Juden unverzehntete Produkte kauft und davon die Steuerschulden des

GEN: '(Hier hast du Geld von mir, und nun) RETTE MICH VOR DEM (königlichen) SCHATZ(meister)!'[107] GENAUSO DARF MAN NICHT ZU SEINEM NÄCHSTEN SAGEN: 'DA HAST DU 200 SUS VON MIR! ZAHLE SIE ZU MEINEN HÄNDEN[108] (als Ablösungssumme) FÜR DIE ÖFFENTLICHE DIENSTLEISTUNGSPFLICHT, (die ich sonst gegenüber den Nichtjuden zu erfüllen hätte). ER DARF ALLERDINGS ZU IHM SAGEN: '(Hier hast du 200 Sus von mir, und nun) RETTE MICH VOR DER ÖFFENTLICHEN DIENSTLEISTUNGSPFLICHT' (Tos Demai VI,4)'.* Die (letzte) Bestimmung wird mit Blick auf die Zinsproblematik gelehrt. Sie ist nämlich so zu deuten: daß der eine dem andern 200 Sus mit der sofortigen Folgewirkung übergibt, daß der andere stellvertretend für den einen in die dem König geschuldete Dienstleistungspflicht eintritt, die dem einen obliegt und sich im Wert auf 300 (Sus) beläuft. Weil nun der eine dem anderen (bloß 200) Dinare[109] vorstreckt, zahlt der andere an seiner Stelle (deutlich) mehr.[110] (ER DARF ALLERDINGS ZU IHM SAGEN: 'Hier hast du 200 Sus von mir), UND NUN RETTE MICH VOR DER ÖFFENTLICHEN DIENSTLEISTUNGSPFLICHT'[111] (Tos Demai a.a.O.). Das ist erlaubt.[112] Vielleicht kann der andere nämlich die Entscheidungsinstanz mit einer Summe im Wert von 200 (Sus oder Dinaren) oder mit noch weniger Geld (auf dem Bestechungsweg) zufrieden stellen. Hier aber, wo es um eine Steuer geht, die auf dem

---

Auftraggebers als Stellvertreter bezahlt. Religionsgesetzlich betrachtet würde der jüdische Auftraggeber die unverzehnteten Früchte damit selber an die nichtjüdische Steuerbehörde abliefern.

[107] Bei dieser Formulierung liegt kein eindeutiger Auftrag zur stellvertretenden Steuerentrichtung vor. Sie kann auch als Aufforderung zur Bestechung des nichtjüdischen Steuereinnehmers gedeutet werden, damit dieser den Sprecher in Ruhe läßt. Wenn dann der Mittelsmann auf eigene Initiative die Naturalien doch kauft und sie bei dem nichtjüdischen Steuereinnehmer abliefert, darf dem Auftraggeber gleichgültig sein, ob die Produkte verzehntet worden sind oder nicht. Der Auftraggeber hat ihn zu dieser Aktion ja nicht explizit aufgefordert.

[108] Siehe noch einmal S.19 Anmerkung 105.

[109] Hier wechselt die Währungsbezeichnung.

[110] Um den einen von der Dienstleistungsverpflichtung gegenüber der nichtjüdischen Obrigkeit zu befreien, muß der andere 300 Sus oder Dinare zahlen. Damit aber muß er 100 Währungseinheiten aus eigener Tasche nachschießen; und das kommt einer verbotenen Zinszahlung von Jude zu Jude gleich. Dasselbe wäre der Fall, wenn der andere die vom einen geschuldete Dienstleistung physisch erfüllt, dabei Aufwendungen in Höhe von 300 Währungseinheiten hat oder eine entsprechende geldwerte Arbeitsleistung erbringt. Die 100 zusätzlichen Währungseinheiten werden zwar nicht an den jüdischen Glaubensbruder, aber zugunsten des jüdischen Glaubensbruders gezahlt oder für ihn abgearbeitet; und damit ist in gewisser Weise auch eine Parallele zum Ausgangsfall des Responsums gegeben.

[111] Statt H'WSR ist ganz sicher H'WMNWT zu lesen.

[112] Weil der eine den andern nicht explizit auffordert, die Dienstleistungspflicht stellvertretend für ihn zu übernehmen oder ihn davon förmlich auszulösen.

Geld liegt, das der eine dem andern geliehen hat, sei sie viel oder wenig, handelt es sich um eine (verbotene) Zinszahlung.[113]

•

Ferner hast du noch folgende Frage gestellt:[114] Ruben sprach zu Simon, er möge ihm ein Darlehen in Höhe von einer Mine[115] gewähren. Der sagte daraufhin zu ihm: "Geh zu einem (Urkunden-)Schreiber, daß er den Vertrag in Schriftform bringt, und zu Zeugen, die unterschreiben sollen, daß du mir eine Mine schuldig bist. Hernach will ich dir das Darlehen gewähren." (Ruben) ging also hinweg und brachte ihm eine gültige, auf einem Kinjan basierende Urkunde (zurück).[116] Dabei war entsprechend jener Bestimmung verfahren worden, die wir (aus der Mischna) gelernt haben: MAN DARF EINEN SCHULDSCHEIN AUF VERLANGEN DES (anwesenden) DARLEHENSNEHMERS SCHREIBEN, (AUCH WENN DER DARLEHENSGEBER NICHT MIT IHM ZUGEGEN IST. MAN DARF IHN ABER AUF VERLANGEN DES [anwesenden] DARLEHENSGEBERS NUR DANN SCHREIBEN, WENN DER DARLEHENSNEHMER MIT IHM ZUGEGEN IST....MAN DARF EINE [Grundstücksverkaufs-]URKUNDE AUF VERLANGEN DES [anwesenden] VERKÄUFERS SCHREIBEN, AUCH WENN DER KÄUFER NICHT MIT IHM ZUGEGEN IST. MAN DARF SIE ABER AUF VERLANGEN DES KÄUFERS NUR DANN SCHREIBEN, WENN DER VERKÄUFER MIT IHM ZUGEGEN IST)(M Baba Batra X,3). Ist Simon damit verpflichtet, dem andern das Darlehen

---

[113] Die nichtjüdische Obrigkeit in Gestalt des Königs von Aragon erhebt von den jüdischen Gemeindemitgliedern turnusmäßig eine vermutlich prozentual bemessene Vermögenssteuer. Wenn jemand 1000 Währungseinheiten an steuerbarem Vermögen besitzt und davon 100 Währungseinheiten an einen Glaubensbruder zinslos verliehen hat, wer muß dann den auf die 100 Währungseinheiten liegenden Bruchteilsbetrag bezahlen, falls die Abgabe während der Darlehenslaufzeit fällig wird? Nachmanides entscheidet so, daß der Darlehensgeber die Steuer darauf zu entrichten hat, weil das Geld als das seinige anzusehen ist, nicht aber der Darlehensnehmer. Die Abwälzung der Steuer auf den Darlehensnehmer käme einer innerjüdisch unzulässigen Zinszahlung gleich. Text in der Ausgabe Asaf, a.a.O., S.86 § 44.
[114] Der Fragesteller ist auch hier wieder Samuel Ben Isaak ha-Sardi aus Barcelona. Zu Person und Werk siehe S.1 Anmerkung 1.
[115] Mischnisch-talmudische Bezeichnung für 100 Währungseinheiten.
[116] Der Kinjan ist eine symbolische Handlung, mit der im jüdischen Recht viele Verträge verbindlich gemacht werden. Die Handlung sieht so aus, daß die Zeugen des Vertrages demjenigen, der sich zur Erbringung einer Leistung verpflichtet, ein Stück Tuch oder einen Mantel zum Ergreifen hinstrecken. Greift der Verpflichtete den Gegenstand, hat er sich gegenüber dem Leistungsempfänger zur Erbringung der zugesagten Leistung irreversibel verpflichtet. Wird der Vertrag anschließend verschriftet, so wird der Vollzug des Kinjans im Urkundentext erwähnt. Bei einem Darlehensvertrag wird am Schuldner der Kinjan vollzogen. Er verpflichtet sich mit dem Ergreifen des Tuches oder Mantels, dem Gläubiger das anschließend beurkundete Darlehen zurückzuzahlen.

zu gewähren, nachdem der andere das Dokument mit seiner Zustimmung hat schreiben lassen; oder (ist er) nicht (dazu verpflichtet)?[117] Denn der Meister Josef Ibn Migasch hat zu diesem Mischnasatz geschrieben,[118] daß er (in seinen erlaubenden Partien bei Anwesenheit nur einer Partei) bloß unter der Voraussetzung gelte, daß der (Grundstücks-)Verkäufer (vorher) in eigener Sache bezeugt habe, (vom Käufer) das Geld schon empfangen zu haben, und daß der Darlehensgeber (vorher) in eigener Sache bezeugt habe, das Darlehen gewähren zu wollen.[119] Andernfalls würde man nämlich den (Grundstücks-)Käufer (in dessen Abwesenheit und ohne dessen ausdrückliche Zustimmung) zu jenem Kauf und den Darlehensgeber (in dessen Abwesenheit und ohne dessen ausdrückliche Einwilligung) zur Hingabe des (Darlehens-)Geldes verpflichten. Und wenn man im Irrtum die Urkunde für den (Grundstücks-)Verkäufer oder für den Darlehensnehmer (in Abwesenheit der jeweiligen Gegenpartei) geschrieben habe, ohne daß die beiden (Anwesenden) das Geld empfangen hätten, dann müsse (d)er (Grundstücksverkäufer oder der Darlehensnehmer bei späterem Widerspruch der jeweils abwesend gewesenen Gegenpartei) den Beweis erbringen, daß dieser Verkauf (oder dieser Darlehensvertrag) mit der Zustimmung der (jeweils abwesend gewesenen) Gegenpartei zustandegekommen sei. Aus seinen (bis hierher gehenden) Ausführungen[120] hast du[121] den Eindruck gewonnen, daß wenn (d)er (Darlehensgeber oder der Grundstückskäufer zuerst seine jeweilige Absicht verbindlich) eingestanden hat und (danach) die Urkunde (in Abwesenheit der beiden) geschrieben worden ist, (d)er (Darlehensgeber oder der Käufer) zur Geldhingabe (an den Darlehensnehmer bezw. an den Verkäufer auch) verpflichtet ist. Und dies ist der Fragegegenstand: Durch was tritt (denn nun d)er (Darlehensgeber oder der Käufer) in (s)eine (jewei-

---

[117] Wie ist also zu verfahren, wenn Simon es sich jetzt auf einmal anders überlegt und die Annahme des Schuldscheins verweigert, um Ruben das Darlehen nicht mehr gewähren zu müsen? Der Fall erinnert stark an jenen, der sich schon in Band 2 S.60f meiner Nachmanides-Übersetzung findet. Dennoch weicht der hier nachfolgende Text stark von dem des Parallelfalls im genannten Band ab.

[118] Josef Ibn Migasch, ein Schüler Isaak Al-Fasis, wirkte in der ersten Hälfte des 12. Jrh.'s als jüdischer Gesetzeslehrer im muslimischen Spanien. Sein Talmudkommentar war mir hier in München nicht zugänglich.

[119] Der Nachmanides-Schüler Salomon Ben Adret aus Barcelona zitiert Josef Ibn Migasch in seinem Talmudkommentar zu b Baba Batra 167b allerdings so, daß der Darlehensnehmer und der Grundstücksverkäufer den Empfang des Geldes bestätigt haben müssen, um in den Genuß der mischnischen Bestimmung kommen zu dürfen.

[120] Die Ausführungen von Josef Ibn Migasch sind gemeint.

[121] Samuel Ben Isaak ha-Sardi wird angeredet.

lige) Verpflichtung ein?[122] Soweit (der Inhalt) deine(r) Ausführungen.
Das ist die Antwort: Zu Beginn jeglicher Darlegung muß ich dir schreiben, daß die Ausführungen des Meisters (Josef Ibn Migasch) nach unserer Meinung (von? dir?) nicht richtig (zitiert? worden?) sind. Vielmehr gilt: Selbst wenn die beiden Betreffenden nicht in eigener Sache bezeugt haben, das (jeweilige) Geld schon empfangen zu haben, darf man (die jeweilige Urkunde) schreiben. Denn es tritt doch für den (Grundstücks-)Käufer oder den Darlehensgeber bei diesem Verfahren[123] kein Verlust ein. Die (bloße jeweilige) Urkunde verpflichtet die beiden beweiskräftig doch erst dann zur Geldhingabe, wenn sie in ihre Hand gelangt. Denn wenn die Rechtslage schon so ist, daß man für den (Grundstücks-)Verkäufer (oder Darlehensnehmer die Urkunde) schreiben darf, auch wenn der Käufer (oder Darlehensgeber) mit ihm nicht zugegen ist, darf (d)er (die Urkundenannahme verweigernde Grundstückskäufer oder Darlehensgeber immer noch) zu ihm[124] sagen: "Hat man dir etwa (die Urkunde nur) auf dein eigenes Ersuchen hin geschrieben?" Es verhält sich damit so, wie wir es (in der Mischna) zu den BEIDEN PERSONEN MIT DEM NAMEN JOSEF BEN SIMON sagen, DIE IN EIN- UND DERSELBEN STADT WOHNEN, WO aus diesem Grund KEINER GEGEN DEN JEWEILS ANDEREN EINEN (vollstreckbaren) SCHULDSCHEIN PRÄSENTIEREN KANN (M Baba Batra X,7).[125] Infolgedessen darf man (die jeweilige

---

[122] Verpflichtet er sich erst mit der Annahme der Urkunde zur Darlehenshingabe bezw. zur Kaufpreiszahlung; oder tut er dies schon vorher?
[123] Also bei der Beurkundung des Vertragswerks in Abwesenheit der beiden Genannten.
[124] Zum Verkäufer oder Darlehensnehmer.
[125] In der Gemara zu dieser Mischnastelle, nämlich in b Baba Batra 173a, wird dazu folgende Auslegung geliefert: Angenommen, Josef Ben Simon (I) geht zum Urkundenschreiber mit einbestellten Zeugen. Er erklärt ihnen, daß er vom andern Josef Ben Simon (II) eine Darlehensgewährung zugesagt bekommen habe, und bittet um die Erstellung eines Schuldscheins zu eigenen Lasten und mit dem anderen Josef Ben Simon (II) als eingetragenem Gläubiger. Der Urkundenschreiber und die Zeugen erstellen das Dokument in Abwesenheit des anderen Josef Ben Simon (II). Dabei tragen sie Josef Ben Simon als Schuldner und Josef Ben Simon als Gläubiger ohne weitere Differenzierung ein. Sie übergeben den Schuldschein dem Josef Ben Simon (I), damit er das Dokument dem anderen Josef Ben Simon (II) als Beweisstück übergibt und dann selber das Darlehen von ihm, dem anderen Namensvetter ausgehändigt bekommt. Das aber birgt die Gefahr in sich, daß Josef Ben Simon (I) den Schuldschein dem andern Josef Ben Simon (II) gar nicht aushändigt, sondern nach eingetragenem Fristablauf selber als Gläubiger auftritt und mit dem Schuldschein in der Hand den anderen Josef Ben Simon (II) als angeblichen Darlehensschuldner betrügerisch abzukassieren versucht. Derartige Manipulationen müssen kraft Gesetzes unmöglich gemacht werden. Soweit die Gemara. Das aber heißt: Wenn Josef Ben Simon (I) in Abwesenheit von Josef Ben Simon (II) einen Schuldschein zu eigenen Lasten und mit Josef Ben Simon (II) als Gläubiger ausfertigen läßt, wenn Josef Ben Simon (I) sich hernach betrügerisch selbst zum Gläubiger macht und den anderen Josef Ben Simon (II) mit dem in dessen Abwesenheit erstellten Dokument belangen will, dann kann Josef Ben Simon (II) zu Josef Ben Simon (I) immer

Urkunde in Abwesenheit des Darlehensgebers oder des Grundstückskäufers zu Lasten des anwesenden Darlehensnehmers oder für den anwesenden Verkäufer ruhig) schreiben, selbst wenn der Betreffende[126] nicht bezeugt hat,[127] das Geld schon empfangen zu haben.[128] Und nicht nur das; dieser Mischnasatz[129] muß (primär) unter der Konstellation betrachtet werden, daß die beiden in eigener Sache nicht bezeugt haben,[130] das Geld schon empfangen zu haben. Wenn sie das allerdings in eigener Sache bezeugt haben,[131] so gelten für diesen Fall unterschiedliche Rechtsbestimmungen. Man[132] hat nämlich diesen Mischnasatz im (Talmud-)Kapitel ŠNYM ʾWHZYN auf spezielle Übereignungsurkunden bezogen.[133] Handelt es sich

---

sagen, daß Josef Ben Simon (I) den Schuldschein aus eigenem Antrieb und ohne seine, also Josef Ben Simons (II), Zustimmung habe anfertigen lassen. Dasselbe kann Josef Ben Simon (II) sagen, wenn Josef Ben Simon (I) dem Josef Ben Simon (II) das Dokument als Beweis für dessen künftige Forderung gegen ihn, also Josef Ben Simon (I), übergeben möchte und im Gegenzug das darin verzeichnete Darlehen von Josef Ben Simon (II) ausgehändigt haben will. In beiden Fällen wird die Urkunde spätestens bei einer ablehnenden Haltung von Josef Ben Simon (II) gegenstandslos.

[126] Der Darlehensnehmer oder der Verkäufer.

[127] Statt HʿYDN ist doch wohl bloß ein HʿYD zu lesen; oder es müßte HʿYDW ZH WZH = "(selbst wenn) der eine und der andere nicht bezeugt haben,..." gelesen werden.

[128] Denn dem Grundstückskäufer oder Darlehensgeber steht im Prinzip das Recht zu, die Annahme der jeweiligen Urkunde mit der oben gebrachten Begründung zu verweigern. Um die Leistung des Darlehensgebers oder des Grundstückskäufers zu erzwingen, muß der Darlehensnehmer oder Verkäufer beweisen, daß er die Urkunde mit dem rechtsverbindlichen Einverständnis der jeweils abwesenden Gegenpartei hat erstellen lassen.

[129] Aus M Baba Batra X,3.

[130] Statt HʿYDN ʿL ʿṢMW ist HʿYDW ʿL ʿṢMN zu lesen.

[131] Siehe die vorige Anmerkung.

[132] Die Argumentation des vorletzten Satzes wird hier weitergeführt!

[133] Siehe b Baba Metziʿa 12b-13a. Spezielle Übereignungsurkunden sind Dokumente, in denen jemand mit Wirkung auf einen Erklärungsempfänger sein Vermögen für die Zahlung einer kreditierten Geldsumme haftbar macht, gleichgültig, ob er das Geld vom andern als Erklärungsempfänger überhaupt (schon) erhalten hat oder nicht. Der verschrifteten Erklärung muß ein Kinjan vorausgehen, mit dem sich der (Quasi-)Darlehensnehmer zur Zahlung verpflichtet. Begründet wird die Obligation des Zahlungsverpflichteten durch diese symbolische Zeremonie, nicht erst durch die Aufsetzung der Urkunde oder gar erst durch Aushändigung derselben an den Erklärungsempfänger. Siehe auch schon oben S.21 Anmerkung 116. Im soeben genannten Talmud(kon)text geht es nur um Darlehensurkunden dieses Typus; Nachmanides geht aber davon aus, daß auch (Grundstücks-)Verkaufsurkunden unter diese Kategorie fallen können. Eine solche Urkunde sähe dann so aus, daß der Verkäufer sich mit einem an ihm vollzogenen Kinjan verpflichtet hat, sein Grundstück an den Kaufinteressenten zu veräußern, ohne Rücksicht darauf, ob er das Kaufgeld schon empfangen hat oder nicht. Sowohl beim Grundstücksverkauf als auch beim Darlehen gilt der jeweilige Vertrag durch den Vollzug des Kinjans am Verkäufer oder Darlehensnehmer auch in Abwesenheit des Erklärungsempfängers als (vorläufig) zustande gekommen. Der Erklärungsempfänger kann dann immer noch durch Ablehnung der Urkundenannahme aus dem Vertrag aussteigen, indem er erklärt, das jeweilige Dokument sei gegen seinen Willen erstellt worden. Diese Behaup-

nicht um spezielle Übereignungsurkunden,[134] dann darf man sie (in Abwesenheit der jeweiligen Gegenpartei) nicht (ohne weiteres) schreiben. Wir müssen dann nämlich die Sorge hegen, daß (zunächst einmal nur d)er (Grundstücksverkäufer) als Verkaufsdatum den Monat Nisan eintragen läßt,[135] (das Grundstück) aber erst im Monat Tischri[136] (durch die Aushändigung der Urkunde an den Käufer, durch den Empfang des Kaufgeldes oder durch eine andere formalisierte Prozedur wirklich verkauft).[137] Wenn er aber in eigener Sache bezeugt,[138] daß er das Geld vom (Grundstücks-)Käufer bereits erhalten hat, dann darf man (das Dokument) selbst dann (in Abwesenheit des Grundstückskäufers) schreiben, wenn es sich nicht um spezielle Übereignungsurkunden handelt.[139] Denn sobald der (Grund-

---

tung des Käufers oder (Quasi-)Darlehensgebers müßte der Grundstücksverkäufer oder der Darlehensnehmer durch einen Gegenbeweis entkräften.

[134] Handelt es sich also um Urkunden, die zumindest keinen Kinjan verzeichnen.

[135] Also einen Frühlingsmonat.

[136] Also im Herbst.

[137] Somit ist der Vertrag als solcher im Frühjahr noch nicht wirklich zustandegekommen. Verkauft der Verkäufer dann im Sommer dasselbe Grundstück noch einmal, und dann formgerecht, an einen anderen, und übergibt der Verkäufer im Herbst die erste Urkunde unlautererweise dann doch noch an den ersten Käufer, so könnte der erste Käufer mit Hilfe der früher datierten Urkunde versuchen, den anderen Verkäufer zu evinzieren, wozu er wegen des späteren Empfangs seiner Urkunde eigentlich nicht berechtigt wäre. Möglicherweise trifft der Grundstücksverkäufer mit seinem ersten Käufer auch eine betrügerische Verabredung, die so aussieht: Er stellt ihm eine Kaufurkunde über das fragliche Grundstück mit dem Frühjahrsdatum aus, ohne von ihm den Kaufpreis gezahlt zu bekommen, und behält die Urkunde bei sich. Im Sommer verkauft er dann sein Grundstück noch einmal an einen anderen, und zwar mit gleichzeitig ausgehändigter neuer Kaufurkunde und unter Empfang des Kaufgeldes. In dieser Urkunde schließt der Verkäufer jedoch eine Haftung für Rechtsmängel aus, was der zweite Käufer sich gefallen läßt, weil er völlig versessen auf das Grundstück ist. Danach, im Herbst, übergibt der Verkäufer die erste Urkunde dem ersten Käufer, ohne daß der etwas zahlt. Der erste Käufer geht mit dieser frühdatierten Urkunde in der Hand gegen den überraschten Sommerkäufer vor und evinziert ihn. Anschließend verkauft der erste Käufer das so erworbene Grundstück weiter und teilt sich aufgrund einer Verabredung mit dem Erstverkäufer heimlich den erzielten Verkaufserlös. Der betrügerische Verkäufer würde so mit Hilfe seines betrügerischen Erstkäufers letztlich ungefähr den eineinhalbfachen Verkaufserlös erzielen; und der betrügerische Erstkäufer bekäme als Lohn für seine Dienste 50% vom einfachen Verkaufserlös.

[138] Statt H'YDW ist bloß H'YD zu lesen.

[139] Also wenn sie auf keinem Kinjan basieren. Bei dieser Konstellation wird ja der abwesende Grundstückskäufer durch die Erstellung der Urkunde mit nichts belastet. Ganz im Gegenteil erwirbt er hier nur Rechte, wenn er das jeweilige Dokument später annimmt. Der Zeitpunkt der Übergabe der jeweiligen Urkunde und der Erklärungsempfänger ist hier wie bei den auf einem Kinjan basierenden Dokumenten völlig belanglos. Der Vertrag gilt schon zum Beurkundungszeitpunkt als (vorläufig) zustande gekommen. Natürlich kann auch hier der Käufer die Annahme der jeweiligen Urkunde verweigern und mit der Erklärung, der Vertrag sei nicht mit seinem Einverständnis zustande gekommen, das Ganze für rückwirkend gegenstandslos erklären. Diese Erklärung würde ihm freilich nur zum eigenen Schaden gereichen, nachdem doch der Ver-

stücks-)Verkäufer vor uns den Empfang des Geldes vom andern bekannt hat, (bezw. bekannt hat), daß das Grundstück in seiner Körperlichkeit (vom andern) durch Geldzahlung oder durch eine symbolische Handlung am Grundstück erworben wurde, handelt es sich für die Betroffenen doch um Dokumente (sic!) mit (bloßen) Schuldanerkenntnissen,[140] zu denen ein Kinjan gar nicht passen würde. Und was die mit dem Vorgang verbundene Rechtsmängelhaftung[141] betrifft, so sind wir uns doch dessen sicher: WENN JEMAND SEIN FELD VOR ZEUGEN (mit einer Haftung für Rechtsmängel) VERKAUFT, SO KANN (d)ER (Erwerber im Falle von Schwierigkeiten) DAS (hernach an andere) VERKAUFTE ODER VERSCHENKTE (Verkäufer-)VERMÖGEN FÜR DIE ERFÜLLUNG (seiner Forderung) HERANZIEHEN (b Baba Batra 41b).[142] Selbst wenn (d)er (Grundstücksverkäufer nach dem Bekenntnis, das Kaufgeld bereits empfangen zu haben, in Abwesenheit des Käufers) als Verkaufsdatum den Monat Nisan eintragen läßt, (die Urkunde dem Erwerber) aber erst im Monat Tischri aushändigt,[143] so darf der Erwerber die (zwischenzeitlichen) Käufer (des Grundstücks dennoch) zu Recht evinzieren.[144] Um einen gemeinsamen Betrug (zwischen dem Grundstücksverkäufer und dem Ersterwerber) muß man sich hier keine Sorgen machen.[145] Denn die

---

käufer den Zeugen vorher mitgeteilt hat, das Kaufgeld vom Käufer bereits erhalten zu haben!

[140] Der Verkäufer bekennt seine Schuldigkeit, dem Käufer auch tatsächlich die Sachherrschaft über das Grundstück verschaffen zu müssen, nachdem jener laut Aussage des Verkäufers den Kaufpreis bezahlt hat; oder der Verkäufer sagt aus, daß der Käufer sich durch eine symbolische Handlung das Grundstück angeeignet hat. Im letzteren Fall wäre der Käufer dann immer noch den Kaufpreis schuldig. Will er diesen nicht zahlen, kann er durch die Verweigerung der Urkundenannahme und die erwähnte Erklärung aus dem Vertragswerk immer noch aussteigen, sofern der Verkäufer ihm nicht nachweisen kann, den symbolischen Aneignungsakt an der Liegenschaft vollzogen zu haben.

[141] Wie schon weiter oben angedeutet, erklärt der Grundstücksveräußerer in dieser Klausel, daß auf dem Verkaufsobjekt keine vorgehenden Ansprüche Dritter liegen. Wird der Käufer dann doch durch besser bevorrechtigte Dritte evinziert, muß der Verkäufer dem Käufer Schadensersatz für die von jenem erlittene Grundstückswegnahme leisten. Eine solche Rechtsmängelhaftung des Verkäufers ist natürlich nicht gegeben, wenn sie im Verkaufsvertrag explizit hinwegbedungen wird. Ist im Vertrag keine Rechtsmängelhaftung des Verkäufers erwähnt, gilt sie im Prinzip dennoch als stillschweigend gegeben!

[142] Wie das hier im konkreten Zusammenhang gemeint ist, geht aus den nachfolgenden Ausführungen hervor.

[143] Statt MKR ist doch wohl besser MSR zu lesen.

[144] Dies bezieht sich wieder auf die Konstellation auf S.25 Anmerkung 137, hier allerdings mit einem im Frühjahr rechtswirksam zustande gekommenen, kinjanlosen Verkaufsvertrag.

[145] Wenn der Verkäufer das Grundstück im Sommer noch einmal an einen Dritten verkauft, so handelt mit Sicherheit nur er allein betrügerisch, nicht aber auch noch der Ersterwerber. Der nimmt die Liegenschaft dem Zweiterwerber im Herbst ja ganz legitim weg und hat keinen Grund, das Grundstück zu verkaufen und sich den Verkaufs-

Güter gehören (unter den geschilderten Umständen schon im Monat Nisan) ihm, (dem Erwerber). Er darf von diesem Tage an[146] alles, was er damit machen will, tun.[147] Und so lautet die allgemeine Regel: Bei speziellen Übereignungsurkunden[148] darf man (das jeweilige Dokument) sowohl beim (Grundstücks-)Kauf als auch bei einer Darlehensgewährung (in Abwesenheit des Käufers oder des Darlehensgebers) schreiben, auch wenn (d)er (Darlehensnehmer oder der Grundstücksverkäufer) den Empfang des Geldes nicht eingestanden hat. Denn aus einer solchen Urkunde kann nicht der geringste Schaden hervorgehen.[149] Geht es (allerdings) um Urkunden, die keine speziellen Übereignungsurkunden darstellen, so dürfen wir sie °im °Falle °eines °Darlehensvertrages (in Abwesenheit des Darlehensgebers) nicht schreiben, selbst wenn er dem andern in unserer Gegenwart[150] das Geld abgezählt übergeben hat (und dann verschwindet). Denn möglicherweise läßt (d)er (Darlehensnehmer) als Übergabedatum (der kinjanlosen Urkunde an den Darlehensgeber) den Monat Nisan eintragen, übergibt (ihm aber die Urkunde) erst im Monat Tischri. Die Käufer (des Grundvermögens des Darlehensnehmers dürfen aber (bei Insolvenz desselben) mit dem gekauften Grundvermögen erst dann zur Erfüllung der Forderung (des Darlehensgebers) herangezogen werden, nachdem die Urkunde (dem Darlehensgeber) ausgehändigt worden ist.[151] Die Urkunde wird erst ab dem Zeitpunkt (forderungsrechtlich) wirksam, ab dem sie in die

---

erlös mit dem Erstverkäufer zu teilen. Der Erstkäufer hat das Kaufgeld ja schon im Frühjahr bezahlt und ist seitdem juristisch gesehen der legitime Grundstückseigner. Zu den gesamten Ausführungen von Nachmanides bis hier zu dieser Stelle vergleiche man auch den vielfach parallel formulierenden Talmudkommentar unseres Autors zu b Baba Batra 167b.

[146] Von dem Tag an, auf den die kinjanlose Verkaufsurkunde in seiner Abwesenheit datiert worden ist.

[147] Weil der bei der Beurkundung anwesende Verkäufer den Empfang des Kaufgeldes zuvor bestätigt hat. Beläßt der Käufer dem Verkäufer das Grundstück noch für ein halbes Jahr, so steht ihm das frei; und in die anschließenden Betrügereien des Verkäufers ist er schon aus eigenem Interesse nicht verwickelt.

[148] Denen ein Kinjan bezüglich der in ihnen dokumentierten Verträge vorausgeht.

[149] Hier nimmt Nachmanides seine auf S.23 formulierte These in präzisierter Form wieder auf.

[150] Gemeint sind die Zeugen und der Urkundenschreiber.

[151] Angenommen, der Darlehensnehmer verkauft im Sommer Grundstücke, die eigentlich für die Begleichung seiner Schulden ersatzweise haften, an irgendwelche Dritte. Im Herbst händigt der Darlehensnehmer den kinjanlosen Schuldschein dem Darlehensgeber aus, der als Ausfertigungsdatum den Frühjahrsmonat Nisan verzeichnet. Mit diesem Schuldschein in der Hand könnte der Darlehensgeber bei nachfolgender Insolvenz des Darlehensnehmers versuchen, die im Sommer verkauften Immobilien aus dem Schuldnervermögen den Käufern wegzunehmen. Das aber darf er eigentlich nicht tun, weil das kinjanlose Dokument erst im Herbst an den Gläubiger gegangen ist und damit erst die ab dieser Jahreszeit vom Schuldner verkauften Grundstücke der Eviktionsberechtigung des Gläubigers unterliegen.

Hände des Darlehensgebers gelangt (ist). Wenn es sich alternativ (bei den Schuldscheinen) um spezielle Übereignungsurkunden handelt, ist der Vollzug des Kinjans der maßgebliche Zeitpunkt, von dem ab (das Schuldverhältnis besteht). Deswegen gilt (bei kinjanlosen Schuldscheinen) folgendes: Selbst wenn (d)er (Darlehensgeber) dem Darlehensnehmer in unserer Gegenwart[152] das Geld ausgehändigt hat, schreibt man (den Schuldschein) nur dann, wenn der Darlehensgeber gleichzeitig mit ihm zusammen anwesend ist. (D)er (Darlehensnehmer) soll dann dem andern (das Dokument) in unserer Gegenwart sofort aushändigen, falls es sich nicht um spezielle Übereignungsurkunden handelt. Obwohl du bei einigen Autoren die Aussage vorfindest, daß man nur (und schon) dann (den kinjanlosen Schuldschein auch in Abwesenheit des Darlehensgebers) schreiben darf, wenn man (auf der Zeugenseite) die Übergabe des Geldes (an den Darlehensnehmer) gesehen hat,[153] mußt du dich darum nicht weiter kümmern. Denn das haben sie ohne vertieftes Nachdenken geschrieben. Die Ausführungen des Meisters M(oses Maimonides) zu diesem Thema sind ausgezeichnet und höchst präzise.[154]
Jetzt aber wollen wir zum Inhalt der (von dir gestellten Eingangs-)Frage zurückkehren. Es ist dir ja wohl klar, daß wenn ein Grundstückskäufer das Grundstück durch (die Entgegennahme) der Urkunde oder durch eine symbolische Handlung (an dem Grundstück) erwirbt, keiner der beiden Parteien von dem Vertrag mehr zurücktreten kann.[155] Der Kaufpreis lastet dann auf dem Käufer als (Quasi-)Darlehensschuld. Analoges gilt bei (urkundlich nicht übereignungsfähigen) Mobilien, die der Betreffende durch Ansichziehen oder durch Hochheben erwirbt, (und für die er hernach den Kaufpreis zu zahlen schuldig ist). Wir haben dazu einen ganzen Mischnasatz gelernt, (der folgenden Wortlaut aufweist): DAS GOLD ERWIRBT DAS SILBER(GELD), DOCH DAS SILBER(GELD) NICHT DAS GOLD[156]... UND DIE

---

[152] Siehe noch einmal S.27 Anmerkung 150.
[153] Den Hinweisen des Hrsg.'s zur Stelle konnte ich zwar nachgehen, vermochte seine Angaben aber nicht zu verifizieren.
[154] Siehe sein Gesetzbuch "Mischne Tora", Hilchot Malwe we-Lowe, Kap.XXIII § 5. Dort führt Maimonides aus, daß die Möglichkeit, Darlehensurkunden in Abwesenheit des Darlehensgebers zu schreiben, nur für Schuldscheine gelte, denen ein Kinjan vorausgegangen sei. Bei kinjanlosen Schuldscheinen müßten beide Parteien zugegen sein, und der Schuldner müsse dem Gläubiger in Gegenwart der übrigen Verfahrensbeteiligten das Dokument unverzüglich übergeben.
[155] Es sei denn mit dem Einverständnis des jeweils anderen.
[156] Die Annahme der Ware verpflichtet den Käufer zur Kaufpreiszahlung. Hat der Käufer aber zuerst das Kaufgeld gezahlt und die Ware noch nicht genommen, dann kann er gegen den Willen des Verkäufers vom Vertrag immer noch zurücktreten, die Annahme der Ware verweigern und die Rückerstattung des Kaufgeldes verlangen. Auch der Verkäufer kann bei solch einer Ausgangslage gegen den Willen des Käufers das Kaufgeld zurückgeben und die Hingabe der Ware verweigern. Erst die Aushändigung der Ware

BEWEGLICHEN GÜTER ERWERBEN (SICH GEGENSEITIG)[157] (M Baba Metzi'a IV,1). Wir beziehen (in der Gemara)[158] den ganzen Sachverhalt auf die Kaufpreiszahlung;[159] und DU MUSST (den Mischnasatz) SO LERNEN:[160] (DIE ANNAHME DES GOLDES) VERPFLICHTET (den Käufer zur Zahlung des Silbergeldes)(b Baba Metzi'a 45b), und (das ist laut der Gemara der Aussagegehalt unseres) Mischnasatz(es). Und was über die Angelegenheit in der Gemara ganz offen gesagt wird, ist folgendes: Wenn jemand einen (beweglichen) Gegenstand an seinen Nächsten verkauft und dieser ihn an sich gezogen hat, so muß dieser dem andern den Kaufpreis zahlen.[161] Unsere diesbezügliche halachische Problemdiskussion befindet sich zur Gänze in der Ordnung Nesikin.[162] Ihre schriftliche Wiedergabe ist (hier aus Umfangsgründen) nicht möglich. Deswegen darf man[163] (auf jeden Fall) für den (Grundstücks-)Verkäufer (in Abwesenheit des Käufers) eine Urkunde schreiben, wenn die Zustimmung des Käufers vorliegt. Sobald (d)er (abwesende Käufer) das Grundstück mit dem symbolischen Tauschakt erworben hat, den (die Zeugen) stellvertretend für ihn[164] (am Verkäufer) vollziehen,[165] ist er wahrhaftig zur Zahlung des Kaufpreises verpflichtet. Hieraus kann man aber bezüglich des Darlehensgebers (im Ausgangsfall des Responsums) einen °Analogieschluß° ziehen. Weil ihm durch den (symbolischen) Tauschakt[166] die Güter des Darlehensnehmers für die Erfüllung seiner Forderung haftbar gemacht worden sind, ist (d)er (Darlehensgeber) mit nunmehriger Wirkung auch verpflichtet, (sein vorausgegangenes Versprechen zu realisieren und) dem andern (den) Geldbetrag (über-

---

begründet den Vertrag ohne einseitige Rücktrittsmöglichkeit. Von den Rabbinen werden die möglichen Rücktritte allerdings sittlich scharf mißbilligt.
[157] Wer einen Ochsen mit einem Esel tauschen will, verpflichtet sich mit dem Ergreifen des Esels der Gegenpartei zur Hingabe des Ochsens an diese, und umgekehrt.
[158] Nämlich in b Baba Metzi'a 45b.
[159] Im Sinne von Anmerkung 156.
[160] Gemeint ist: interpretieren.
[161] So kann man zumindest den Duktus der Diskussion in b Baba Metzi'a 44a ff zusammenfassen.
[162] Der babylonische Talmud ist aufgrund der ihm zugrundeliegenden Mischna in sechs große Ordnungen eingeteilt, von denen die Ordnung Nesikin an vierter Stelle steht. Der Traktat Baba Metzi'a ist Bestandteil dieser Ordnung.
[163] Statt KTBW ist YKTBW zu lesen.
[164] Statt LWH ist ein LW zu lesen.
[165] Gemeint ist wieder der Kinjan. Indem der Verkäufer das Stück Tuch ergreift, das ihm die Zeugen stellvertretend für den abwesenden Käufer hinstrecken, tauscht er das Grundstück mit dem Tuch!
[166] Der Kinjan wird von den Zeugen in Stellvertretung für den abwesenden Darlehensgeber am Darlehensnehmer vollzogen. Mit dem Ergreifen des Tuches gibt der Darlehensnehmer sein Zahlungsversprechen ab und macht seine Güter für die Erfüllung der Forderung der Gegenpartei haftbar.

haupt erst einmal) zu übergeben. Das heißt, daß er verpflichtet ist, dem andern den Kredit bis zu dem Zeitpunkt zu gewähren, den er dem andern (bei der Abgabe seines Versprechens als Fälligkeitstermin für die Rückzahlung) festgesetzt hat. Er erwirbt damit[167] die Güter des anderen als Haftungsmasse für (die Rückzahlung) des (kreditierten) Geldbetrags.[168] Das war auch die Auffassung des Meisters (Josef Ibn Migasch), die von klarem Verstande zeugt.[169]

•

Es geht (weiterhin) um einen (A),[170] der von seinem Nächsten (B) eine Mine[171] zu fordern hat. (B ist insolvent, hat aber von C einen gleich hohen Betrag zu fordern. Unter dieser Konstellation nimmt man normalerweise) dem einen (C) das Geld weg und gibt es dem anderen (A).[172] Nun verzichtet aber der Darlehensgeber (B vor der gerichtlichen Beitreibung seiner Forderung gegen C zugunsten von A) auf seine Forderung gegenüber dem (C), damit dieser von seinem, B's eigenem Gläubiger (A), loskommt.[173] (Darf B so verfahren)? Der Meister Abraham Ben David[174] hat dazu geschrieben,[175] daß B (auf die Forderung gegen C zum Schaden von A) nicht verzichten könne. Er führt dazu aus, daß (nur) der Haftungsanspruch eines (Schuldschein-)Käufers nicht auf biblischem Recht beruhe,[176]

---

[167] Mit dem Vollzug des Kinjans.
[168] Ist der Darlehensnehmer zum Rückzahlungszeitpunkt insolvent, dann darf der Darlehensgeber seine Forderung aus den sonstigen Vermögenswerten des Schuldners, insbesondere aus dem zum Zeitpunkt des Vertragslaufbeginns beim Schuldner vorhandenen Grundvermögen, befriedigen. Da die Forderung auf einem Kinjan beruht und zudem noch beurkundet worden ist, darf der Gläubiger das haftbar gemachte Grundvermögen auch den zwischenzeitlichen Käufern des Schuldners wegnehmen, wenn dieser zum Rückzahlungszeitpunkt insolvent ist und überhaupt kein sonstiges pfändbares Vermögen mehr unter seiner Sachherrschaft hat.
[169] Text in der Ausgabe Asaf, a.a.O., S.89ff § 49.
[170] Auch dieser Text ist an Samuel Ben Isaak ha-Sardi aus Barcelona gerichtet. Er ist Bestandteil eines Responsums, dessen erster Teil in Band 1 S.88ff meiner Nachmanides-Übersetzungen behandelt worden ist.
[171] Mischnisch-talmudische Bezeichnung für 100 Währungseinheiten.
[172] Die Anfangssätze verarbeiten bis hierher b Ketubbot 19a.
[173] Der ansonsten zahlungsunfähige B will C damit aus irgendeinem Grund einen Gefallen tun.
[174] Abraham Ben David von Posquières war ein berühmter Talmudexeget und Rechtsgutachter aus Südfrankreich und lebte im 12.Jrh.
[175] Sein Talmudkommentar war mir hier in München nicht zugänglich.
[176] Nach b Ketubbot 85b kann ein Schuldscheinverkäufer nach dem Verkauf desselben gegenüber seinem bisherigen Schuldner immer noch auf die Forderung verzichten, solange der Käufer sie beim Schuldner noch nicht beigetrieben hat. Gegen diesen Verzicht kann der Schuldscheinkäufer im Prinzip nichts machen, es sei denn, daß er zum Zeitpunkt des Verzichts des Altgläubigers das Geld vom Schuldner schon genommen hat.

so wie es unser großer Meister gesagt habe.[177] Doch der Haftungsanspruch dieses (A als Darlehensgebers) basiere auf biblischem Recht. Es verhalte sich damit so, wie man es (im Talmud) in anderem Zusammenhang sage: SO WIE ICH (C) DIR (B) GEGENÜBER (für die Erfüllung deiner Forderung) HAFTBAR BIN,[178] BIN ICH (in diesem Umfang) AUCH DEINEM GLÄUBIGER (A) GEGENÜBER HAFTBAR,[179] UND ZWAR NACH RABBI NATAN (b Baba Kamma 40b)*.[180] So rede man auch im (Talmud-)Kapitel KL Šʿ H.[181] Und so habe ich es in den Tosafot zum Talmudtraktat Ketubbot gesehen.[182] Ich aber stimme ihren Ausführungen nicht zu,[183] und zwar aufgrund der halachischen Problemdiskussion im (Talmud-)Kapitel HHWBL, wo wir folgenden Einwand machen: (Eine Ehefrau) KANN IHRE KETUBBA (an einen Fremden) ZU DEM PREIS VERKAUFEN, DER (dem Käufer) DIE OPTION AUF IHR VERMÖGEN WERT IST usw. (b Baba Kamma 89a).[184]

---

* Der Verzicht ist rechtswirksam, macht den Verkäufer aber gegenüber dem Erwerber der Forderung selbstverständlich schadensersatzpflichtig.

[177] Die Rede ist von Isaak Al-Fasi. Zu Person und Werk siehe S.10 Anmerkung 52. Auf welches Werk von ihm sich Abraham Ben David hier bezieht, vermag ich nicht anzugeben.

[178] Statt MŠʿBDNʾ ist mit dem Textus receptus des Talmuds MŠTʿBDNʾ zu lesen.

[179] Siehe die vorige Anmerkung.

[180] Das Haftungsgesetz von Rabbi Natan besagt folgendes: Wenn A eine Forderung gegen B hat und der (insolvente) B eine im Idealfall gleich hohe Forderung gegen C, so nimmt man bei Gericht dem C das Geld weg und gibt es direkt dem A. Siehe oben den Anfang des Responsums.

[181] Gemeint ist b Pesachim 31a, wo das Haftungsgesetz von Rabbi Natan zum ersten Mal im Talmud erwähnt wird. Hier endet das Referat zur Position des Abraham Ben David von Posquières.

[182] Tosafot nennt man die Talmudkommentare deutsch-jüdischer und französisch-jüdischer Gelehrter aus dem 12.-14.Jrh., die sich am Talmudkommentar des Raschi orientieren und ihn zu ausgewählten Stellen oft kritisch superkommentieren. In den Standard-Tosafot zu b Ketubbot 19a, die Nachmanides in der letztgültigen Fassung noch nicht vorgelegen haben können, läßt sich seine Mitteilung in der Tat verifizieren.

[183] Nach Meinung von Moses Nachmanides kann ein Vollstreckungsschuldner B, der selbst Gläubiger von C ist, die Pfändung seiner Forderung durch den eigenen Gläubiger A mit einer Verzichterklärung an seinen Schuldner C jederzeit vereiteln, solange das zuständige jüdische Gemeindegericht die Forderung an C zugunsten von A noch nicht beigetrieben hat.

[184] Die im Ehevertrag, der sogenannten Ketubba, verzeichneten Güter der Frau unterliegen während der Laufzeit der Ehe dem Nießbrauchrecht des Mannes. Sie werden ihr beim Tod des Mannes oder bei einer Scheidung von ihm unter Ausgleich von zwischenzeitlichen Wertverlusten zurückgegeben Dennoch kann die Frau schon vor dem Eheende ihre Ketubba-Güter an einen Fremden optional verkaufen. Stirbt der Mann vor der Frau, oder läßt er sich von ihr scheiden, so fallen dem Fremden hernach diese Vermögenswerte zu. Stirbt die Frau vor ihrem Ehemann in der Ehe, so hat der Fremde das Nachsehen. Er bekommt überhaupt nichts, weil der Ehemann die Ketubba-Güter erbt. Der Kauf der Ketubba-Güter von einer verheirateten Frau stellt also für den Käufer ein Risiko dar. Mit dem Kauf ihrer Ansprüche durch den Fremden bleibt die Frau zunächst einmal nach wie vor Ketubba-Gläubigerin ihres Mannes. Der Talmud erklärt

Wenn jemand (A) von seinem Nächsten (B) eine Mine[185] aufgrund eines mündlich kontrahierten Darlehensvertrages zu fordern hat,[186] und sein (ansonsten insolventer) Nächster (B) eine beurkundete Forderung gegen seinen Nächsten (C) hat,[187] so soll man (bei Insolvenz auch von C) die Käufer (des Grundvermögens von C) evinzieren und (die Grundstücke bezw. den Erlös aus deren Zwangsversteigerung) dem ersten Darlehensgeber (A) geben, obwohl er dem B nur kraft mündlicher Abrede das Darlehen gewährt hat. Denn die Beitreibung (des) vom zweiten Darlehensgeber urkundlich gewährten Darlehens findet ja (in dem hier präsentierten Fall?) zu einem späteren Zeitpunkt statt.[188] Die Angelegenheit bedarf keiner Einbringung ins Lehrhaus, (um dort vertieft diskutiert werden zu müssen).[189]

•

Ferner hast du noch eine ganz dunkel formulierte Frage in Schriftform gebracht;[190] und es scheint (mir), daß dies ihr Inhalt ist: Ruben präsentierte einen Schuldschein in Höhe von einer Mine[191] mit °Simon als Gläubiger und Levi als Schuldner. Dabei behauptete Ruben folgendes: "Dieser Simon hat dir eine mir gehörende Mine ge-

---

nun an der angegebenen Stelle, daß die Frau auch nach dem Verkauf ihrer Ketubba-Ansprüche gegenüber ihrem Mann auf die Auszahlung der Ketubba rechtswirksam verzichten kann, also in einer Position, wo sie einerseits Gläubigerin, gleichzeitig aber auch Schuldnerin ist. Das ist auch die Position des B im Ausgangsfall des Responsums, wo es um Darlehensgeschäfte geht. Auch er darf laut Nachmanides aufgrund des Analogiefalls mit der Frau jederzeit auf seine Forderung gegenüber dem eigenen Schuldner C verzichten, solange sie vom jüdischen Gemeindegericht zugunsten von A noch nicht beigetrieben worden ist. Selbstverständlich macht sich B mit seinem Verhalten gegenüber A schadensersatzpflichtig.

[185] Siehe S.30 Anmerkung 171.

[186] Im Unterschied zu einem beurkundeten kinjanlosen Darlehensvertrag kann der Gläubiger mit einem nur mündlich kontrahierten kinjanlosen Darlehensvertrag bei Insolvenz seines Schuldners zum Fälligkeitszeitpunkt der Rückforderung das zwischenzeitlich verkaufte Schuldnergrundvermögen für die Begleichung seiner Forderung nicht heranziehen. Die Käufer der Grundstücke müssen sich hier keine Eviktion gefallen lassen.

[187] B dürfte bei Insolvenz von C seine Forderung auch aus den von C verkauften Grundstücken beitreiben und den Käufern die erworbenen Liegenschaften entschädigungslos wegnehmen.

[188] Wenn A eine höhere Forderung gegen B hat als B gegen C, werden die Käufer von C natürlich nur in Höhe von B's Forderung gegen C zugunsten von A evinziert.

[189] Text in der Ausgabe Asaf, a.a.O., S.91f § 51 (und nicht § 71, wie irrtümlich dort angegeben).

[190] Angeredet wird auch hier wieder Samuel Ben Isaak ha-Sardi aus Barcelona. Zu Person und Werk siehe S.1 Anmerkung 1.

[191] Also in Höhe von 100 Währungseinheiten.

liehen." Dazu brachte er Zeugen bei, nach deren Aussage Simon bekannt hatte, daß diese Mine dem Ruben gehört habe.[192]
Das ist die Antwort: Dieser Rechtsfall ist so (zu entscheiden): Wenn Simon dem Ruben in dessen Gegenwart ein entsprechendes Eingeständnis gemacht haben sollte und zu den anderen gesagt hat: "Ihr sollt meine Zeugen (hierfür) sein!", dann sind die Worte (Simons) bestandskräftig geworden.[193] Hat er aber nicht in °dessen Gegenwart (von sich aus) ein entsprechendes Eingeständnis gemacht, (sondern nur vor den Zeugen), und hat er (zu den anwesenden Zeugen) nicht (explizit) gesagt: "Ihr sollt meine Zeugen (hierfür) sein!", (so gilt folgendes: Wenn er später von dem damals abwesend gewesenen Ruben vor Gericht mit seiner Schuldanerkenntnis konfrontiert wird), so kann er sich mit der Aussage herausreden, (daß er seine Schuldanerkenntnis vor Dritten zugunsten Rubens nur gemacht habe), weil er den Eindruck vermeiden wollte, als reich zu gelten.[194] Dies alles steht an der betreffenden Stelle in der Gemara[195] erläutert.[196] Wenn er aber in Gegenwart Rubens seine Schuldanerkenntnis gemacht hat und (zu den anwesenden Zeugen) nicht (förmlich) gesagt hat: "Ihr sollt meine Zeugen (hierfür) sein!", und andererseits auch Ruben gegenüber Simon keinerlei Forderung in dieser Sache geltend gemacht hat, so haben einige unserer Meister aus der Gelehrtengeneration vor uns zu dieser Konstellation gelehrt, daß seine Schuldanerkenntnis rechtsgültig sei und er darüber (später) nicht mehr sagen könne: "Ich habe mir mit dir bloß einen Scherz erlaubt." Denn der andere habe ihn ja nicht zur Zahlung aufgefordert.[197] Er könne auch nicht sagen, daß er (die Schuldanerkenntnis zugunsten des anderen nur) gemacht habe, weil er den Eindruck vermeiden wollte, als reich zu gelten. Schließlich habe er ja

---

[192] Kann Ruben mit dem auf Simon als Gläubiger lautenden Schuldschein den Simon zu eigenen Gunsten abkassieren, sobald Simon von Levi das Darlehen zurückgezahlt bekommt; oder kann Ruben mit dem Schuldschein in der Hand den Levi direkt abkassieren?

[193] Mit einer der beiden Rechtsfolgen in Anmerkung 192.

[194] Wenn Simon bei Gericht behauptet, unter der geschilderten Konstellation vor den Zeugen die Schuldanerkenntnis zugunsten des abwesend gewesenen Ruben nur als ironische Umschreibung seiner vorgeblichen Armut ausgesprochen zu haben, nicht aber als ernsthafte Schuldanerkenntnis, so muß ihm diese Behauptung vom jüdischen Gerichtshof geglaubt werden. Ruben kann dann Levis Rückzahlung nicht für sich beanspruchen.

[195] Zu diesem Ausdruck siehe S.XVII in der Einleitung.

[196] In b Sanhedrin 29a-b?

[197] Verarbeitet und weiterentwickelt werden hier Ausführungen von Moses Maimonides: Mischne Tora, Hilchot To'en we-Nit'an, Kap.VI § 8.

die Schuldanerkenntnis in Gegenwart des anderen (und vor Dritten) gemacht.[198]
Was du hier erwähnt hast, (daß Simon seine Schuldanerkenntnis in folgender Weise hätte formulieren sollen): "Das von mir gewährte Darlehen steht (als Forderung) dem und dem zu,"[199] und daß (dazu) das Zusammentreten aller drei Verfahrensbeteiligten[200] (nötig gewesen wäre), so macht das keinerlei Sinn. Denn dort[201] sind die Worte durch °den °Übereigner (der Forderung) gesprochen worden; und er hat das so gemeint: "Das von mir gewährte Darlehen soll (als Forderung) auf den und den übergehen." Dort bedarf es wahrhaftig eines Zusammentretens aller drei Verfahrensbeteiligten, (sofern der bisherige Gläubiger die Forderung nicht testamentarisch auf dem Sterbebett abtritt).[202]

•

Du hast noch folgende Frage gestellt:[203] Ruben lieh dem Simon eine Mine[204] und schrieb die Urkunde auf den Namen Levis (als Gläubiger). Als der Fälligkeitstermin gekommen war (und Simon nichts zurückzahlte), verklagte Ruben (mit dem Schuldschein in der Hand) den Simon auf die Zahlung der Mine, die er ihm geliehen hatte. Jener aber sprach: "Ich werde nur an Levi zahlen; denn die Urkunde ist auf seinen Namen (als Gläubiger) geschrieben."
Das ist die Antwort: Das Recht steht völlig auf Rubens Seite. Denn in dem ganzen Fall dieser Art liegt keine (begleitende) Schuldanerkenntnis (Rubens) vor, daß das Geld aus Levis Vermögen stammt.

---

[198] Hierzu siehe Moses Maimonides: Mischne Tora, Hilchot To'en we-Nit'an, Kap. VII § 1.
[199] Nämlich dem Ruben.
[200] Also Rubens, Simons und Levis.
[201] In b Baba Batra 148a.*
[202] Im jüdischen Recht können Forderungen, mündliche wie beurkundete, so abgetreten werden, daß der (nicht in der Erwartung des eigenen Todes befindliche) Gläubiger, der Erwerber der Forderung und der Schuldner zusammentreten, und der bisherige Gläubiger den Schuldner anweist, statt an ihn an den Erwerber der Forderung zu leisten. Im Ausgangsfall des Responsums aber findet keine richtige Forderungsabtretung statt, sofern Ruben mit seiner Behauptung im Recht ist. Simon ist dann nicht eigentlich ursprünglicher Inhaber der Forderung, weil das von ihm kreditierte Geld a priori nicht sein eigenes gewesen ist. Folglich kann dort auch keine formalisierte Zession in der beschriebenen Weise erfolgen, um Ruben in seine Rechte einzusetzen. Dazu reicht eine von Zeugen attestierte, gültige Schuldanerkenntnis Simons in Gegenwart von Ruben voll aus. Text in der Ausgabe Asaf, a.a.O., S.95 § 56.
[203] Der Fragesteller ist auch hier wieder Samuel Ben Isaak ha-Sardi aus Barcelona. Zu Person und Werk siehe S.1 Anmerkung 1.
[204] Also 100 Währungseinheiten.

Vielmehr hat (Ruben) bloß aus Gründen des °eigenen °Schutzes (die Urkunde) so geschrieben.[205]

•

Du hast noch folgende Frage gestellt:[206] Es geht um Ruben, der bei Simon Geld hinterlegte. Als er nun (nach einiger Zeit) daherkam, um ihn zur Rückgabe seines Depositums aufzufordern, sprach Simon (vor Zeugen?) zu ihm: "Ich nehme dieses Geld außergerichtlich für den und den Gläubiger in Beschlag, dem du (die Summe) schuldig bist."[207] (Hat Simon so handeln dürfen), weil wir ja (im Talmud) sagen: (WER FÜR EINEN GLÄUBIGER AUSSERGERICHTLICH [mobile Vermögenswerte seines Schuldners] IN BESCHLAG NIMMT, DER HAT SIE [für den Gläubiger] NICHT RECHTSGÜLTIG ERWORBEN, SOFERN DAMIT ANDERE GLÄUBIGER [dieses Schuldners] BENACHTEILIGT WERDEN)[208] (b Ketubbot 84b-85a). Wenn (d)er (Mittelsmann) °aber für den Gläubiger (mobile Vermögenswerte seines Schuldners) in Beschlag genommen hat, ohne daß dadurch andere (Gläubiger) benachteiligt worden sind, dann dürfte (d)er (Mittelsmann) sie doch zugunsten des (konkurrenzlosen) Gläubigers bei sich einbehalten? Oder (dürfte er das) nicht? Und ebenso (sei noch folgende Frage gestellt): Wenn der Verwahrer (nach seiner Beschlagnahmungsaktion) hingeht und (das Geld) dem Gläubiger des Hinterlegers als Bezahlung seiner Forderung (gegen den Hinterleger) übergibt, wie ist da zu verfahren? Kann (d)er (Hinterleger zum Verwahrer rechtswirksam) sagen: "Du hast (deine Obhutspflichten mir gegenüber)

---

[205] Levi ist in der Gemeinde ein einflußreicher und gefürchteter Mann, der mehr gesellschaftliche Druckausübungsmöglichkeiten als Ruben hat, um ausstehende Forderungen beizutreiben. Folglich trägt er Levi als Gläubiger in das Dokument ein. Verweigert Simon die Leistung und kann das jüdische Gemeindegericht aus Ohnmachtsgründen Simon nicht zur Leistung zwingen, will sich Ruben die Option offenhalten, den Schuldschein dem Levi mit der Abrede zu übergeben, das Geld in seinem eigenen Namen beizutreiben und Ruben wenigstens einen namhaften Teilbetrag von der beigetriebenen Summe zurückzuerstatten. Wirklicher Inhaber der Forderung ist Ruben; und da das jüdische Gemeindegericht in Barcelona im Augenblick offenbar mächtig genug ist, gegen Simon vorzugehen, nützt dem Simon seine Einrede gar nichts. Er soll, da er anscheinend nicht insolvent ist, vom Gericht gezwungen werden, dem Ruben das Darlehen zurückzuzahlen, der der tatsächliche Gläubiger ist. Text in der Ausgabe Asaf, a.a.O., S.95 § 57.
[206] Der Fragesteller ist auch hier wieder Samuel Ben Isaak ha-Sardi aus Barcelona. Zu Person und Werk siehe S.1 Anmerkung 1.
[207] Eine (Über-)Fälligkeit der Forderung ist wohl vorauszusetzen. Offen ist, ob der Schuldner und Hinterleger außer dem deponierten Geld noch nennenswertes sonstiges Eigenvermögen besitzt.
[208] Weil sie dann mangels pfändbarer Vermögenswerte beim Schuldner ihre eigenen Forderungen nicht mehr beitreiben können. Zur Ergänzung in Klammern siehe schon den Hrsg. Asaf zur Stelle.

mit frevelhaftem Vorsatz verletzt. VIELLEICHT HÄTTE ICH NÄMLICH (ohne deine Aktion) AUF DEN GLÄUBIGER BEGÜTIGEND EINREDEN KÖNNEN, SO DASS ER MIR GEGENÜBER (zumindest auf einen Teil seiner Forderung) VERZICHTET HÄTTE."(j Ketubbot XIII,2)*? Oder geht (d)er (Verwahrer hier) möglicherweise (schadensersatzzahlungs-)frei aus?
Das ist die Antwort: ICH (selber) BIN NOCH NICHT ZU(m wirklichen Verständnis) DIESER REGEL GELANGT (b Bechorot 20a),* daß jemand rechtswirksam handelt, der zugunsten eines Gläubigers bei Lebzeiten eines Darlehensschuldners (mobile Vermögenswerte des Letzteren) außergerichtlich in Beschlag nimmt, bloß weil es sich um das (Geld-)Vermögen eines Darlehensschuldners handelt.[209] Wer ihm (Geld oder Sachwerte) auch nur zur Auszahlung von dessen eigenem Gläubiger wegnehmen will, benachteiligt (ohne vorausgegangene nähere Prüfung der Verhältnisse potenziell) andere Gläubiger (dieses Schuldners). Wenn wir allerdings gemäß der Auffassung der Altvorderen gesegneten Andenkens sagen dürfen, daß derjenige, der für einen Gläubiger (Vermögenswerte von dessen Schuldner) außergerichtlich in Beschlag nimmt, die Werte rechtswirksam (für den Gläubiger) erwirbt, sofern keine anderen Gläubiger (dieses Schuldners) dadurch benachteiligt werden, dann dürfte auch ein Verwahrer (wie im Ausgangsfall des Responsums) für ihn, (den Gläubiger des Hinterlegers, die hinterlegten Werte) außergerichtlich in Beschlag nehmen, falls keine anderen (Gläubiger des Hinterlegers) dadurch benachteiligt werden. Wenn dann der Hinterleger das Verwahrgut zurückfordert und der andere es ihm nicht übergibt, weil er es für den Bedarf des Gläubigers außergerichtlich in Beschlag nimmt, so wäre seine Handlung rechtswirksam. Denn bei dem Vorgang mit dem Sack voller Schuldscheine[210] wäre eine

---

[209] Nach talmudischem Recht haften Kinder eines Verstorbenen nur mit dem Immobiliarvermögen für die Begleichung von Nachlaßverbindlichkeiten, nicht aber mit dem Mobiliarvermögen ihres verschuldeten Erblassers. Deswegen ist kraft talmudischen Rechts die außergerichtliche Wegnahme von mobilen Vermögensgegenständen aus dem Eigentum des Erblassers inklusive Geldvermögen in jedem Fall rechtsunwirksam, wenn die Aktion erst nach dem Tod des Schuldners erfolgt. Erfolgt sie zu Lebzeiten des Schuldners, dann kommt es auf die Umstände an. In nachtalmudischer Zeit wird kraft gaonäischer Verordnung die Haftung der Erben auch auf das mobile Vermögen des Nachlasses ausgedehnt; eine außergerichtliche Wegnahme der Mobilien (inklusive Geld) zu Lasten der Erben bleibt aber dem Gläubiger bei verstorbenem Erblasser und Primärschuldner nach wie vor untersagt.

[210] Es geht um b Ketubbot 85a: Bei einer Frau ist ein Sack voller Schuldscheine hinterlegt worden. Nach dem Tod des Hinterlegers kommen dessen Erben bei ihr vorbei und verlangen die Herausgabe der Schuldscheine. Die Frau weigert sich und erklärt, daß sie die Schuldscheine mit den Forderungen des Hinterlegers schon zu dessen Lebzeiten in Beschlag genommen habe, um jetzt mit deren Vollstreckung ihre eigenen Forderungen gegen den verstorbenen Hinterleger zu begleichen. Daraufhin kommt es zwischen ihr und den Erben des Verstorbenen zum Prozeß mit Rav Nachman als Rich-

derartige außergerichtliche Beschlagnahme zu eigenen Gunsten rechtswirksam (gewesen);[211] und sie wäre auch zugunsten eines anderen[212] gültig, falls nicht noch weitere (Gläubiger des Schuldners) dadurch benachteiligt werden. Die außergerichtliche Beschlagnahme (von Gegenständen des Schuldners durch den Gläubiger oder dessen Mittelsmann) ist (bei legitimierenden Umständen in folgender Weise) rechtswirksam: Wenn der Darlehensschuldner (und Hinterleger hernach) stirbt, zählt (das vom Verwahrer zu Lasten des Hinterlegers und Schuldners in Beschlag genommene Vermögen) nicht zu den auf dessen Söhne übergehenden Mobilien; und das Sabbatjahr tilgt die Forderung (des Gläubigers des Hinterlegers) nicht.[213] Wenn (d)er (Schuldner und Hinterleger die fraglichen Vermögenswerte unter dieser Konstellation vor seinem Tod) an andere verschenkt hat, so ist deren Wegschenkung unwirksam.[214] Allerdings gilt (bei einem Verwahrer, der wie oben beschrieben gehandelt hat), in jedem Falle folgendes: Er soll mit diesem Argument[215] das Verwahrgut nicht in seiner Hand einbehalten, (sondern muß es dem Schuldner in Erfüllung des Verwahrungsvertrages zunächst einmal zurückgeben).[216] Dennoch hat er (das Verwahrgut) für

---

ter. Der fragt die Frau, ob sie ihre Aussage mit Zeugen beweisen könne, daß sie schon zu Lebzeiten des Verstorbenen dessen beurkundete Forderungen mit Beschlag belegt und die geforderte Herausgabe verweigert habe. Als sie diese Frage verneint, erklärt Rav Nachman ihr Vorgehen für ungesetzlich. Die Schuldscheine gelten als erst nach dem Tode des Erblassers und Hinterlegers mit Beschlag belegt; und diese Handlung ist unwirksam, weil die Dokumente nach dem Tod des Erblassers und Hinterlegers automatisch das Eigentum der Erben geworden sind.

211 Der Duktus der talmudischen Erzählung gibt dieses Ergebnis wohl nur e silentio her. Die Beschlagnahme wäre gültig gewesen, wenn die Frau sie zu Lebzeiten ihres Hinterlegers vor Zeugen ausgeführt und das Verlangen des Hinterlegers auf Rückgabe der Urkunden vor Zeugen abgewiesen hätte.

212 Statt ’HRYNY (Plural!) müßte doch wohl ’HRYN (Singular!) gelesen werden.

213 Der Text enthält Anspielungen auf b Baba Metziʿa 115a.* Normalerweise erlöschen am Ende jedes Siebentjahres im innerjüdischen Rechts- und Geschäftsverkehr alle bis dahin nicht beigetriebenen oder nicht gerichtlich titulierten Kreditschulden. Wenn der Gläubiger (oder dessen Mittelsmann) jedoch ein Pfand vom Schuldner genommen hat, erlischt seine Forderung am Ende solch eines Jahres nicht. Ebensowenig geht der gepfändete Gegenstand beim nachfolgenden Tod des Schuldners in das automatische Eigentum seiner Erben über. Im Ausgangsfall des Responsums hat der Verwahrer gar nicht erst ein Pfand genommen, sondern die geschuldete Summe gleich direkt für den Gläubiger des Hinterlegers mit (einer) Beschlag(nahmeerklärung) belegt. Wenn diese Aktion zu Lebzeiten des Hinterlegers und vor Beendigung eines Sabbatjahres unter legitimierenden Umständen erfolgt ist, dann tilgt das Jahresende die Verbindlichkeit des Schuldners und Hinterlegers nicht, gleichgültig, ob er dann noch lebt oder schon gestorben ist. Die Erben können auch im Todesfall hier nicht auf einen automatischen Eigentumsübergang des Geldes an sie plädieren.

214 Wie das technisch möglich ist, geht aus den nachfolgenden Ausführungen hervor.

215 Nämlich die Interessen des Gläubigers des Hinterlegers wahrzunehmen.

216 Die gepfändeten Vermögenswerte, hier im Ausgangsfall des Responsums der Geldsack, tragen ab der Beschlagnahmeerklärung des Verwahrers ein virtuelles Pfandsie-

den Gläubiger (rückwirkend) erworben, wenn dieser nach der aussergerichtlichen Beschlagnahme(erklärung und nach der anschliessenden Rückgabe des Verwahrgutes an den Hinterleger mit seinem Zahlungsanspruch erfolgreich) vor den jüdischen Gerichtshof gezogen ist.[217] Wenn aber die Gegenpartei nicht am Ort ist,[218] dann hat (d)er (Verwahrer) nicht das geringste Recht, (zum Hinterleger) zu sagen: "Du bist dem und dem (das und das) schuldig; und ich nehme (dein Verwahrgut) auf außergerichtlichem Weg für ihn in Beschlag," (und das Verwahrgut dann auch noch einzubehalten!). Das gilt selbst dann, wenn (d)er (Verwahrer bei fehlender Gegenbeweismöglichkeit durch den Hinterleger) hätte behaupten können, (daß die zur Rückgabe angeforderten Vermögenswerte dem Hinterleger nie gehört hätten).[219] Denn das Recht verpflichtet (den Verwahrer im Grundsatz erst einmal) dazu, daß er jedes Verwahrgut (nach Ablauf der Frist oder zu jedem beliebigen Zeitpunkt) demjenigen zurückgeben muß, der es bei ihm hinterlegt hat. Und wenn (noch) andere einen Rechtsanspruch auf das Verwahrgut haben, so soll der Rechtsstreit zwischen den Betreffenden stattfinden.[220]

---

gel, sollen aber bis zur endgültigen gerichtlichen Klärung des Falles durch den klagenden Gläubiger wieder in der Sachherrschaft des Schuldners gestellt werden! Die auf S.36 angeführte Meinung der Altvorderen wird damit von Nachmanides entweder deutlich modifiziert oder konkretisierend eingeschränkt. Die fraglichen Vermögenswerte sind jetzt lediglich jenem veränderten Rechtsstatus unterworfen, der vor und in Anmerkung 213 geschildert worden ist. Damit wird der Schuldner selbst zum Verwahrer, der bis zur Klärung seines Falles den Geldsack (oder andere Vermögenswerte) für seinen Gläubiger treuhänderisch aufbewahren muß! Schenkt er das Geld oder die ehemals hinterlegten Sachwerte in der Zwischenzeit weg, so wird der Erwerber, falls er Jude ist, im Falle der Verurteilung des Schuldners evinziert. Dasselbe gilt bei einem zwischenzeitlichen Verkauf von ehemals hinterlegten Sachgütern durch den Schuldner, die mit einer rechtswirksamen Beschlagnahmeerklärung des früheren Verwahrers belegt worden sind.

[217] Der zur Zahlung verurteilte Beklagte oder dessen Rechtsnachfolger muß den Geldsack dem Kläger aushändigen, damit er daraus seine Forderung befriedigen kann. Geht der Beklagte oder dessen Rechtsnachfolger frei aus, dann verliert der Kläger seine provisorisch erworbenen Rechte an dem hinterlegten Geld.

[218] Bei B"D BK'N ist die Abbreviatur mit B'L DYN, auf keinen Fall aber mit BYT DYN aufzulösen. Die Gegenpartei ist der Gläubiger des Hinterlegers. Der Verwahrer darf seine Beschlagnahmeerklärung nur aussprechen, wenn der Gläubiger am Ort ist und seine Ansprüche gegen den Hinterleger somit in absehbarer Zeit vor Gericht geklärt werden können.

[219] Hätte der Verwahrer zum Rückforderungszeitpunkt die fraglichen Vermögenswerte zum Beispiel als apriorisches Eigentum des Gläubigers des Hinterlegers deklariert, so müßte man dem Verwahrer diese Behauptung danach auch bei Gericht glauben, falls der auf Rückgabe klagende Hinterleger keine Zeugen für den Verwahrungsvertrag und den Hinterlegungsvorgang beibringen könnte.

[220] Zwischen dem Hinterleger und den Anspruchstellern. Hat der Hinterleger nur einen Gläubiger, so darf der Verwahrer bei der geforderten Rückgabe des Verwahrgutes unter bestimmten Umständen die besagte Pfändungserklärung aussprechen. Das Depositum muß er dem Hinterleger aber wieder aushändigen. Hat der Hinterleger mehr als

Das[221] ähnelt ein wenig dem, was wir in der Tosefta gelehrt finden: WENN JEMAND SCHULDSCHEINE BEI SEINEM NÄCHSTEN HINTERLEGT, (so gilt folgendes): OBWOHL SIE NICHT AUF SEINEN NAMEN (als Gläubiger) AUSGESTELLT SIND, MUSS (IHM) DIESER (Nächste auf seine Anforderung hin) ZURÜCKGEBEN, WAS IHM GEHÖRT. STIRBT ER, MUSS (das Dokumentenbündel) SEINEN ERBEN AUSGEHÄNDIGT WERDEN (Tos Baba Metzi'a I,19). Selbst °wenn dann derjenige, auf dessen Namen die Dokumente ausgestellt sind, daherkommt, sie von Rechts wegen zugesprochen bekommt und sie ihm dann wegnimmt,[222] darf doch der Verwahrer auf keinen Fall (von sich aus die Dokumente dem als Gläubiger Eingetragenen geben). Vielmehr muß er (im Prinzip die Dokumente) der Stelle zurückgeben, von der er sie empfangen hat. Auch hier (im Ausgangsfall des Responsums) muß (d)er (Verwahrer) den Rechtsstreit den Betroffenen überlassen.[223] Wenn der Darlehensgeber hier (vor Gericht) zieht (und seinen Schuldner verklagt), soll (d)er (Verwahrer beim Prozeß) sagen: "Ich habe für ihn (einen Geldsack mit der und der Summe) mit (einer) Beschlag(nahmeerklärung) belegt (und dem Hinterleger, seinem Schuldner, das Depositum vorläufig zurückgegeben)." IST etwa SAMUEL nicht AM LEBEN UND SEIN GERICHTSHOF etwa nicht EXISTENT? (b Baba Kamma 59b).[224] Und nicht nur dies; sondern auch wenn (d)er (Schuldner und Hinterleger von sich aus) bekennt, (einem Dritten Geld zu schulden), ist es doch offenkundig, daß (d)er (Verwahrer) das Geld nicht so lange einbehalten kann, bis der °Darlehensgeber (irgendwann einmal) vorbeikommt.[225] Wenn ihm[226] nämlich das Geld durch höhere Gewalt abhanden kommt, solange es sich noch bei ihm befindet, wer soll ihm[227] dann den Schaden bezahlen? Wenn du sagen möchtest, daß (d)er (Verwahrer oder Hinterleger das Geld) beim jüdischen Gerichtshof niederlegen soll, (so lautet da die Gegenfrage), welche Autorität ihn denn dazu verpflichtet hat? Und ist es nicht auch

---

nur einen Gläubiger, so soll ihm der Verwahrer das Depositum ebenfalls zurückgeben. Dabei aber darf er unter keinen Umständen das Verwahrgut mit einer Beschlagnahmeerklärung zugunsten irgendeines Gläubigers versehen, der ihn zur Hilfe aufgefordert hat.
[221] Die Argumentation des vorletzten Satzes wird weitergeführt.
[222] Wem? Noch dem Verwahrer oder dem Hinterleger nach Rückerhalt der Dokumente?
[223] Also dem Hinterleger und dessen einzigem Gläubiger.
[224] Das talmudische Diktum wird von Nachmanides auf Samuel Ben Isaak ha-Sardi und sein in Barcelona offenkundig gut funktionierendes jüdisches Gemeindegericht umgedeutet. Siehe schon den Hinweis des Hrsg.'s Asaf zur Stelle. Historisch bezieht sich das Diktum auf den berühmten babylonischen Amoräer Mar Samuel aus dem 3.Jrh. n. Chr.
[225] Oder: "vor Gericht zieht." Im hebräischen Text steht nur YBW'.
[226] Dem Verwahrer, der die Beschlagnahmeerklärung ausgesprochen hat.
[227] Dem Hinterleger.

schon bei einem jüdischen Gerichtshof geschehen, daß er von Ereignissen höherer Gewalt heimgesucht wurde? Die Angelegenheit (hier) ist auch nicht mit jener Konstellation zu vergleichen, (wo der eine zum andern sagt): ÜBERBRINGE (in meinem Auftrag) EINE MINE[228] AN DEN UND DEN, DIE ICH IHM SCHULDIG BIN (b Gittin 14a); oder (den anderen auffordert, das Geld) stellvertretend (für den Empfänger) zu erwerben.[229] Denn dort hat (d)er (Mittelsmann) mit dem ausdrücklichen Willen des (bisherigen) Besitzers das Geld stellvertretend erworben. Damit ist (d)er (Mittelsmann) zum Verwahrer (des Geldes) des Darlehensgebers geworden (und bleibt dies solange, bis er es dem Darlehensgeber ausgehändigt hat).
Wenn nun (im Ausgangsfall des Responsums) der Verwahrer (trotzdem) hingegangen ist und dem Gläubiger (das verwahrte Geld) ausgehändigt hat, so handelt es sich dabei (dennoch) um keine als frevelhaft-vorsätzliche Vertragsverletzung zu klassifizierende Handlung. Selbst wenn mit dem Verwahrer eine Vergütung für dessen Obhutspflichten vereinbart gewesen ist, macht der sich auch dann (mit solch einer Handlung gegenüber dem Hinterleger) in nichts (schadensersatz-)pflichtig.[230] Er kann nämlich zu ihm sagen: "Wenn ich dir das Geld zurückgegeben hätte, würde dann (d)er (Gläubiger) bei dir seine Forderung nicht beitreiben, sei es unter Heranziehung des (fraglichen) Geldes oder der übrigen Vermögenswerte (aus deinem Eigentum)?"[231] Wenn sonst keine Vermögenswerte mehr (beim Schuldner und Hinterleger) vorhanden sind, dann geht (d)er (so handelnde Verwahrer) ebenfalls frei aus, und zwar nach dem Haftungsgesetz von Rabbi Natan, so wie es im (Talmud-)Kapitel ŠWR ŠNGH zu finden ist,[232] und zwar mit Bezugnahme auf den Entleiher eines (stößigen) Ochsen.[233] Daraus darfst du aber entnehmen, daß (d)er

---

[228] Also 100 Währungseinheiten.
[229] Über die Rechtsfolgewirkungen dieser Formulierungen und ihrem Verhältnis zueinander finden sich in b Gittin 14a-b zwei Diskussionen.
[230] Hat er das Honorar vom Hinterleger schon bekommen, so muß er es ihm nicht zurückerstatten. Ob der Verwahrer es bei bisher nicht erfolgter Auszahlung vom Hinterleger noch verlangen kann, wenn er so handelt wie gerade beschrieben, das sei hier offen gelassen. Auf jeden Fall gibt es im jüdischen Recht Handlungen, die a priori zwar nicht erlaubt sind, aber als rechtsgültig hingenommen werden müssen, wenn sie erst einmal begangen worden sind.
[231] Von der Beitreibung wird der Gläubiger ganz gewiß keinen Abstand nehmen. Er wird seinen Schuldner mit Sicherheit belangen.
[232] Zum Haftungsgesetz von Rabbi Natan siehe S.31 mit Anmerkung 180f. Es geht um b Baba Kamma 40a-b.
[233] Statt ŠWMR ŠKR muß mit Blick auf den Textus receptus des Talmuds zu b Baba Kamma 40a-b in jedem Fall die von Asaf mitgeteilte Variante ŠW'L ŠWR gelesen werden. Es geht dort um folgendes: Ein entliehener Ochse erweist sich in der Obhut und zur Überraschung des ihn ahnungslos nutzenden Entleihers als schon länger für bösartig befunden, nachdem er in dessen Obhut den Ochsen eines Dritten getötet oder schwer

(Hinterleger) nicht argumentieren kann: ICH HÄTTE (ohne deine Aktion) AUF DEN GLÄUBIGER BEGÜTIGEND EINREDEN KÖNNEN, SO DASS ER MIR GEGENÜBER (der Möglichkeit nach zumindest auf einen Teil seiner Forderung) VERZICHTET HÄTTE"(j Ketubbot XIII,2).* Und was im Jerusalemer Talmud über den gesagt wird, DER (von sich aus) DIE SCHULD SEINES NÄCHSTEN BEZAHLT (j Ketubbot a. a.O.),[234] so haben wir[235] dazu (dort) die Aussage vorgefunden, daß man den Nächsten diesbezüglich nicht (zur Ausgleichszahlung) verpflichten kann. Denn (d)er (Mittelsmann) hat ja ohne (explizite) Ermächtigung (des Schuldners) gehandelt und ist damit jemand, der einen Löwen von den Gütern seines Nächsten wegscheucht,[236] so wie es im (Talmudtraktat) Nedarim zu finden ist.[237]

---

verletzt hat. Wenn der jüdische Gerichtshof, offenbar im Auftrag des geschädigten Tiereigentümers, den angreifenden Ochsen zur Sicherung der Schadensersatzansprüche des geschädigten Eigners vorläufig beschlagnahmt, so kann der Eigentümer des Angreifertieres und Verleiher dem Entleiher nicht vorhalten, die Wegnahme nicht verhindert zu haben, und von ihm Schadensersatz fordern. Genauso wenig kann der Verleiher ihn haftbar machen, wenn der geschädigte Eigentümer selbst die außergerichtliche Wegnahme wie auch immer bewerkstelligt Der Entleiher kann sich vielmehr auf das Haftungsgesetz von Rabbi Natan berufen, wonach er gegenüber dem Schadensgläubiger des Verleihers als Drittschuldner haftet. Analoges gilt dann auch im Ausgangsfall des Responsums für den Verwahrer, wobei jener dort als Quasi-Drittschuldner ja von sich aus tätig wird.

[234] Die Frage, ob er den Nächsten dann in Regreß nehmen kann, wird dort ausführlich diskutiert und allem Anschein nach verneint.

[235] Statt MṢ'W ist ja wohl ein MṢ'NW zu lesen.

[236] Die Löwenverscheuchung bezeichnet im rabbinischen Recht eine Geschäftsführung ohne Auftrag (negotiorum gestio). Sie berechtigt den Handelnden nicht in jedem Fall, vom schadensfrei Gehaltenen eine Vergütung oder einen Aufwendungsersatz zu verlangen.

[237] Wo? In b Nedarim 33a-b? Text in der Ausgabe Asaf, a.a.O., S.102f § 69.

B) ENTSCHEIDUNGEN ZUM GRUNDPFANDRECHT AUSSERHALB DES INSOLVENZVERFAHRENS

Du hast noch folgende Frage gestellt:[238] Wenn jemand (gegen den Erhalt eines Darlehens) seinem Nächsten ein Feld einfach so und ohne nähere Verabredung (über den Auslösungszeitpunkt) verpfändet, wie ist da die Auffassung zu beurteilen, daß er (zu jedem beliebigen Zeitpunkt) den Schuldner zwingen und (zu ihm) sagen kann: "Löse dein Grundpfand aus meinen Händen aus!"?
Das ist die Antwort: Bezüglich dieser Angelegenheit weißt du doch schon lange, daß darüber bereits der Meister Abraham Ben David befragt wurde,[239] mit was er sich (dabei) begnügte,[240] und daß er seine Grundsatzentscheidung bezüglich der Angelegenheit in recht dunkle Formulierungen kleidete.[241] Das Ganze befindet sich in deiner Hand. Im Sefer ha-'Ittur (aber) hat man explizit gesagt,[242] daß das Recht hier auf Seiten des Darlehensgebers steht.[243]

•

Was ein Grundpfandgeschäft mit jährlicher Verrechnung nur eines Bruchteils der jährlichen Ernteerträge auf die Gläubigerforderung angeht,[244] so ist das (zumindest) nach der von unserem Meister in

---

[238] Der Fragesteller ist auch hier wieder Samuel Ben Isaak ha-Sardi aus Barcelona. Zu Person und Werk siehe S.1 Anmerkung 1.

[239] Zu Abraham Ben David von Posquières siehe S.30 Anmerkung 174.

[240] Nämlich mit dem Vorschlag, nichtjüdisches Recht auch im innerjüdischen Kontext anzuwenden, wenn kein jüdischer Rechtsbrauch die Ausgangsfrage regele. Das hebräische WMH ŠNSTPQ BW kann auch so übersetzt werden: "und was darin zweifelhaft war".

[241] Der einschlägige Text dieser Autorität findet sich übersetzt in meinen Buch: Weitere Rechtsentscheide Abraham Ben Davids von Posquières..., Frankfurt a.M., 2002, S.101ff.

[242] Gegen Ende des 12.Jrh.'s verfaßte Isaak Ben Abba Mari von Marseille ein großes, enzyklopädistisch strukturiertes Werk zum talmudischen und nachtalmudischen Recht mit dem oben genannten Titel.

[243] Er darf bei unklaren Auslösungsmodalitäten nach eigenem Belieben den Schuldner zur Auslösung der Pfandsache auffordern. Die vom Hrsg. Asaf angegebene Referenzstelle habe ich nicht verifizieren können. Text in der Ausgabe Asaf, a.a.O., S.84 § 39(b).

[244] Auch dieser Text ist Bestandteil eines Responsums an Samuel Ben Isaak ha-Sardi aus Barcelona, dessen Anfangsteil in Band 2 S.12f meiner hier vorgelegten Nachmanides-Übersetzungen wiedergegeben worden ist. Es geht hier um eine Konstruktion, wonach ein Darlehensnehmer seinem Gläubiger eine landwirtschaftliche Grundfläche unter der Abrede verpfändet, daß er jährlich einen in Geldeswert ausgedrückten, in der Regel kleinen Teil des Ernteertrages auf die Forderung anrechnen soll und den Überschuß verrechnungslos für sich einbehalten darf, sofern sich ein solcher ergibt. Mit Verträgen dieser Art wird natürlich das biblische Zinsverbot tangiert; und die Frage der Zulässigkeit oder Unzulässigkeit antichretischer Grundpfandgeschäfte im inner-

den Halachot aufgestellten Behauptung[245] verboten, gleichgültig, ob es an einem Ort geschieht, wo man das Grundpfand jederzeit vom Gläubiger wieder auslösen darf, oder ob es an einem Ort geschieht, wo man das Grundpfand (vor Ablauf einer dem Gläubiger fest eingeräumten Nutzungszeit) nicht auslösen kann.[246] Ich aber staune über dich wegen der von dir gestellten Frage, wieso man sich an jenen Orten[247] an den Brauch hat gewöhnen können, bei Grundpfandgeschäften nur einen kleinen Teil der Ernteerträge auf die Darlehensforderung anzurechnen. An einem Ort, wo man im Rahmen unserer zahlreichen Sünden (ganz offen) zinsbare Darlehen (an Glaubensbrüder) vergibt,[248] da wunderst du dich (schon) über die Leute, wenn sie eine Prozedur als erlaubt betrachten, die (bereits im Talmud der amoräische Gelehrte) Rabina in die Tat umsetzt(e).[249] Sie behandeln (doch nur) alles das für erlaubt, was schon unsere Rabbi-

---

jüdischen Rechts- und Geschäftsverkehr wird schon in b Baba Metziʿa 67a-68a ausführlich diskutiert.

[245] Zu Isaak Al-Fasi und seinem Talmudkompendium siehe oben S.10 Anmerkung 52.

[246] Isaak Al-Fasi verbietet in seinem Talmudkompendium zu b Baba Metziʾa 67b die Verrechnung nur eines Teils der jährlichen Ernteerträge mit der Forderung a priori, nicht aber a posteriori. Setzt also der Gläubiger einen solchen laut Al-Fasi an sich sittenwidrigen Vertrag in die Praxis um, hat er bei der Auslösung des Pfandsache in summa mehr geerntet als den Wert der vereinbarten jährlichen Abzugsbeträge, und hat er die Überschüsse für sich einbehalten, so kann er zur Verrechnung derselben mit der Forderung an den Schuldner nicht gerichtlich gezwungen werden, und zwar auch dann nicht, wenn der Wert der Gesamternten sogar die Forderung selbst übersteigt. Der Schuldner muß ihm das Darlehen abzüglich der vereinbarten, in der Regel nur geringen Jahrestilgungen zurückerstatten, um seine Grundfläche wieder zu bekommen. Der Gläubiger wäre nach Al-Fasi allerdings sittlich verpflichtet, die Erträgnisse aus dem Grundpfand mit seiner Forderung in vollem Umfang aufzurechnen. Der Mehrwert, den der Gläubiger in Form der Überschußerträge einkassiert und zu deren Aufrechnung mit der Forderung er sittlich verpflichtet wäre, wird als Staubzins bezeichnet. Der Staubzins kann vor Gericht vom Schuldner nicht eingeklagt bzw. vom Gericht nicht auf die Gläubigerforderung angerechnet werden. Vorausgesetzt werden in den Darlegungen Isaak Al-Fasis zwei Typen von Grundpfandgeschäften. Bei dem erstgenannten kann der Schuldner das Grundpfand jederzeit vor dem vereinbarten Endtermin vom Gläubiger auslösen, wobei dem Gläubiger eine Mindestnutzungszeit von einem Jahr zugestanden werden muß; beim zweitgenannten kann der Schuldner sein Grundpfand vor Ablauf der vertraglich vereinbarten Nutzungsfrist durch den Gläubiger nicht auslösen.

[247] Der diesbezügliche Anfrageteil des Responsums ist in der mir vorliegenden Textausgabe nicht überliefert.

[248] Dies stellt eine besonders schwere Sünde dar. Der Darlehenszins ist ein fest vereinbarter Mehrwert, der dem Gläubiger risikolos zusteht. Die Überschüsse aus Ernteerträgen stellen jedoch ein Risikogeschäft für den Pfandgläubiger dar. Geraten die Jahresernten schlecht, dann hat er damit Pech gehabt. Deswegen wird bei landwirtschaftlichen Grundpfandgeschäften mit Antichrese das innerjüdische Zinsverbot schon im Talmud gelockert, sofern bestimmte Umstände beachtet werden.

[249] Siehe b Baba Metziʿa 67b, wo über Rabina aus dem 4./5.Jrh. berichtet wird, daß er von innerjüdischen Grundpfandgeschäften als Gläubiger in der beschriebenen Weise profitierte.

nen und (auch) Mar, der Sohn von Rav Josef, im Namen Rabbas gesagt haben.[250] Auf jeden Fall sind etliche Meinungen und etliche halachische Diskussionen zu jenen Dingen vorgetragen worden. Letztlich handelt es sich (beim Verbot der verrechungslosen Nutzung des größten Teils der Ernteeingänge durch den Gläubiger) um eine Halacha, die auf höchst unsicherem Fundament steht. Denn die Entscheidung unseres großen Meisters (Isaak Al-Fasi, das System der jährlichen Anrechnung eines eher kleinen, vorab vereinbarten und in Geldeswert ausgedrückten Bruchteils der Ernte auf die Gläubigerforderung zumindest a priori) zu verbieten, die kann sich bloß auf Rav Kahana, Rav Pappa und Rav Aschi stützen,[251] die (laut einer Mitteilung im Talmud als Grundpfandgläubiger) die Ernteerträge nicht nach dem System der jährlichen Bruchteilsanrechnung auf ihre Forderungen genossen.[252] Bei ihnen muß man aber doch sagen, daß sie verschärfend gegen sich selbst verfuhren, weil sie jüdische Gelehrte waren.[253] Das verhält sich so, wie wir (im Talmud) sagen: EIN RABBINISCHER GELEHRTER SOLLTE (als Gläubiger) DIE ERNTEERTRÄGE AUS EINEM GRUNDPFAND NICHT EINMAL NACH DEM SYSTEM DER JÄHRLICHEN BRUCHTEILSANRECHNUNG AUF SEINE FORDERUNG GENIESSEN (b Baba Metziʿa 67b). Die ganze halachische Diskussion ist (dort) auch an dieser Problematik orientiert, so wie wir sie (dort) formulieren: AUF WELCHE WEISE DARF ER DANN ABER NIESSBRAUCH (daraus) ZIEHEN?(b Baba Metziʿa 67b)[254] Was jedoch die

---

[250] Hier handelt es sich ebenfalls um babylonische Amoräer. Zu Mar, dem Sohn von Rav Josef, siehe b Baba Metziʿa 67b Anfang, wo Nachmanides schon in seinem Talmudkommentar zu b Baba Metziʿ67a(!) den Namensanfang Mar und nicht Raba liest.

[251] Auch hierbei handelt es sich um babylonische Amoräer aus dem 4./5. Jrh.

[252] Siehe noch einmal b Baba Metziʿa 67b. Sie verrechneten die Ernteerträge aus ihren Grundpfändern offenbar in vollem Umfang zugunsten ihrer Schuldner.

[253] Für solche Personen aber gelten strengere religionsgesetzliche Maßstäbe als für gewöhnliche jüdische Laien. Gelehrte sollen keine Geschäfte mit Glaubensbrüdern eingehen, die auch nur einen Hauch von Zinsbarkeit ausströmen; bei jüdischen Laien sind die Maßstäbe großzügiger. Auf diesen Umstand weist Nachmanides auch in seinem Talmudkommentar zu b Baba Metziʿa 67a(!) hin.

[254] Die Antwort, die in b Baba Metziʿa 67b schließlich gegeben wird, lautet dahingehend, daß ein rabbinischer Gelehrter als Gläubiger ein Grundpfandgeschäft nur nach Art der Gemeinde von Sura eingehen sollte. Diese jüdische Gemeinde des Zweistromlandes praktizierte folgendes Grundpfandrecht: Der Gläubiger gewährte seinem Schuldner ein Darlehen, und bekam dafür über mehrere Jahre hin eine landwirtschaftliche Nutzfläche vom Schuldner überlassen. Nach Ablauf der Nutzungsfrist ging die Grundfläche ohne irgendeine Zahlung an den Schuldner zurück. Hatte der Gläubiger in der Zwischenzeit ein Vielfaches seiner Forderung an Ernteerträgen eingebracht, so hatte er Glück; denn er mußte die Überschußbeträge mit seiner Forderung nicht verrechnen. Hatte er nur Mißernten und lag der Wert der eingebrachten Erträge insgesamt unter seiner Forderungshöhe, dann hatte er Pech. Auch in diesem Fall ging das Grundpfand nach Ablauf der Nutzungsfrist ohne irgendeine Ausgleichszahlung an den Schuldner zurück. Ein solches Grundpfandgeschäft war auch einem Gesetzesgelehrten wegen der

übrigen Leute angeht, (die keine Gelehrten sind), so muß man da sagen, daß (die Verrechnung nur eines kleinen Teils der Ernteerträge mit der Darlehensforderung) nach Meinung (fast) aller (Autoritäten bei innerjüdischen Grundpfandgeschäften) erlaubt ist. So hat es auch der Autor der Halachot (Gedolot) geschrieben:[255] ES KOMMT IN DER HEUTIGEN ZEIT ALLE TAGE VOR, °DASS GRUNDPFANDGESCHÄFTE MIT DER ANRECHNUNG NUR EINES BRUCHTEILS DER ERNTEERTRÄGE AUF DIE GLÄUBIGERFORDERUNG (unter Juden) PRAKTIZIERT WERDEN. Dasselbe hat auch der Autor des (Sefer ha-)Metibot im Namen einer gaonäischen Autorität geschrieben.[256] In summa: Lasse die Gemeinde nach dieser Halacha verfahren, weil sie eine Halacha darstellt, die (talmudisch) nicht definitiv (negativ) entschieden wurde und (als verboten bewertet) bei uns auf höchst unsicherem Fundament stehen würde.[257]

•

Ferner hast du noch folgende Frage gestellt:[258] Wie ist es zu beurteilen, wenn jemand seinem Glaubensbruder (gegen den Erhalt eines Darlehens) ein Feld verpfändet, das einer fixen, (ertragsunabhängigen) Steuer für den König unterworfen ist, und wenn der Verpfänder sich dazu verpflichtet hat, die Steuer aus seinem eigenen Vermögen zu bezahlen, während der Darlehensgeber (für eine bestimmte Zahl von Jahren) den Nießbrauch aus den Früchten unter

---

hohen Risiken für ihn als Gläubiger erlaubt und stand nicht im geringsten Geruch verdeckter Zinsbarkeit. Siehe doch nicht einmal b Baba Metzi'a 67b.

[255] Dieses Gesetzbuch wurde in frühgaonäischer Zeit im 8. oder 9.Jrh. in Babylonien verfaßt. Es ließ alle Gesetzesbestimmungen des jüdischen Gesetzes unberücksichtigt, die seit der Tempelzerstörung im Jahre 70 n.Chr. keine praktische Bedeutung mehr hatten. Der zitierte Text der Halachot Gedolot findet sich in der Ausgabe Venedig, 1548 im Kapitel Hilchot Ribbit, Fol.96A Kolumne b. Siehe schon beim Hrsg. Asaf zur Stelle.

[256] Das Sefer ha-Metibot wurde im 9.Jrh. in Babylonien kompiliert und versuchte eine Synthese zwischen den Entscheidungen des Jerusalemer und des babylonischen Talmuds herzustellen. Eine Edition dieses Werkes war mir hier in München nicht zugänglich; allerdings verweist Nachmanides bei der Paralleldiskussion in seinem Talmudkommentar zu b Baba Metzi'a 67a(!) etwas ausführlicher als hier auf beide Werke.

[257] Möglicherweise ist hier im Schlußsatz etwas weggebrochen, weil der Text zweifellos eine nochmalige Verwerfung der These Isaak Al-Fasis enthält, nicht aber eine Abqualifikation des Modells mit der bruchteiligen Anrechnung der jährlichen Ernteerträge auf die Gläubigerforderung enthalten kann. Text in der Ausgabe Asaf, a.a.O., S.85 § 41.

[258] Der Fragesteller ist auch hier wieder Samuel Ben Isaak ha-Sardi aus Barcelona. Zu Person und Werk siehe S.1 Anmerkung 1.

Verrechung eines Bruchteils der Ernte mit der Forderung ziehen darf?259
Das ist die Antwort: Diese Angelegenheit ist ganz klar zu erlauben. Denn diese Steuer liegt ja nicht auf dem Geldvermögen des Darlehensnehmers, sondern °auf seinem Erdboden als körperlichem Gegenstand. Und so wie man aus einem nicht steuerpflichtigen Feld (als Gläubiger) Nießbrauch unter Verrechnung nur eines (kleinen) Bruchteils der Ernteerträge mit der Forderung ziehen darf, so ist das auch in diesem Fall hier erlaubt.260
Wenn allerdings diese Steuer von den (Feld-)Früchten zu bezahlen ist, wenn also der (nichtjüdische) Machthaber zum Beispiel ein Zehntel von den Erträgen oder dergleichen nimmt, dann muß ich dazu sagen, daß der Vertrag verboten ist. Was ist die Begründung (dafür)? Nun, jene Früchte stehen dem (nichtjüdischen) Machthaber (absolut) zu; und der Grundeigentümer könnte (auch bei Nichtverpfändung der Liegenschaft) den für den (nichtjüdischen) Machtinhaber bestimmten (Ertrags-)Anteil nicht (eigenmächtig) verkaufen oder (als dingliche Sicherheit für eine gegen ihn bestehende Forderung) verpfänden. Wenn die Bezahlung (der Abgabe) an den (nichtjüdischen) Machthaber durch den (Grundeigentümer als) Darlehensnehmer erfolgt, stellt das einen Zins dar, den er dem Darlehensgeber gibt.261 So stellt sich in meinen Augen die Lage dar.
In den Halachot Gedolot heißt es:262 DIE ALTVORDEREN ZOGEN (bei einem landwirtschaftlichen Nutzpfand) VIER ODER ZWEI SUS ODER

---

259 Jahr für Jahr zieht der Gläubiger einen in Geldeswert ausgedrückten Bruchteil der Ernteerträge von der Forderung ab. Den Ernteüberschuß behält er, wie schon im vorigen Responsum dargelegt, verrechnungslos ein, sofern sich ein solcher ergibt. Verstößt dieses Grundpfandgeschäft gegen das innerjüdische Zinsverbot, da der Schuldner hier auch noch die Grundsteuer an den König während der Verpfändungszeit zahlen soll?

260 Da die Grundsteuer ein ernteertragsunabhängiges Fixum darstellt, hat sie mit dem Grundpfandgeschäft als solchem gar nichts zu tun. Infolgedessen darf sie dem Darlehensnehmer und Feldeigentümer auch während der Vertragslaufzeit aufgebürdet werden, obwohl er in dieser Periode keine Sachherrschaft über die Nutzfläche ausübt.

261 Der Darlehensgeber und Pfandnutzer wird hier ja durch das Einspringen seines Schuldners beim Ernteertrag schadlos gehalten. Der Darlehensnehmer führt entweder den Betrag aus eigener Früchteproduktion zusätzlich zu seiner normalen Naturalienlast ab; oder zahlt dem nichtjüdischen Herrn eine Kompensation in Geld. Die Früchte der verpfändeten Grundfläche werden nicht herangezogen; und der dadurch vom Pfandgläubiger erlangte Vermögensvorteil ist laut Nachmanides als innerjüdisch verbotener Zins anzusehen. Erlaubt wäre hier lediglich eine Vertragskonstruktion, die den Schuldner berechtigt, die zehnprozentige, auf den Früchten der verpfändeten Nutzfläche liegende Abgabe für den nichtjüdischen Herrn eben diesen Früchten entnehmen zu dürfen. Von der verbleibenden Resternte in Höhe von 90% müßte der Gläubiger dann noch den fest vereinbarten, in Geld ausgedrückten jährlichen Abzugsbetrag mit seiner Forderung gegen den Glaubensbruder verrechnen. Was der Gläubiger an Feldfrüchten danach noch übrig hat, darf er verrechnungslos für sich vereinnahmen.

262 Zu diesem Werk siehe S.45 Anmerkung 255.

IRGENDETWAS (jährlich von der Forderung ab). UNSERE RABBINEN VON HEUTE SIND ÜBER (die Auslegung) FOLGENDER(r) TRADITIONELLE(r) HALACHA GETEILTER MEINUNG, DIE AUF EINER VERORDNUNG UNSERER RABBINEN (aus talmudischer Zeit) BASIERT, DASS NÄMLICH (d)ER (Schuldner und Verpfänder der Liegenschaft) DIE GRUNDSTEUER (an die königliche Obrigkeit) BEZAHLEN UND DEN (dazu gehörigen) BEWÄSSERUNGSKANAL AUSBAGGERN SOLL (b Baba Metzi'a 110a).* EINE AUTORITÄT SAGT DAZU, DASS ER (die Grundsteuer) AUS SEINEM EIGENEN VERMÖGEN (bezahlen soll); UND EINE ANDERE AUTORITÄT SAGT DAZU, DASS ER (sie) VON DEN FRÜCHTEN DES GRUNDSTÜCKS BEZAHLEN SOLL.[263] Soweit das Zitat.[264] (Der Disput) ist vernünftigerweise auf eine Grundsteuer und dergleichen zu beziehen, die entweder aus den Früchten (der Liegenschaft selbst) abzuführen ist, oder die so zu verstehen ist, daß man für ihn[265] den Wert der gesamten Fruchternte abschätzt (und er vom Schätzwert den geforderten Prozentsatz in Geld abführen muß).[266] Wenn allerdings °der Darlehensnehmer die Grundsteuer (auf der Basis der Ernteerträge der verpfändeten Liegenschaft aus eigener Tasche) bezahlen °soll,[267] und °der °andere die gesamte Fruchtmenge mit Anrechnung eines nur (kleinen) Bruchteils der Ernte auf die Forderung für sich genießen will, so ist das (wegen Verstoßes gegen das innerjüdische Zinsverbot) untersagt.[268]

•

---

[263] Der letzten Meinung ist auch Nachmanides, wenn die Grundsteuer vom Ernteertrag abhängig ist und aus den Erträgnissen des Feldes bezahlt werden muß. In diesem Fall muß dem Schuldner gestattet werden, die oben genannten zehn Prozent von den Feldfrüchten an sich zu nehmen und an den nichtjüdischen Herrn abzuführen. Siehe noch einmal die vorletzte Anmerkung.
[264] Der Text findet sich wieder in der Ausgabe Venedig, 1548, Hilchot Ribbit, Fol.96A Kolumne b. Siehe schon den Hrsg. Asaf zur Stelle.
[265] Den Grundeigentümer und Verpfänder.
[266] Legt man die Ansicht der ersten Autorität zugrunde, dann muß bei einer Naturaliensteuer der Grundeigentümer und Verpfänder den Pfandgläubiger in Höhe der abzuführenden Fruchtmenge schadlos halten; und bei einer ertragsabhängigen Geldsteuer muß der Grundeigentümer den Betrag ebenfalls aus eigener Tasche zahlen. Legt man die Ansicht der zweiten Autorität zugrunde, so muß der Pfandgläubiger bei einer Naturaliensteuer seinem Schuldner und Grundeigentümer die geforderte Fruchtmenge aushändigen und sich ein Verfahren nach Maßgabe von Anmerkung 263 gefallen lassen. Wird die Steuer ertragsabhängig in Geld erhoben, müßte der Pfandgläubiger sie jährlich zahlen; oder der Grundeigentümer dürfte sich den vorgeschossenen Betrag vom Pfandgläubiger zurückholen.
[267] Nicht aber als fixe, ertragsunabhängige Grundsteuer.
[268] Text in der Ausgabe Asaf, a.a.O., S.87 § 45.

Du hast noch folgende Frage gestellt:[269] Jemand verpfändete seinem Glaubensbruder ein Grundstück gegen (den Erhalt eines Darlehens von) eine(r) Mine,[270] will (am Ende oder noch während der Vertragslaufzeit?) nur 50 Währungseinheiten (zurück-)zahlen und (will), daß der andere ihm dafür das halbe Feld zurückgibt. Der andere weigert sich (und besteht auf voller Zahlung mit der Rechtsfolge der vollen Grundstücksrückgabe zum vertraglich vereinbarten oder zulässigen Zeitpunkt).[271] Wer hat hier das Recht auf seiner Seite?
Das ist die Antwort: Gleichgültig, ob jemand seinem Glaubensbruder ein Feld oder zwei Felder gegen den Erhalt einer einzigen Darlehenssumme verpfändet - der Darlehensnehmer kann (bei Laufzeitende des Vertrages oder während der Vertragslaufzeit) den Darlehensgeber nicht dazu zwingen, ihm gegen (Rück-)Zahlung der halben Geldsumme das halbe Grundpfand zurückzugeben. Denn der kann zu ihm sagen: "Ich habe dir (das Darlehen) für das ganze Feld (oder für beide Felder im Ensemble) gewährt, nicht aber für die Hälfte." Diese Entscheidung legt (schon) die (bloße) Vernunft nahe; und (schon) der (bloße) Verstand muß sie akzeptieren.[272] Außerdem haben wir dafür aber auch noch zusätzlich einen Beweis aus dem (Talmud-)Kapitel BYT KWR in Form einer Gesetzestradition, wonach eine (bestimmte Erb-)Teilung nichtig ist.[273] Und was man (anderswo im Talmud) gesagt hat: (Wer im Heiligen Land bei bestehendem Tempel dem Herrn ein geerbtes Feld weiht), DARF (zur Wiederauslösung desselben) EIN DARLEHEN AUFNEHMEN UND ES AUSLÖSEN. ER DARF ES AUCH NUR HÄLFTIG AUSLÖSEN (b Kidduschin 20b),[274] so beinhaltet

---

[269] Der Fragesteller ist auch hier wieder Samuel Ben Isaak ha-Sardi aus Barcelona. Zu Person und Werk siehe S.1 Anmerkung 1.
[270] Also von 100 Währungseinheiten.
[271] Es bleibt offen, ob hier ein fester Rückgabezeitpunkt vereinbart gewesen ist, oder ob der Schuldner sein Grundpfand zu einem beliebigen Zeitpunkt nach Ablauf einer Mindestnutzungsfrist durch den Pfandgläubiger auslösen darf.
[272] Ohne daß man dafür die talmudische Gesetzestradition konsultieren müßte, was Nachmanides im Folgenden dennoch tut.
[273] Es geht um b Baba Batra 107a: Zwei Brüder teilen nach dem Tod ihres Vaters den Nachlaß unter sich auf. Alsdann kommt ein Gläubiger ihres toten Vaters daher und vollstreckt seine Forderung nur gegen einen der beiden Brüder zu Lasten von dessen Erbteil. Mit diesem Vorgang wird die Erbteilung nichtig. Der verbliebene Rest des Erbvermögens muß zwischen den beiden Brüdern noch einmal neu aufgeteilt werden. Das Tertium comparationis zum Ausgangsfall des Responsums besteht wohl darin, daß eine Vermögensmasse, die als ganze mit Ansprüchen beschwert ist, in diesem Zustand nicht teilbar ist.
[274] Löst der Eigner bis zum nächsten Jubeljahr das Feld von der Tempelverwaltung nicht aus, dann verfällt es zu jenem Zeitpunkt den Priestern zum Eigentum. Näheres dazu in Lev.27,16-21.*

dies Folgendes: daß er (innerhalb des Jubiläumszeitraums)[275] die Hälfte (der Auslösungssumme) zahlen darf (und das halbe Feld zurückerhält). Allerdings dürfte der (gewöhnliche Feld-)Käufer vom ganzen Feld bis zum nächsten Jubeljahr[276] den Nießbrauch ziehen, selbst wenn (d)er (Alteigentümer) zur Halbzeit der Jahre das halbe (Auslösungs-)Geld zahlen würde.[277] Zurückgeben müßte er ihm das halbe Feld (vor der Erreichung des nächsten Jubeljahres) aber nicht. So (verstanden) klingen die Ausführungen des Meisters Salomon einsichtig.[278] °Ich habe den Sachverhalt schon in (meinem Talmudkommentar zum Traktat) Kidduschin ausführlich erläutert.[279] Auf jeden Fall darf sowohl ein Grundstücksverpfänder als auch ein (bloßer) Darlehensnehmer den Gläubiger (noch während der Laufzeit des Vertrages) in einzelnen Sus-Münzen[280] (nach und nach) auszahlen, obwohl sich der Gläubiger über ihn (beim jüdischen Gerichtshof über den tröpfelnden Zahlungseingang) beschweren kann.[281] Denn wenn die gesetzliche Pflicht nicht bestünde, (die winzigen Teilbeträge annehmen zu müssen), dann könnte (d)er (Gläubiger während der Vertragslaufzeit) die Annahme (der extrem gestückelten) Summen verweigern und hätte konsequenterweise auch kein Beschwerderecht gegen den andern.[282] So hat es auch der Verfasser des (Sefer ha-)ʿIttur geschrieben.[283]

---

[275] Der jeweils 50 Jahre umfaßt und im 50.Jahre vom Jubeljahr abgeschlossen wird.
[276] Sofern die Jubeljahresgesetzgebung in Kraft ist.
[277] Bei in Kraft befindlicher Jubeljahresgesetzgebung müssen im 50.Jahre im übrigen schon kraft biblischen Rechts alle in den letzten 49 Jahren gekauften Grundstücke entschädigungslos ihren ursprünglichen Eigentümern zurückgegeben werden. Siehe Lev.25,28.* Die Teilzahlung wäre also für den Alteigentümer unter diesen Umständen völlig sinnlos.
[278] Zu Raschi und seinem Talmudkommentar siehe S.5 Anmerkung 27. Es geht wohl um Ausführungen zu b Kidduschin 20b unten.
[279] Im vorhandenen Talmudkommentar von Nachmanides zu b Kidduschin 20b läßt sich diese Angabe nicht verifizieren. Siehe schon den Hrsg. Asaf zur Stelle.
[280] Mischnisch-talmudische Währungsbezeichnung.
[281] Siehe b Baba Metziʿa 77b. Das Gericht kann den Schuldner auf die Beschwerde des Gläubigers hin zur Zahlung größerer Raten oder der ganzen Restsumme ermahnen; es kann ihn aber vor der vertraglichen Fälligkeit der Forderung nicht dazu zwingen. Der Schuldner ist ja vor der Fälligkeit der Forderung an sich zu keinerlei Zahlung verpflichtet. Der Gläubiger ist andererseits gehalten, vorzeitige Tilgungen anzunehmen; er muß dem Schuldner aber ein Grundpfand erst nach der Tilgung der Gesamtverbindlichkeit (minus der jährlichen Abzüge aufgrund der Gläubigernutzung) zurückgeben.
[282] Anspielung auf b Baba Metziʿa 52b.
[283] Zu Isaak Ben Abba Mari von Marseille und seiner Enzyklopädie des talmudischen und nachtalmudischen Rechts siehe schon S.42 Anmerkung 242. Unter dem Buchstaben ʿAjin unter dem Lemma ʿIska wa-Chob führt er ziemlich am Schluß als Erläuterung zur genannten Passage in b Baba Metziʿa 77b aus, daß ein Gläubiger die Entgegennahme von Minimumsraten nicht verweigern darf. Text (des Nachmanides-Responsums) in der Ausgabe Asaf, a.a.O., S.104 § 72.

C) ENTSCHEIDUNGEN ZU AN- UND VERKAUFSGESCHÄFTEN

Ferner hast du noch folgende Frage gestellt:[284] Es geht um jemanden, der sein Verkaufsobjekt mit Willensmängeln verkauft, so daß es der Käufer nicht rechtsgültig erwirbt.[285] Ebenso geht es um einen noch nicht Zwanzigjährigen, der von dem (Grund-)Eigentum seines (toten) Vaters etwas verkauft.[286] (In beiden) Fällen haben sie (dem jeweiligen Käufer) eine Urkunde über ihren Verkauf ausgestellt. Ist nun das (Kauf-)Geld wie eine beurkundete Darlehensforderung anzusehen;[287] und darf man (nach der Ungültigkeitserklärung des Vertrages bei gleichzeitig insolvent gewordenem Rückzahlungspflichtigen) die Forderung auch aus den (vom rückzahlungspflichtigen Verkäufer) zwischenzeitlich (an andere) veräußerten

---

[284] Der Fragesteller ist auch hier wieder Samuel Ben Isaak ha-Sardi aus Barcelona. Zu Person und Werk siehe S.1 Anmerkung 1.

[285] Da nachfolgend von einer Beurkundung des Verkaufs die Rede ist, kann es nur um eine Immobilie gehen. Mobilien können in der Regel nicht urkundlich veräußert werden. Der klassische Fall einer rechtsunwirksamen, weil mit Willensmängeln behafteten Grundstücksveräußerung sieht (auf der Basis von b Baba Metzi´a 66a-b)* zum Beispiel so aus: Ruben leiht sich Geld von Simon und zwar mit der Abrede, daß Simon sich nach drei Jahren ein bestimmtes Feld von Ruben aneignen dürfe, wenn Ruben bis dahin das Darlehen nicht zurückgezahlt habe. Diese Verabredung läuft auf einen bedingten Grundstücksverkauf hinaus. Wegen der Willensmängel Rubens ist die Transaktion allerdings nichtig. Ruben will das Feld ja gar nicht ernsthaft verkaufen, sondern sein Darlehen zurückzahlen, um die Umdeutung des Darlehensvertrags in einen Kaufvertrag zu verhindern. Wenn Ruben bei Ablauf der drei Jahre das Darlehen nicht zurückgezahlt hat, kann jede der beiden Parteien auch noch hernach von dem zum Kaufvertrag umgedeuteten Rechtsgeschäft zurücktreten, selbst wenn Simon sich verabredungsgemäß das Grundstück angeeignet hat. Wird im Darlehensvertrag allerdings vereinbart, daß Simon sich mit nunmehriger Rechtsfolge das Grundstück aneignen darf, wenn Ruben seine Rückzahlungspflicht bis zum Ablauf der drei Jahre nicht erfüllt hat, dann ist der Vertrag als ganzer gültig. Die Willensmängel Rubens gelten mit dieser Formulierung als getilgt; der Darlehensvertrag ist damit gültig in einen optionalen (Rück-)Kaufvertrag gewandelt; und Simon wird bei Nichterfüllung der Bedingung durch Ruben nach Ablauf der Dreijahresfrist endgültig Eigentümer des fraglichen Grundstücks.

[286] Solche Verkäufe sind nichtig, sofern der Erbe das 20.Lebensjahr noch nicht vollendet hat. Er kann vor Erreichung dieses Datums von dem Geschäft zurücktreten. Ist der junge Mann älter als 20 Jahre geworden und hat er bis zur Vollendung des 20.Lebensjahres keinen Rückforderungsanspruch geltend gemacht, so ist halachisch umstritten, ob der junge Mann den Käufer danach noch zwingen kann, das vor der Erreichung seines 20. Lebensjahres veräußerte Grundstück wieder herauszurücken und den Kaufpreis von ihm erstattet zu bekommen, oder ob er dies nicht kann. Welche Rechte dem Käufer zustehen, den Vertrag vor oder auch nach Überschreitung des 20.Lebensjahres des Verkäufers zu wandeln, das habe ich zwar nicht herausbekommen können; doch ein nichtiger Verkauf müßte grundsätzlich auch den Käufer berechtigen, auf eigenen Wunsch einseitig von dem Geschäft zurückzutreten, solange ihm das möglich ist.

[287] Deren Beitreibung bei Darlehensgeschäften mit insolventem Schuldner auch aus den vom Schuldner verkauften Vermögenswerten, insbesondere Grundstücken, erfolgen darf. Deren Erwerber werden bei dieser Konstellation evinziert.

(sonstigen) Vermögenswerten beitreiben?[288] Oder ist (das Kaufgeld) bloß wie eine mündlich kontrahierte Darlehensforderung anzusehen?[289] (Zum Dritten): WENN JEMAND EIN GRUNDSTÜCK KAUFT, VON DEM ER WEISS, DASS ES DEM VERKÄUFER NICHT GEHÖRT (b Baba Metziʿa 15b), wozu man (dort) ausführt, daß das (Kauf-)Geld ein Verwahrgut (in der Hand des ebenfalls bösgläubigen Verkäufers) darstellt[290] - ist da (der Verkäufer) wie ein unentgeltlich tätiger oder wie ein bezahlter Hüter des Geldes anzusehen?[291]

Das ist die Antwort: In meinen Augen scheint es so richtig zu sein, daß bei demjenigen, der (ein Grundstück) mit Willensmängeln ver-

---

[288] Angenommen, der Käufer hat im ersten Fall ein Grundstück für 500 Schillinge auf ungültige Weise erworben; und im vierten Jahr, also nach der Umdeutung des Darlehensvertrages zum Kaufvertrag, fällt es dem Verkäufer oder dem Käufer ein, beim jüdischen Gemeindegericht die Ungültigkeit des Verkaufes festellen zu lassen. Der Verkäufer respektive Darlehensnehmer bekommt zwar sein Grundstück zurück, muß aber dem Käufer respektive Darlehensgeber auch das Kaufgeld respektive Darlehen wieder erstatten. Dazu ist der Verkäufer wegen Insolvenz jetzt aber nicht mehr in der Lage. Folglich beschlagnahmt das Gericht eben dieses Grundstück und läßt es zwangsversteigern. Der Zwangsverkauf erbringt aber nur 250 Schillinge, die dem geschädigten Käufer zufallen. Darf der Käufer nun die verbleibenden 250 Schillinge seiner Forderung aus den vom Verkäufer zwischenzeitlich sonstwie veräußerten Vermögenswerten, insbesondere Grundvermögen, beitreiben und die entsprechenden Erwerber evinzieren? Im zweiten Fall läuft die Angelegenheit ähnlich ab, wobei hier der junge Mann, diesseits oder auch schon jenseits der 20 Lebensjahre, die Rolle des insolventen Rückzahlungsschuldners trägt, und die anderweitig veräußerten Grundstücke aus dem väterlichen Erbvermögen von ihm ja auch noch ungültig verkauft worden sind. Gültig verkauft und (ebenso eviktionsbedroht) wären Grundstücke, die der junge Mann nach Vollendung des 13.Lebensjahres mit Geld aus dem väterlichen Erbvermögen erworben und vor Erreichung des 20.Lebensjahres weiterverkauft hat.

[289] Die man bei solchen Darlehensgeschäften nur aus jenen Vermögenswerten des Schuldners beitreiben kann, über die er zum Vollstreckungszeitpunkt die Sachherrschaft ausübt. An die vom Schuldner verkauften oder verschenkten Vermögenswerte kommt der Gläubiger mit einer nicht beurkundeten, nur mündlich kontrahierten Forderung nicht heran. Das Problem bei beiden Verkaufsfällen ist nun dieses, daß die jeweils erstellte Verkaufsurkunde, im ersten Fall nur die Verkaufsbestimmung in der Darlehensurkunde, streng genommen ungültig war. Infolgedessen stellt sich die Frage, ob bei Annullierung des Vertrages der dem Käufer entstandene Schaden bei gesunkenem Zeitwert des Grundstücks und bei sonstiger Insolvenz des Verkäufers mit den vom Verkäufer zwischenzeitlich veräußerten sonstigen Vermögenswerten, insbesondere Liegenschaften, per Eviktion ausgeglichen werden darf. Die Urkunden enthielten ja in beiden Fällen eine Klausel, in der der Verkäufer die Haftung für Rechtsmängel auf sich nahm. Die letzten beiden Sätze im Haupttext oben verarbeiten Formulierungen aus b Baba Metziʿa 72a.

[290] Das Wissen des Käufers um die Unrechtmäßigkeit der Veräußerung beraubt ihn keineswegs des Rechtes, vom Verkäufer den Kaufpreis zurückzuverlangen, wenn er als Käufer vom rechtmäßigen Eigentümer evinziert wird. In solch einem Fall läuft der Grundstückskauf - zumindest im Bewußtsein des Käufers - auf eine bloße Verwahrung des Kaufgeldes durch den Verkäufer hinaus. So lautet eine in b Baba Metziʿa 15b artikulierte Lehrmeinung.

[291] Für den Fall, daß das Depositum abhanden kommt, treffen den bezahlten Hüter wesentlich höhere Obhuts- und Sorgfaltspflichten als den unbezahlten.

kauft, oder bei einem noch nicht Zwanzigjährigen, der von dem (Grund-)Eigentum seines (toten) Vaters etwas verkauft, und bei allen vergleichbaren Fällen das (Kauf-)Geld wie eine beurkundete Darlehensforderung anzusehen ist.[292] (D)er (das Grundstück freiwillig oder unter Zwang zurückgebende Käufer) darf (in allen Fällen) seine Forderung auch aus den (vom jetzt insolventen Verkäufer zwischenzeitlich an Dritte) verkauften (Grund-)Vermögenswerten beitreiben.[293] Denn das Ergebnis der Gesetzesdiskussion (in b Baba Metzi'a 72a-b)[294] beruht auf folgendem Grund: Weil (d)er (Ersteigentümer) die Obstplantage mit aller Macht dem Gläubiger entwinden will,[295] macht er sie zum Eigentum des Dritten.[296] Doch diese Begründung (für die Ungültigkeit der Verkaufsurkunde und die Beschränkung der Vollstreckungsmöglichkeiten für den ehemaligen

---

[292] Im ersten Fall ist nur die Verkaufsklausel in der Darlehensurkunde nichtig; im zweiten Fall ist die Verkaufsurkunde als solche zwar nichtig; aber in einen beurkundeten Darlehensvertrag umgedeutet ist sie gültig.

[293] Wenn die Zwangsversteigerung des fraglichen Grundstücks weniger als den Kaufpreis erbringt.

[294] Es geht dort um folgendes Problem: Jemand verpfändet seinem Glaubensbruder für zehn Jahre eine Obstplantage, und zwar ganz offensichtlich nach dem auf S.44 Anmerkung 254 geschilderten Grundpfandrecht der Gemeinde von Sura. Die Verpfändungsurkunde hat der Pfandgläubiger, und eine Durchschrift für den Schuldner existiert nicht. Nach dreijähriger Nutzungszeit, die nach rabbinischem Recht bei unklaren Verhältnissen für die Erlangung der Eigentümerpräsumption bei Immobilien ausreicht, setzt der Gläubiger seinen Schuldner unter Druck: Er verlangt von ihm, ihm die Obstplantage zu verkaufen. Tue er das nicht, werde er als Gläubiger die Verpfändungserklärung unterdrücken und bei Herausgabeklage durch den Schuldner vor Gericht erklären, er habe die Nutzfläche von ihm käuflich erworben. Der so genötigte Schuldner willigt ein, übereignet aber die Obstplantage vor dem Verkauf formgerecht an seinen minderjährigen Sohn. Sodann verkauft er die Nutzfläche mit Urkunde an seinen bisherigen Pfandgläubiger, um anschließend vom zuständigen jüdischen Gemeindegericht die Ungültigkeit der zweiten Transaktion feststellen zu lassen. Das Grundstück geht an den ursprünglichen Eigner respektive an dessen kleinen Sohn zurück; und der Vater müßte eigentlich dem früheren Pfandgläubiger den Kaufpreis erstatten. Das aber kann er nicht, weil er zwischenzeitlich insolvent geworden ist. Nun erhebt sich die Frage, ob der ehemalige Pfandgläubiger seine Forderung auch aus dem vom früheren Schuldner zwischenzeitlich veräußerten bzw. weggeschenkten (Grundstücks-)Vermögenswerten befriedigen darf. Ist das Schuldverhältnis zwischen ihm und dem Pfandgläubiger aufgrund des beurkundeten Kaufvertrags in eine schriftlich kontrahierte Darlehensforderung umdeutbar? Dürfte das Gericht sogar das fragliche Grundstück dem Kind selbst wieder wegnehmen, um mit dessen Zwangsversteigerung die Gläubigerforderung zu befriedigen? Oder ist der beurkundete Kaufvertrag nur wie eine mündlich kontrahierte Darlehensschuld anzusehen, die dem Gläubiger den Zugriff auf das veräußerte oder verschenkte Schuldnervermögen nicht gestattet? Der Talmud entscheidet zugunsten der zweiten Alternative, weil die Urkunde mit dem Kaufvertrag gänzlich ungültig gewesen sei. Der Gläubiger bleibt hier also auf seiner Forderung sitsitzen. An das vom Schuldner nach dem Kaufvertrag veräußerte Grundvermögen kommt er nicht heran, und schon gar nicht an die davor verschenkte Liegenschaft.

[295] Anspielung auf b Baba Metzi'a 72b.

[296] Nämlich zum Eigentum seines minderjährigen Sohnes.

Käufer) gilt nur bei Nötigungen und vorsorglichen Protesterklärungen.[297] Bei allen (sonstigen), mit voller Absicht handelnden Verkäufern müssen wir aber sagen, daß sie beide[298] bestrebt sind, zu ihren Worten zu stehen und ihre Glaubwürdigkeit aufrecht zu erhalten. Deswegen verkauft doch jeder Verkäufer, der nicht unter Nötigung steht, das Kaufobjekt mit der Absicht, es in das Eigentum des Käufers zu stellen. Das (Kauf-)Geld gilt (hier bei einvernehmlichem Rücktritt beider Parteien von der beurkundeten Transaktion oder auch bei einseitigem Rücktritt wegen Ungültigkeit des beurkundeten Verkaufs) als beurkundete Darlehensforderung (des Käufers gegen den Verkäufer).[299] Es ist doch ein klarer Sachverhalt, daß derjenige, der (zum Beispiel als Minderjähriger) sein Grundstück verkauft, der Absicht nach einen vollwertigen Verkauf vornimmt.[300] Andererseits macht sich für gewöhnlich niemand zu einem frevelhaften Darlehensnehmer und zu (einem Mitglied der Gruppe) jener, die der Vertrauenswürdigkeit ermangeln usw.[301]
WENN JEMAND EIN GRUNDSTÜCK KAUFT, VON DEM ER WEISS, DASS ES DEM VERKÄUFER NICHT GEHÖRT (b Baba Metziʿa 15b), so erscheint (die Annahme) sinnvoll, daß (d)er (Verkäufer) einem Leihnehmer ähnelt; denn das Geld ist ihm[302] zum Ausgeben °nach °eigenem °Be-

---

[297] Wird jemand zum Verkauf einer Liegenschaft gezwungen, kann er vor der Erstellung der Verkaufsurkunde in Gegenwart von zwei Zeugen eine vorsorgliche Protesterklärung abgeben, wonach er dem Interessenten das Grundstück gegen seinen eigenen Willen verkaufen wird, weil jener ihn dazu nötigt. Der dieser verschrifteten Erklärung nachfolgende und beurkundete Verkauf wird dann ungültig, sofern der Verkäufer seine vorsorgliche Protesterklärung in der Verkaufsurkunde nicht widerruft. Die vorangehende Übereignung an den minderjährigen Sohn gilt einer solchen vorsorglichen Protesterklärung mehr als nur äquivalent: Selbst wenn der Verkäufer in dem anschließenden Verkaufsdokument alle eventuell oder tatsächlich vorher abgegebenen vorsorglichen Protesterklärungen widerruft, wird die Verkaufsurkunde unter den hier gegebenen Umständen nicht gültig.
[298] Käufer und Verkäufer.
[299] Mit den oben geschilderten Rechtsfolgen, falls der Verkäufer bei Rückerhalt des Grundstücks insolvent geworden ist und die Zwangsversteigerung der fraglichen Liegenschaft weniger erbringt als den vom Käufer gezahlten Kaufpreis.
[300] Damit schafft er die Grundlage dafür, daß man die an sich ungültige Verkaufsurkunde nachträglich in eine gültige Darlehensurkunde umdeuten kann.
[301] Das heißt, daß die Umdeutung des auf S.50 Anmerkung 285 geschilderten Darlehensvertrages in einen Grundstückskaufvertrag ungültig ist, weil dem Darlehensschuldner in der Regel das ehrliche Bemühen unterstellt werden muß, seine Verbindlichkeit fristgemäß zu tilgen. Sein Grundstück will er ernsthaft nicht veräußern oder einem Verkauf gleichkommend verfallen lassen. Kommt es zu der oben geschilderten Annullierung der Verkaufsbestimmung in der Darlehensurkunde, dann gilt die Quasi-Kaufsumme weiter als beurkundete Darlehensforderung des Käufers gegen den Verkäufer. Die Urkunde bleibt also in wesentlichen Teilen gültig.
[302] Dem bösgläubigen Verkäufer.

lieben überlassen.³⁰³ (D)er (bösgläubige Käufer) darf die Früchte des Grundstücks solange genießen, bis jener (ursprüngliche Eigentümer) daherkommt und (den Käufer) mit einer (erfolgreich ausgehenden) Anfechtungsklage überzieht. (D)er (sein Grundstück zurückbekommende Ersteigentümer) kann ihm dann wiederum den Schätzwert (der genossenen Früchte) als Zahlung abverlangen.³⁰⁴ Unser Meister³⁰⁵ hat zu dem Problem in den Halachot folgendes geschrieben: Weil (d)er (Käufer) wisse, daß das von ihm gekaufte Grundstück dem Verkäufer nicht gehört habe, sei das (Kauf-)Geld beim Verkäufer wie ein Darlehen (anzusehen). Was die andere von ihm niedergeschriebene Bemerkung zum Begriff des Verwahrguts³⁰⁶ betrifft, so hat er sie als Erläuterung eines weiteren Aspektes niedergeschrieben: daß nämlich (der bösgläubige Käufer vom bösgläubigen Verkäufer) eine Erstattung des (Grundstücks-)Mehrwertes nicht bekommen soll.³⁰⁷ (Nach meiner Meinung) besagt dieser Begriff des Verwahrgutes hier an dieser Stelle³⁰⁸ allerdings nur, daß das Geld (im Grundsatz wieder an den Käufer) zurückgehen soll. Dennoch steht das Geld (bis dahin) wahrhaftig in der Verfügungsgewalt des °Verkäufers; und (d)er (Käufer) hat es ihm mit der Abrede übergeben, daß er nach eigenem Belieben damit verfahren

---

³⁰³ Obwohl die auf S.51 referierte talmudische Lehrmeinung von einem bloßen Depositum redet, sieht Nachmanides mit dem Begriff der Leihe das Kaufgeld fast wie ein Darlehen an. Wer einen Gegenstand entleiht, darf ihn kostenfrei zum eigenen Nutzen gebrauchen und muß ihn dann nur wieder im ursprünglichen, tadellosen Zustand dem Eigner zurückgeben. Die Haftungspflichten des Entleihers im Falle des Verlustes oder der Beschädigung der anvertrauten Sache sind im Gegenzug dafür sehr hoch, noch höher als die eines bezahlten Hüters. Der Quasi-Entleiher, sprich der bösgläubige Grundstücksverkäufer und Empfänger des Geldes, kann also mit dem Kaufgeld erst einmal machen, was er will, und es auch verbrauchen. Er haftet aber weitestgehend für die ungekürzte Rückzahlung dieser Summe an den Käufer in Münzen derselben Qualität, und zwar spätestens dann, wenn der Käufer vom ursprünglichen Eigentümer evinziert wird.
³⁰⁴ Selbst wenn die Fruchtziehung durch den Käufer nicht bösgläubig erfolgt wäre, würde dies gelten. Hat er doch den rechtmäßigen Eigentümer um die Früchte gebracht, die dieser hätte ernten können, wenn er das Grundstück innegehabt hätte.
³⁰⁵ Zu Isaal Al-Fasi und seinem nachfolgend referierten Talmudkompendium siehe schon S.10 Anmerkung 51. Es geht um seine Ausführungen zu b Baba Metzi'a 14 b und 15b, die Nachmanides aus einer Rezension bezogen zu haben scheint, die von dem mir vorliegenden Textus receptus des Al-Fasi'schen Werkes ein wenig abweicht.
³⁰⁶ Siehe oben S.51.
³⁰⁷ Der bösgläubige Käufer soll laut Isaak Al-Fasi nur sein Kaufgeld vom Verkäufer zurückerhalten, und sonst gar nichts. Ist der Grundstückswert in der Zeit zwischen dem bösgläubigen Erwerb und der Eviktion durch den legitimen Ersteigentümer von selbst gestiegen, so darf der bösgläubige Käufer die Zusatzdifferenz vom bösgläubigen Verkäufer auf keinen Fall nachfordern, weil dies gegen das innerjüdische Zinsverbot verstoßen würde. Siehe noch einmal Isaak Al-Fasis Ausführungen zu b Baba Metzi'a 14b und 15b.
³⁰⁸ Also in b Baba Metzi'a 15b.

darf.[309] Und was den Fall betrifft, wo sich jemand seine leibliche Schwester (unter Übergabe des dafür üblichen Geldstücks) antraut,[310] so gilt trotz der folgerichtigen Ungültigkeit der Zeremonie, daß er (die Antrauungsformel) in folgendem Sinn gemeint hat: "(Die Münze) soll für dich wie dein Antrauungsgeld sein." Infolgedessen ist (das Antrauungsgeld) einem Darlehen ähnlich, das sie ausgeben darf und (für dessen Rückzahlung) °sie haftbar ist.[311] Und was man in der Gemara[312] unter dem Begriff des Verwahrgutes anführt, will zum Ausdruck bringen, daß bei entsprechendem Willen (des bösgläubigen Grundstückskäufers) das Geld (vom bösgläubigen Grundstücksverkäufer jederzeit) sofort zurückgegeben werden muß, und daß wir das Geld nicht wie ein sonstiges Darlehen ohne fest vereinbarten Rückzahlungstermin ansehen, (wo sich der Gläubiger mindestens) 30 Tage lang (gedulden muß und erst dann seinen Rückforderungsanspruch beim Darlehensschuldner geltend machen kann, falls dieser bis dahin nicht von selber gezahlt hat).[313] So scheint es mir richtig zu sein. Doch für die Umsetzung in die Praxis müssen wir noch weitere Überlegungen in der Sache anstellen.[314]

•

Folgende Frage hast du noch gestellt:[315] Es geht um Ruben, der dem Simon eine Verkaufsurkunde über sein Feld ausstellte, und zwar auf

---

[309] Das Verwahrgut hat also darlehensähnlichen Charakter, wie schon vorhin ausgeführt worden ist.

[310] Diese Antrauung ist als erster Schritt der im rabbinischen Recht zweiteiligen Eheschließungszeremonie wegen der inzestuösen Verbindung nichtig; und die Frage entsteht, wie das Antrauungsgeld zu betrachten ist, das der Mann der Frau und Schwester übergibt. Nach einer in b Baba Metziʿa 15b ausgedrückten Lehrmeinung gilt das Geld als bloßes Verwahrgut in der Hand der Frau. Würde es sich um eine gültige Antrauung handeln, so ginge das Geld zweifelsfrei ins Eigentum der Frau über.

[311] Nähme man den Wortlaut der von Nachmanides konstruierten Quasi-Rede des Bruders strikt, sähe das Ganze doch eher nach einer Schenkung aus. Die Deutung derselben durch Nachmanides wirkt nicht sehr überzeugend.

[312] Zu diesem Begriff siehe S.XVII in der Einleitung.

[313] Das bezieht sich wohl insbesondere auf eine Situation, in der die Eviktion des Käufers wenige Tage nach seinem Erwerb des Grundstücks erfolgt. Doch auch wenn die Eviktion auf sich warten läßt, kann der bösgläubige Käufer zu jedem beliebig frühen Zeitpunkt das Kaufgeld (gegen zwingende Restitution des Grundstücks?) vom bösgläubigen Verkäufer zurückfordern. Damit aber sind der vorher postulierten freien Verwendbarkeit des Kaufgeldes durch den Verkäufer enge Grenzen gesetzt.

[314] Text in der Ausgabe Asaf, a.a.O., S.89 § 47.

[315] Der Fragesteller ist hier Isaak Ben Abraham der Narbonenser, ein mutmaßlicher Schüler des Nachmanides, der in Südfrankreich wirkte. Die Anfrage kommt nicht zwingend aus Narbonne.

der Basis eines einwandfreien Kinjans[316] und unter Verwendung (der Übereignungsformel) "mit nunmehriger Rechtsfolge".[317] Die Urkunde über diesen Verkauf wird nun von einem Treuhänder präsentiert, von dem ein Postskript (mit folgendem Wortlaut) auf das Dokument geschrieben wurde: "Ruben und Simon haben mir die Urkunde über diesen Verkauf zu treuhänderischer Verwahrung (mit folgender Abrede) ausgehändigt: Solange Ruben dem Simon Jahr für Jahr so und so viele Schillinge gibt, (bis die Kaufpreissumme erreicht und zurückgezahlt ist), muß ich (nach Zahlung der Gesamtsumme) die Urkunde dem Ruben zurückgeben. Simon soll dann auf die Urkunde nicht den geringsten Rechtsanspruch geltend machen dürfen. Sie soll (dann letztendlich) wie Scherbenbruch angesehen werden. Wenn aber Ruben dem Simon diese Summe nicht Jahr für Jahr aushändigt,[318] muß ich die Urkunde dem Simon zurückgeben.[319] Solange Ruben die genannte Bedingung erfüllt,[320] hat Simon auf die genannte Urkunde nicht das geringste Zugriffsrecht." Das ist der Inhalt des vom treuhänderischen Verwahrer (zusammen mit dem Haupttext) präsentierten Postskriptums.[321] Und folgendes sagt der

---

[316] Zum Kinjan als symbolischer Zeremonie bei Vertragsabschlüssen siehe S.21 Anmerkung 116. Sie wurde hier von den Vertragszeugen an Ruben für Simon vollzogen.

[317] Zu diesem Terminus und seiner Bedeutung siehe schon S.50 Anmerkung 285 und die nachfolgenden Ausführungen.

[318] Die Hifʿil-Form YŠLYM ist hier nach der aramäischen Bedeutung der Wurzel ŠLM im Afʿel zu übersetzen.

[319] Dafür reicht schon der Verzug mit einer Jahresrate, selbst wenn es die letzte ist!

[320] Anmerkung 318 gilt entsprechend.

[321] Das Geschäft zwischen Ruben und Simon ist verzwickt konstruiert, aber letztlich glasklar. Ruben benötigt dringend Geld; als hypothetische Summe seien hier 500 Schillinge genannt. Er bittet Simon, ihm diese Summe zu leihen, und hat als Sicherheit ein Feld zu bieten, das z.B. 1000 Schillinge wert ist und auch dauerhaft diesen Wert behalten wird. Bei einem normalen Darlehensvertrag würde das Grundstück als Sicherheit herhalten müssen; und bei Insolvenz des Ruben und anschließender gerichtlicher Zwangsversteigerung des Grundstücks würde der über die Forderung hinausgehende Versteigerungserlös dem Ruben zurückerstattet werden. Ein einfaches Verfallspfandgeschäft ist im jüdischen Recht nicht direkt zulässig. Um diesen Nachteil für sich zu umgehen, vereinbart Simon mit Ruben einen (Schein-)Kauf. Er macht sich dabei die auf dem Recht des babylonischen Talmuds basierende Gesetzesbestimmung zunutze, wonach bei Grundstücksverkäufen innerjüdisch keinerlei Preisbindung besteht. Wenn jemand sein Grundstück zum Bruchteil des tatsächlichen Verkehrswertes oder zu einem völlig überhöhten Preis verkauft, so kann der jeweils benachteiligte Vertragspartner den Verkauf hernach nicht wegen Sittenwidrigkeit für ungültig erklären lassen. Simon kauft also (pro forma) für 500 Schillinge das 1000 Schillinge werte Grundstück von Ruben, und ermöglicht ihm den Rückkauf in Raten. Über fünf hypothetische Jahre soll Ruben jährlich 100 Schillinge an Simon zahlen. Solange bleibt die Urkunde in der Hand eines Treuhänders. Hat Ruben in fünf Jahren jeweils 100 Schillinge an Simon entrichtet, dann wird die Verkaufsurkunde gegenstandslos. Sie geht wieder an Ruben zurück, der sie dann vernichten kann. Gerät Ruben aber auch nur mit einer Jahresrate in Verzug, dann gilt das Grundstück in Höhe des noch ausstehenden Restbetrages als an Simon verkauft. Dies würde selbst dann gelten, wenn Ruben 400

treuhänderische Verwahrer dazu nun: daß Ruben die Bedingung nicht erfüllt hat und dem Simon überhaupt nichts gegeben hat. Bei dem Rechtsfall ist euch nun zweifelhaft, ob der treuhänderische Verwahrer die Urkunde dem Käufer (wirklich) zurückgeben muß. Denn im Postskript wurde nicht vermerkt, daß (diese Handlung bei Nichterfüllung der dem Ruben auferlegten Bedingung) mit nunmehriger Rechtsfolge (stattfinden solle).[322]
Das ist die Antwort: Siehe, ich entscheide (die Angelegenheit) vor euch wie folgt: Falls diese Urkunde in die Hand des Käufers gelangt war, er einen Rechtsanspruch auf sie erworben hatte, und er sie hernach einem Treuhänder mit folgender Bedingung aushändigte: daß wenn der Verkäufer Ruben ihm[323] Jahr für Jahr so und so viel Geld gebe, der treuhänderische Verwahrer das Dokument (am Ende) dem Ruben zurückgeben solle, dann gilt wahrhaftig folgendes: Wenn Ruben die Bedingung erfüllt hat, muß ihm der treuhänderische Verwahrer das Dokument zurückgeben, und zwar auch dann, wenn die Vertragsparteien die Formulierung "mit nunmehriger Rechtsfolge" (im Zusatztext) nicht ausgesprochen haben. Denn jede mit "Wenn" eingeleitete Bedingung, die aus der Verwirklichung einer Handlung besteht und besagt: "Wenn du (das und das) tust, sei dir das Grund-

---

Schillinge gezahlt hat und mit der letzten Rate in Verzug gerät. Das 1000 Schillinge werte Grundstück gilt dann als für 100 Schillinge an Simon verkauft; und dieser Verkauf wäre gültig. Die 400 gezahlten Schillinge würden als zinslos an Simon zurückerstattetes Darlehen gedeutet werden. Nun erhebt sich allerdings die Frage, ob das Geschäft nicht wegen Willensmängeln Rubens ungültig sein könnte. Ruben will ja qua Präsumption seine landwirtschaftliche Nutzfläche nach Möglichkeit wieder zurückbekommen. Wird der vom Treuhänder gesondert notierte Zusatzvertrag für ungültig erklärt, hat Ruben bis dahin nichts gezahlt und ist er insolvent, so wird das Grundstück zur Erfüllung der Rückzahlungsforderung Simons vom jüdischen Gemeindegericht zwar zwangsversteigert; doch Ruben bekäme dann vom Versteigerungserlös immerhin die Hälfte. Gegebenenfalls verbleibt ihm sogar das halbe Feld in natura. Unklar bleibt, wer in der maximal fünf Jahre umfassenden Zwischenzeit die Sachherrschaft über das Feld ausüben soll. Allem Anschein nach sollen die Früchte der Liegenschaft weiter dem Ruben zufallen, solange er nicht mit einer Ratenzahlung in Verzug gerät. Klar ist dies aber nicht.

[322] Hierzu siehe noch einmal S.50 Anmerkung 285 Ende. Die Einfügung dieser Formulierung eliminiert den Verdacht von Willensmängeln bei vertraglichen Abmachungen, die ansonsten einen solchen Anschein erwecken. Wenn die Abmachung, von der der Treuhänder berichtet, wegen der fehlenden Formulierung und damit wegen Willensmängeln Rubens ungültig sein sollte, dann bekäme Ruben die Urkunde zurück und würde auch wieder (voller) Eigentümer des Feldes. Simon hätte dann Anspruch auf Rückzahlung des Kaufpreises. Ist Ruben inzwischen insolvent geworden, müßte das jüdische Gemeindegericht das Feld zwangsversteigern, Simon von dem Versteigerungserlös den Kaufpreis zurückgeben und den Überschußerlös dem Ruben zukommen lassen. Alternativ kann das Gericht auch nur Teile des Grundstücks der Zwangsvollstreckung insoweit unterwerfen, als Simon schadlos gestellt wird. Die Restfeldfläche würde das Gericht dem Ruben dann belassen.

[323] Dem Simon direkt oder dem Treuhänder an Simons Stelle?

stück rechtswirksam (wieder) zugeeignet," ist (bei Einhaltung bestimmter Formalitäten) keine Vereinbarung mit Willensmängeln.[324] Vielmehr entspricht sie (dann) der Art der Bedingung, die den Gaditern und den Rubenitern (von Mose) auferlegt wurde: (UND MOSE SPRACH ZU IHNEN): WENN (DIE GADITER UND DIE RUBENITER MIT EUCH DEN JORDAN) ÜBERSCHREITEN, (JEDER [von ihnen], DER VOR DEM HERRN ZUM KAMPF GERÜSTET IST, UND DAS LAND VON EUCH UNTERWORFEN WIRD), DANN SOLLT IHR (IHNEN DAS LAND GILEAD ZUM ERBBESITZ) GEBEN.[325] (WENN SIE ABER NICHT GERÜSTET [den Jordan] MIT EUCH ÜBERSCHREITEN, DANN SOLLEN SIE IN EURER MITTE IM LANDE KANAAN MIT BESITZ BEDACHT WERDEN [und das Gebiet im Ostjordanland nicht erhalten])(Num.32,29f).* So hat es auch der Meister M(oses Maimonides geschrieben).[326] Ich sehe in dem uns vorliegenden Streitfall eine doppelt formulierte Bedingung schon gegeben, und auch die übrigen Formvorschriften (eingehalten), die für Bedingungen gelten.[327] Und aufgrund dieser Vorgehensweise (bei der Formulierung des Zusatzvertrages) ist es auch klar, daß wenn (Ruben auch nur einmal) nichts gibt, der treuhänderische Verwahrer die Urkunde dem Käufer (Simon) zurückgeben muß, weil sie ihm (grundsätzlich) gehört und er es gewesen ist, der sie (dem Treuhänder) übergeben hat. (Der Zusatzvertrag) benötigt hier die Formulierung "mit nunmehriger Rechtsfolge" überhaupt nicht, (um gültig zu sein);[328] und er enthält keine Art von Willensmängeln. Wenn man nach dem in unseren Urkunden üblichen Wortlaut geht, in denen ein Kinjan,[329] die Formulierung "mit nunmehriger Rechtsfolge" sowie die Aussage verzeichnet steht: "Und wir[330] haben das Dokument geschrieben, unterschrieben und es dem Käufer ausgehändigt," dann war der Vorgang (im Ausgangsfall des Responsums präsumptivermaßen doch) in der Tat so, daß die Urkunde ohne irgendeine Be-

---

[324] Selbst wenn die Formulierung "mit nunmehriger Rechtsfolge" keinen Eingang in den Vertrag gefunden hat!
[325] Es geht hier um die bevorstehende Landnahme der zwölf Stämme am Ende der biblischen Wüstenwanderungszeit: Wenn die beiden genannten Stämme den übrigen Stämmen bei der Eroberung des Westjordanlandes Beistand leisten, sollen sie zum Lohn das besagte Gebiet im Ostjordanland als Eigentum bekommen.
[326] In seinem Gesetzbuch "Mischne Tora", Hilchot Ischut Kap.VI § 2+14 * führt Maimonides aus, daß eine mit "Wenn" formulierte Bedingung bei Verträgen in Anlehnung an die zitierte Bibelstelle unter anderm folgende Formerfordernisse erfüllen muß, um gültig zu sein: Sie muß doppelt formuliert sein, und den Erfüllungsfall zuerst, und den Nichterfüllungsfall an zweiter Stelle nennen.
[327] Siehe dazu noch einmal den Wortlaut der Zusatzvereinbarung auf S.56.
[328] Diese Formulierung ist vielmehr erst dann nötig, wenn die Bedingung nicht doppelt, sondern nur einfach formuliert worden ist.
[329] Zu diesem Begriff siehe noch einmal S.21 Anmerkung 116.
[330] Es reden die Zeugen im Dokument mit dem Hauptvertragstext.

dingung geschrieben wurde, in die Hand des Käufers gelangte, und (so) rechtmäßig von ihm erworben wurde.[331] Denn die Zeugen dürfen das Zitierte nur dann schreiben, wenn sie das Dokument dem Rechtserwerber auch aushändigen. Der Käufer hat das Dokument hier wahrhaftig rechtmäßig erworben; und er ist es gewesen, der (qua Präsumption in freiwilliger Beschränkung seiner eigenen Rechte) das Dokument dem treuhänderischen Verwahrer ausgehändigt hat.[332] Folglich gilt, daß aufgrund der Nichterfüllung der Bedingung der Verkäufer Ruben, der sich auf die Bedingung einließ, keinerlei Rechtsanspruch auf diese Urkunde geltend machen kann.

Falls aber der treuhänderische Verwahrer zum jüdischen Gerichtshof kommt und (dort) aussagt, daß diese Urkunde niemals in die Hand des Käufers gelangt sei, sondern daß (allein) Ruben, der Verkäufer, sie bei ihm zu treuen Händen hinterlegt habe und zu ihm gesagt habe: "Wenn ich dem Simon von jetzt an bis zu dem und dem Tag nicht so und so viel gegeben haben sollte, dann gib ihm seine Urkunde, und er soll sie rechtmäßig erwerben. Wenn ich (das Geld aber fristgerecht) gebe, dann soll Simon auf die Urkunde nicht den geringsten Rechtsanspruch geltend machen dürfen; und sie soll wie Scherbenbruch sein;" und (falls) der Wortlaut des Treuhändervertrags dahin tendiert, daß Simon nicht das geringste Zugriffsrecht auf die Urkunde haben soll, sofern Ruben (das Geld wie vereinbart) gibt, dann handelt es sich bei solch einer Sachlage wahrhaftig um eine Art (von Vereinbarung mit) Willensmängel(n).[333] Dies ist es, was wir (dazu) gelernt haben: WER EINEN TEIL SEINER SCHULDEN BEZAHLT HAT, (DANN DEN IHN BETREFFENDEN SCHULDSCHEIN BEI EINEM TREUHÄNDERISCHEN VERWAHRER HINTERLEGEN LÄSST UND ZU IHM SAGT: 'WENN ICH DIR VON HEUTE AN BIS ZU DEM UND DEM TAG [die Restschuld] NICHT ÜBERGEBEN HABEN SOLLTE, DANN GIB DEM GLÄUBIGER DEN SCHULDSCHEIN [wieder zurück]!',[334] UND WENN DANN DER ZEITPUNKT GEKOMMEN IST, UND DER SCHULDNER [dem treuhänderischen Verwahrer] NICHTS GEGEBEN HAT, ...SO SAGT RABBI JEHUDA DAZU, DASS [d]ER [Treuhänder den Schuldschein dem Gläubiger]

---

[331] Ist der Vertrag mit der Erfüllung einer Bedingung verknüpft, so findet die Bedingung für gewöhnlich keinen Eingang in den Haupttext der Urkunde. Sie kann, wenn in Gegenwart von Zeugen ausgemacht, mündlich bleiben, auf einem gesonderten Dokument verschriftet werden, oder auf dem Papier mit der eigentlichen Urkunde unten nachgetragen werden, wenn noch genug Platz darauf ist.

[332] Damit wird der Vermerk des treuhänderischen Verwahrers auf der Urkunde von Nachmanides etwas konkretisiert oder auch modifiziert. Der treuhänderische Verwahrer redet ja auf S.56 von einer Hinterlegung durch Ruben und Simon, nicht aber durch Simon allein.

[333] Der Kaufvertrag zwischen Ruben und Simon wäre also nichtig und könnte gewandelt werden.

[334] Damit der Gläubiger die ganze Forderung noch einmal geltend machen kann!

NICHT [zurück]GEBEN DARF)[335] (M Baba Batra X,5). Doch (andererseits) halten wir (auch noch) diese (Überlieferung) in unseren Händen: daß jede Verkaufs- oder Schenkungsurkunde, in der geschrieben steht, daß (die Grundstücksübertragung) mit nunmehriger Rechtsfolge (geschehen soll), gültig ist, selbst wenn man zum Zeitpunkt der Übergabe des Dokumentes (an die Gegenpartei oder an einen Treuhänder gesondert) eine Bedingung hinzufügt, deren Formulierung auf Willensmängel schließen läßt.[336] Das ergibt sich aus der Überlieferung im (Talmudtraktat) Gittin, wo Rabbi Jose gesagt hat: DAS DATUM AUF DER URKUNDE IST EIN HINREICHENDER BEWEIS (b Gittin 72a u.a.).[337] Wir sagen nämlich im (Mischna-)Kapitel MY Š'ḤZW: (Wenn jemand zu seiner Frau gesagt hat): 'SIEHE, DIES SEI DEIN SCHEIDEBRIEF, (WENN ICH) VON JETZT AN BIS IN ZWÖLF MONATEN (NICHT WIEDERGEKOMMEN BIN),'[338] UND WENN ER DANN INNERHALB DER ZWÖLFMONATSFRIST VERSTIRBT, SO IST DAS EIN UNGÜLTIGER SCHEIDEBRIEF,(und die kinderlos verwitwete Frau ist ihrem Schwager ausgeliefert. [Wenn er aber so zu seiner Frau gesprochen hat]: 'DIES SEI DEIN SCHEIDEBRIEF MIT NUNMEHRIGER RECHTSFOLGE, WENN ICH VON JETZT AN BIS IN ZWÖLF MONATEN NICHT WIEDERGEKOMMEN BIN,' UND WENN ER DANN INNERHALB DER ZWÖLFMONATSFRIST VERSTIRBT, SO IST DAS EIN GÜLTIGER SCHEIDEBRIEF)(M Gittin VII,8).[339] (In der Gemara) wird dazu Folgendes

---

[335] Und zwar wegen der Willensmängel des Schuldners. Der Schuldner ging ursprünglich davon aus, die Restverbindlichkeit fristgerecht tilgen zu können, und übertrug dem Treuhänder die Vollmacht zur Rückgabe an den Gläubiger für den Fall des Leistungsverzugs nicht wirklich ernsthaft. Ihre Umsetzung würde ja zudem noch gegen das innerjüdische Zinsverbot verstoßen.

[336] Die möglichen Willensmängel in der zusätzlichen besonderen Bedingung gelten durch die im Hauptdokument verzeichnete Formulierung: "Mit nunmehriger Rechtsfolge (sei dir das Grundstück zugeeignet)" als beseitigt. Dabei ist es dann sogar gleichgültig, ob die besondere Bedingung doppelt formuliert worden ist oder nicht. Siehe dazu die nachfolgenden Ausführungen.

[337] Wird die retroaktive Wirksamwerdung einer Urkunde von der Erfüllung einer gesonderten Bedingung abhängig gemacht, so gilt nach Rabbi Jose schon die bloße Datierung im Haupttext des Dokumentes so, als ob in ihm die Wendung "mit nunmehriger Rechtsfolge" verzeichnet stünde. Sie muß bei der Formulierung der besonderen Bedingung in Verbindung mit der Rechtsfolge nicht noch einmal erwähnt werden. Die Bedingung ist nach Auffassung Rabbi Joses unter dieser Voraussetzung auch ohne die Wiederholung der Wendung auf gültige Weise formuliert.

[338] Mit diesen Worten umschreibt er euphemistisch den Fall seines Todes bis zum Ablauf einer Zwölfmonatsfrist.

[339] Es geht um folgendes Problem: Ein Mann mit einer kinderlosen Ehefrau geht auf eine große Reise, die offenkundig gefährlich ist. Für den Fall seines Todes müßte sie ihren Schwager heiraten oder sich durch eine spezielle Zeremonie von dieser Pflicht entbinden lassen, damit sie sich nach eigenem Belieben neu verheiraten kann. Um sie von diesen Zwängen zu befreien, stellt ihr der Ehemann einen bedingten Scheidebrief für die Konstellation aus, daß er bis in Jahresfrist zu Tode kommen sollte. In M Gittin VII,8 werden die diesbezüglichen Formulierungen, die zum eigentlichen Hauptdoku-

gelehrt: (Einige von) UNSERE(n) RABBINEN ERLAUBEN (auch) DER FRAU (im ersten Fall) EINE DIREKTE NEUHEIRAT usw.[340] SIE SIND NÄMLICH DERSELBEN MEINUNG WIE RABBI JOSE, DER GESAGT HAT, DASS DAS DATUM AUF DER URKUNDE EINEN HINREICHENDEN BEWEIS BILDET (b Gittin 72b).[341] Folglich ist das Dokument nach Rabbi Jose sogar auch dann gültig, wenn (d)er (Ehemann) die Bedingung nur mündlich (bei der Überreichung des Scheidebriefes an die Frau vor Zeugen) ausgesprochen hat. Siehe, diese Bedingung ist (in Verbindung mit dem fraglichen Scheidebrief) unter Verwendung der Konjunktion "Wenn" formuliert worden. Die Bedeutung "mit nunmehriger Rechtsfolge sollst du geschieden sein, (wenn)" ist (im Bedingungstext als Zusatz zum Scheidebrief in der ersten mischnischen Fassung entgegen Rabbi Joses Meinung) nicht implizit gegeben. Dennoch gilt folgendes: Weil (d)er (Ehemann) in den Scheidebrief von vorneherein ein Datum hat schreiben lassen, das nach Rabbi Joses Meinung die Formulierung "mit nunmehriger Rechtsfolge" enthält, dürfen wir (erst recht und dieses Mal halachisch verbindlich) sagen: Falls im Scheidebrief(text selber) die Formel "mit nunmehriger Rechtsfolge (sollst du von mir geschieden sein" explizit) auftaucht, dann ist dies so zu bewerten, als ob sie (d)er Ehemann) zum °Zeitpunkt der mündlich formulierten Zusatzbedingung (noch einmal) ausgesprochen hat.[342] Auch hier (im Ausgangsfall des Respon-

---

ment ergänzend hinzutreten und es in seiner Wirkung beschränken sollen, auf ihre Gültigkeit geprüft. Die erste Variante wird für unwirksam erklärt, weil der Mann die Scheidung erst nach seinem Tod vollzogen wissen möchte. Ein Toter aber kann sich nicht scheiden lassen. Im zweiten Fall ist der Tod des Mannes lediglich die notwendige Bedingung dafür, daß der Scheidebrief bei Erfüllung derselben retroaktiv zum Tag der Überreichung an die Frau gültig werden soll. Diese Konstruktion, die den Begriff "mit nunmehriger Rechtsfolge" einbaut, gilt sowohl in Bezug auf die Bedingung als auch in Bezug auf den bedingten Rechtsakt selber als gültige Alternative.

[340] Sie erklären auch den von der Mischna für ungültig erklärten Scheidebrief als gültig.

[341] Da der Scheidebrief auch in der ersten Fassung datiert ist und ein Datum trägt, das zu Lebzeiten des Ehemannes eingetragen wurde, sind das Dokument und die beigefügte Bedingung nach Rabbi Jose so zu behandeln, als ob sie den Vermerk "mit nunmehriger Rechtsfolge" enthielten. Das Dokument ist seiner Auffassung nach gültig. Diese Auffassung Rabbi Joses ist allerdings keine allgemein gültige Halacha geworden.

[342] Anders formuliert: Wenn im Haupttext des Scheidebriefes die Formulierung "mit nunmehriger Rechtsfolge sollst du von mir geschieden sein" auftaucht, und wenn der Ehemann bei der Überreichung an die Frau dazu sagt: "Dies sei dein Scheidebrief, wenn ich in spätestens 12 Monaten nicht wieder da bin," so wird der Scheidebrief bei Erfüllung der mündlich vorgetragenen Bedingung, sprich seinem zwischenzeitlichen Tod, retroaktiv wirksam, obwohl der Ehemann bei der Formulierung der mündlichen Bedingung die Worte "mit nunmehriger Rechtsfolge" nicht ausdrücklich gebraucht hat. Da diese Worte aber schon im Haupttext des Scheidebriefes stehen, strahlen sie auch auf die beigefügte Bedingung aus. Sie sind so anzusehen, als ob sie bei der Formulierung der Bedingung wiederholt worden wären. Explizit wiederholt werden müssen sie vom Ehemann dabei aber nicht.

sums) gilt (Entsprechendes): Weil in der Verkaufsurkunde geschrieben steht, (daß d)er (Käufer) dieses Feld mit nunmehriger Rechtsfolge rechtsgültig erworben hat,[343] so gilt selbst bei einer nur mündlich vorgetragenen (besonderen) Bedingung unter (bloßer) Verwendung der Konjunktion "Wenn",[344] daß (d)er (Verkäufer auch ohne explizite Wiederholung der Formel "mit nunmehriger Rechtsfolge") die Übereignung der Liegenschaft (an den Käufer) mit nunmehriger Rechtsfolge zugesagt hat, (falls er nicht Jahr für Jahr den Kaufpreis in Raten zurückzahlt).[345] Er ist so anzusehen, als ob er die in der Urkunde verzeichnete Rechtsübertragung mit nunmehriger Rechtsfolge (ein zweites Mal) zum Zeitpunkt der (Ausformulierung der) Bedingung explizit erwähnt hat. Und selbst wenn es nach demjenigen ginge, der sich in der Gemara darüber im Zweifel befindet, ob die Halacha nach Rabbi Jose geht oder nicht, wenn die Bedingung nur mündlich hinzugefügt wurde,[346] so bezieht sich das doch nur auf die Datumsangabe der Urkunde. (Und das Ergebnis ist), daß (bei Akzeptanz der Ansicht Rabbi Joses trotz Rav Hunas Zweifeln) der bloße Beweis mit dem Datum der Urkunde nicht angeführt werden könnte, um (den mit einem bloßen) "wenn" klar und deutlich auf mündlichem Wege (bedingten Rechtsakt) nichtig machen zu können.[347] Wenn allerdings (d)er (scheidungswillige Ehemann) im (Haupttext des) Scheidebrief(es) die Worte: "Mit heutiger Rechtswirkung (sollst du von mir geschieden sein," oder: "mit nunmehri-

---

[343] Siehe oben S.56.

[344] Es geht hier um jenen Teil der Zusatzvereinbarung, der laut S.56 folgenden Wortlaut aufweist: "Wenn aber Ruben dem Simon diese Summe nicht Jahr für Jahr aushändigt, muß ich (als treuhänderischer Verwahrer) die Urkunde dem Simon zurückgeben."

[345] Weil die Formel schon im Haupttext der Kaufurkunde erscheint, strahlt sie auf die Zusatzvereinbarung infolgedessen duplikatmäßig ab. Siehe hierzu auch die beiden letzten Sätze im Anfrageteil auf S.57 oben.

[346] Sofern man Rabbi Joses Auffassung im Grundsatz doch akzeptieren will, daß die bloße Datierung des Dokuments der Verwendung der Formulierung "mit nunmehriger Rechtsfolge" gleichkommt. Der Zweifler ist Rav Huna in b Gittin 72b; und die Argumentation bis zum Satz nach Anmerkung 341 wird hier wieder aufgenommen.

[347] Nähme man Rabbi Joses These als gültige Halacha, dann könnte man zunächst einmal glauben, daß sie nur begrenzt auf den Fall zu akzeptieren wäre, daß eine mit einfachem "Wenn" formulierte Bedingung schriftlich in den datierten Scheidebrief eingetragen würde. Das aber wäre nicht richtig. Stellt man sich grundsätzlich auf den Boden von Rabbi Joses Lehrmeinung, dann müßte man ebenso seine Auffassung akzeptieren, daß die Bedingung mit dem bloßen "Wenn" auch mündlich hinzugefügt werden darf, sobald der Ehemann den Scheidebrief mit dem normalen Standardtext an die Frau übergibt und das Dokument ein korrektes Austellungsdatum aufweist. Daraus aber ergibt sich, daß eine mit bloßem "Wenn" formulierte Bedingung in jedem Fall auch mündlich gültig ist, falls der Haupttext des Scheidebriefes die Formel "mit nunmehriger Rechtsfolge" oder "mit heutiger Rechtswirkung" aufweist. Siehe auch den nachfolgenden Satz.

ger Rechtsfolge sollst du von mir geschieden sein") deutlich ausspricht, so darf sie nach Auffassung aller Autoritäten neu heiraten, (falls die mit einem einfachen "Wenn" auf schriftlichem oder mündlichem Wege hinzugefügte Todesbedingung von seiner Seite her erfüllt wird). Dasselbe Recht gilt für eine Klausel mit Willensmängeln, die gültig wird, wenn (ihr die Formel) "mit nunmehriger Rechtsfolge" (beigefügt wird), so wie sie in der Urkunde (im Ausgangsfall des Responsums) geschrieben steht. Derartiges haben wir im Namen des Meisters Abraham Ben David vernommen.[348]

Und noch weiteres möchte ich vor dir zu verstehen geben: In der Urkunde mit dem Treuhändervertrag habe ich keine von den beiden Parteien formulierte Bedingung gesehen, sondern (bloß) die Formulierung einer Anerkenntnis durch den treuhänderischen Verwahrer: "Ich muß (unter den und den Umständen) die Urkunde (an den und den) zurückgeben. Darin ist impliziert, daß er von Rechts wegen so handeln muß, weil die Angelegenheit vor ihm entsprechend der (Ver-)Ordnung der (talmudischen) Gelehrten geregelt wurde. Ich aber stelle bei diesem Rechtsstreit äußerst erstaunt die folgende Frage: Wenn die Zeugen für den Kinjan (bei euch) dahergekommen sind und bezeugt haben, daß sie den Kinjan an Ruben vollzogen,[349] ohne daß irgendeine Bedingung °in die Urkunde aufgenommen wurde, was hätte er dann für einen Vorteil von der Erfüllung der Bedingung gehabt? Obwohl (d)er (treuhänderische Verwahrer) ihm die Urkunde zurückgegeben hätte, wäre sein Verkauf nicht (einfach so) rückgängig zu machen gewesen. Dennoch können wir, wenn es sich so verhält, (vielleicht) so reden: Weil (der Treuhänder) gesagt hat: "(Für den Fall der Erfüllung der Bedingung durch Ruben) soll Simon nicht die geringste Option und nicht das geringste Anrecht auf die Urkunde haben," hat doch der Käufer gestanden, daß zwischen ihnen eine Bedingung ausgehandelt war. Das aber bedarf des vertieften Nachdenkens, weil doch dem treuhänderischen Verwahrer nur auf der Basis der in seiner Hand befindlichen Urkunde (vor Gericht) geglaubt werden muß, (nicht aber ohne weiteres auf der Basis seines eigenhändig nachgetragenen Zusatzes?).[350] Auf jeden Fall aber ist die von dir angefragte Rechtslage längst klar und evident: Weil Ruben die Bedingung nicht erfüllt hat, hat der Käufer das Feld und die

---

[348] Zu Abraham Ben David von Posquières siehe S.30 Anmerkung 174.
[349] Siehe noch einmal S.56 Haupttext mit Anmerkung 316.
[350] Wenn das in Klammern Gesetzte sinngemäß tatsächlich ergänzt werden muß, ergäben sich für die Rechtsstellung des treuhänderischen Verwahrers Einschränkungen, die dem allgemeinen Duktus der Halacha bezüglich seiner Rechtsstellung einigermaßen zuwider laufen würden. Grundsätzlich hat der treuhänderische Verwahrer nämlich die Stellung zweier Zeugen. Ihm muß geglaubt werden, was er sagt, selbst wenn ihm beide Vertragsparteien widersprächen. Seine Aussage könnte nur durch weitere Zeugen erschüttert werden, die ihm widersprechen.

Urkunde (unter allen Umständen) rechtsgültig erworben. Möge über Israels Richter Wohlergehen kommen![351]

•

(Wie ist es zu beurteilen),[352] wenn jemand die (beurkundete) Darlehensforderung seines Glaubensbruders[353] für deutlich weniger (als den Nennwert) aufkauft, wenn der (Fälligkeits-)Zeitpunkt schon gekommen ist, oder auch selbst dann, wenn der (Fälligkeits-)Zeitpunkt noch nicht gekommen ist?
Das ist die Antwort: Dies ist wahrhaftig auch dann erlaubt, wenn der (Fälligkeits-)Zeitpunkt noch nicht gekommen ist, so wie es sich mit unserer Gemara[354] beweisen läßt, wo es um jene geht, die DEN MIETPREIS ERHÖHEN(?) DÜRFEN, NICHT ABER DEN KAUFPREIS ERHÖHEN(?) DÜRFEN.[355] (WIE IST DAS ZU VERSTEHEN? NUN, WENN JEMAND EINEM ANDEREN SEINEN HOF VERMIETET UND ZU IHM SAGT: 'WENN DU MIR [den Jahresmietzins immer] SOFORT [ganz] GIBST, SEI DIR DER HOF FÜR 10 SELA PRO JAHR ÜBERLASSEN. WENN DU ABER NUR MONATLICH [zahlen willst, mußt du mir] JEDEN MONAT EINEN SELA [entrichten],' SO IST DAS ERLAUBT.[356] VERKAUFT ER IHM ABER SEIN FELD UND SAGT ER ZU IHM: 'WENN DU MIR JETZT SOFORT [das Geld] GIBST, SEI DIR DAS FELD FÜR 1000 SUS ÜBERLASSEN. WENN [du mir das Geld aber erst] ZUR DRESCHZEIT [geben willst, mußt du mir dafür] 12 MINEN[357] [zahlen],' SO IST DAS VERBOTEN[358] (M Baba Metzi'a V,2).[359] Allerdings muß ich erschwerend verfahren, wenn (d)er

---

[351] Text in der Ausgabe Asaf, a.a.O., S.109ff § 79.
[352] Der Fragesteller ist hier wieder Samuel Ben Isaak ha-Sardi aus Barcelona. Zu Person und Werk siehe S.1 Anmerkung 1.
[353] Daß die Darlehensforderung beurkundet ist, machen die nachfolgenden Ausführungen im Antwortteil deutlich.
[354] Zu diesem Begriff siehe S.XVII im Einleitungsteil.
[355] Im Textus receptus der Mischna lautet die Verbform beidesmal MRBYN; im Zitat von Nachmanides liest man an beiden Stellen MFRYN.
[356] Im ersten Fall beträgt der Jahresmietzins 10, und im zweiten Fall 12 Währungseinheiten. Der höhere Mietpreis ist auf das Jahr gerechnet die ortsübliche Vergleichsmiete, die der Eigentümer mit Fug und Recht verlangen darf. Er gewährt dem Mieter des Hofgrundstücks nun einen erheblichen Abschlag, falls er den Jahresmietzins vorweg auf einen Schlag bezahlt und ihn nicht in Monatsraten aufstückelt, die zudem erst am Ende eines jeden abgewohnten Monats zu entrichten wären. So lautet die Auslegung des Mischnasatzes in b Baba Metzi'a 65a.
[357] Also 1200 Sus.
[358] Da der Kaufpreis im Unterschied zur Miete im Prinzip sofort entrichtet werden muß, gilt die hier stipulierte Erhöhung als Verzugs- oder Stundungszins, dessen Zahlung das biblische Zinsverbot verletzen würde. Siehe hierzu noch einmal b Baba Metzi'a 65a.
[359] Was Nachmanides mit seiner Argumentation bezweckt, das ist mir nicht so richtig klar geworden. Das Tertium comparationis scheint ja im Fall mit dem Mietzins zu

(Verkäufer der beurkundeten Forderung) sich zu folgendem verpflichtet: dem Käufer sein (Kauf-)Geld in dem Fall zurückzugeben, daß jener die Begleichung der auf ihn übergegangenen Forderung (beim Schuldner) nicht erzwingen kann. Denn wenn jener die auf ihn übergegangene Forderung beim Darlehensnehmer nicht beitreiben kann und er dann daherkommt, um den Verkäufer (der beurkundeten Forderung) im Rahmen von dessen Haftung abzukassieren, müßte er dem Verkäufer seine Urkunde zurückgeben, und der Verkäufer müßte ihm sein Geld wiedergeben, weil der Verkauf nichtig wäre. Dann aber könnte dieser (Käufer zum Zeitpunkt der Vertragsabrede mit dem Verkäufer) nur gewinnen und keinen Verlust erleiden.[360] In solch einem Fall hätte man es doch mit einem Rechtsgeschäft zu tun, wo der eine nahe am Gewinn ist und fern vom Verlust steht, da er nichts (an Risiko) auf sich nimmt.[361] Derartiges läßt sich aus der Gemara mit der Rede desjenigen beweisen, der ZU SEINEM GLAUBENSBRUDER spricht: 'DA HAST DU VIER SUS FÜR DAS FASS MIT WEIN. WENN ER (bis zu dem und dem Zeitpunkt) SAUER GEWORDEN IST, SOLL ER ALS °DEIN EIGENTUM GELTEN.[362] WENN ER ABER (bis zum besagten Zeitpunkt) BILLIGER ODER TEURER GEWORDEN IST (als der von mir jetzt gezahlte Kaufpreis), DANN SOLL ER ALS MEIN EIGENTUM GELTEN.'[363] (RAV SCHERAVJA SPRACH ZU ABBAJE: 'DAS IST ABER EIN GESCHÄFT, WO DER KÄUFER NAHE AM GEWINN IST UND FERN VOM VERLUST STEHT.'[364] ABBAJE SPRACH ZU IHM: 'WEIL ER

---

stecken, nicht aber in der Verkaufsbestimmung. So wie man die Miete ermäßigen darf, wenn sofort und vorweg gezahlt wird, also auf jeden Fall vor ihrer Fälligkeit, darf man auch eine (beurkundete) Forderung unterhalb ihres Nennwertes verkaufen bzw. aufkaufen, bevor sie fällig ist. Dasselbe gilt aber auch, wenn die veräußerte Forderung schon fällig ist. Ein weiteres Problem besteht darin, daß nach talmudischem Recht beurkundete Forderungen ohnehin weit unter ihrem Nennwert an- oder verkauft werden dürfen. Dabei wird nicht gegen die innerjüdische Gesetzgebung verstoßen, die die Übervorteilung des Verkäufers mit einem zu niedrigen (Ver-)Kauf(s)preis bei mobilen Wertgegenständen ansonsten verbietet. Hat Samuel Ben Isaak ha-Sardi als doch ausgewiesener Talmudist diese Sachlage nicht gekannt? Das ist kaum vorstellbar.

[360] Der Erwerber der Forderung macht einen Gewinn, wenn er beim Schuldner die volle Forderung oder nur Teile der Forderung beitreiben kann, sofern der beitreibbare Teilbetrag über den Kaufpreis der Forderung hinausgeht. Mißlingen die Beitreibungsversuche, ginge der Erwerber der Forderung in jedem Fall verlustfrei aus, weil er gegen Rückgabe des Schuldscheins die Rückgabe seines Kaufgeldes vom Veräußerer der Urkunde verlangen könnte.

[361] Geschäfte, bei denen ein Partner die Risiken voll auf den anderen abwälzt und selber keines eingeht, stellen eine verschleierte Verletzung des innerjüdischen Zinsverbotes dar. Sie sind sittenwidrig.

[362] Der Verkäufer muß den Käufer dann schadlos halten und ihm eine gleiche Menge nicht verdorbenen Weins nachliefern.

[363] Der Käufer will den Wein an Kunden weiterveräußern und dabei die Risiken der künftigen Preisentwicklung mit der Möglichkeit eines Gewinnes oder Verlustes selber tragen.

[364] Siehe noch einmal Anmerkung 361.

[doch immerhin] DAS RISIKO DER VERBILLIGUNG AUF SICH NIMMT, IST ER DEM EINEN[365] UND DEM ANDERN[366] NAHE.')(b Baba Metzi'a 64a-b).[367] Ich muß (hierzu) keine langen Ausführungen machen.[368]

---

[365] Dem Verlust.

[366] Dem Gewinn.

[367] Hätte der Käufer auch das Risiko der Verbilligung auf den Verkäufer abgewälzt, dann wäre die Abmachung wegen verschleierter Verletzung des Zinsverbotes sittenwidrig gewesen. Da aber der Käufer hier immerhin dieses wichtige Teilrisiko übernimmt, ist die Abmachung gültig. Daraus ergibt sich wiederum klar und deutlich die Ungültigkeit des beschriebenen Schuldscheinverkaufs mit dem risikolos gestellten Käufer.

[368] Text in der Ausgabe Asaf, a.a.O., S.86 § 43.

D) ENTSCHEIDUNGEN ZUM INSOLVENZ- UND ZWANGSVOLLSTRECKUNGSRECHT

Ferner hast du noch folgende Frage gestellt:[369] Es geht um die über einen Stellvertreter abgewickelte zinsbare Darlehensnahme (zwischen Juden), wenn man die Ausführungen jener zugrundelegt, die solch eine Prozedur erlauben.[370] Wenn der Betreffende jenen Stellvertreter ernennt, damit er (für ihn bei einem anderen Glaubensbruder) ein zinsbares (und beurkundetes) Darlehen aufnimmt, darf (d)er (Darlehensgeber bei Zahlungsunfähigkeit des Effektivschuldners[371] zum Fälligkeitszeitpunkt) den (urkundlich) genau fixierten (Gesamt-)Betrag[372] aus den (vom Effektivschuldner) zwischenzeitlich verkauften oder verschenkten (Grund-)Vermögenswerten[373]

---

[369] Der Fragesteller ist auch hier wieder Samuel Ben Isaak ha-Sardi aus Barcelona. Zu Person und Werk siehe S.1 Anmerkung 1.

[370] Zinsbare Darlehen zwischen Juden sind bekanntlich schon kraft biblischen Rechts verboten und gelten als schwere Sünde. Aufgrund einer nachtalmudischen Lehrmeinung, die freilich höchst umstritten ist, darf folgende Prozedur erlaubt werden: Ruben beauftragt Levi, stellvertretend für ihn bei Simon ein zinsbares Darlehen aufzunehmen. Kraft talmudischen Rechts erlischt die Stellvertretung, wenn der Stellvertreter einen sündigen Auftrag ausführt. Nicht der Auftraggeber oder Anstifter einer verwerflichen Handlung, sondern der stellvertretend Handelnde macht sich allein haftbar bezw. schuldig, wenn er den sündigen Auftrag ausführt. Levi geht also hin und vereinbart für Ruben mit Simon, daß Simon dem Ruben ein Darlehen gewährt und Ruben über ihn, den Levi, das empfangene Darlehen zinsbar zurückzahlen wird. Schon mit dieser bloßen Abrede begeht Levi eine Sünde und handelt eigenverantwortlich; seine Rolle als Stellvertreter für Ruben erlischt hiermit. Nach der Weiterleitung des Darlehens an Ruben durch Levi kommt irgendwann der Rückzahlungszeitpunkt, zu dem Ruben dem Levi das Geld plus Zinsen übergibt. Damit begeht der Mittelsmann, der kein Stellvertreter mehr ist, eigentlich die nächste Sünde. Er nimmt ja eine verzinste Darlehensrückzahlung entgegen. Diese Sünde wird aber dadurch gegenstandslos, daß er nicht der Darlehensgeber gewesen ist, und dadurch, daß er das Grundkapital plus Zinsen an Simon weiterleitet. Simon nimmt de jure das Geld nicht von Ruben entgegen, sondern von Levi, dessen Stellvertretungsrolle für Ruben religionsgesetzlich erloschen ist. Da nun Levi aber nicht der eigentliche Darlehensnehmer gewesen ist, begeht auch Simon letztlich keine Sünde, wenn er das Geld von ihm entgegennimmt. Die Tora verbietet laut rabbinischer Auslegung nämlich nur Zinszahlungen, die juristisch betrachtet direkt vom Darlehensnehmer an den Darlehensgeber geleistet werden. Statt ʾWTN ist ja wohl ʾWTH zu lesen.

[371] Das wäre im oben präsentierten Modellfall der Ruben.

[372] QSWB kann nicht Attribut zu RBYT sein, weil das Substantiv feminin ist.

[373] Ein Darlehensschuldner macht mit der Beurkundung der Verbindlichkeit sein Grundvermögen auch bei Nichterwähnung desselben im Schuldschein automatisch für die Erfüllung der Gläubigerforderung haftbar. Bei expliziten Klauseln gilt das auch für mobile Wertgegenstände aus seinem Vermögen, sofern im Urkundentext bestimmte Formalitäten eingehalten werden. Ist der Schuldner zum Rückzahlungszeitpunkt insolvent, so kann der Gläubiger im Forderungsumfang die nach dem Beginn des Schuldverhältnisses durch den Darlehensnehmer verkauften oder verschenkten Vermögenswerte, vornehmlich Grundstücke, den Erwerbern derselben entschädigungslos weg-

beitreiben oder nicht?
Das ist die Antwort: Du hast mich dazu verpflichtet, (hier) über etwas zu reden, wonach mir gar nicht der Sinn steht.[374] In der Tat würde, wenn man den Worten jener Autoritäten folgt, (dieses gelten): Wenn (d)er (Auftraggeber) dem andern von vorneherein klar und deutlich gesagt hat: "Nimm stellvertretend für mich diese Mine[375] (von dem Dritten) als verzinsliches Darlehen an, mit(?) der(?) Folge(?) daß(?) der (Rückzahlungs-)Betrag um eine weitere Mine steigt,"[376] und wenn (d)er (Mittelsmann)[377] dann das verzinsliche Darlehen (für ihn) aufgenommen hat, und der Besteller[378] des Mittelsmannes hernach[379] sein Vermögen (für die Erfüllung der verzinslichen Forderung gegenüber dem Dritten[380] explizit) haftbar gemacht hat, dann darf (d)er (Gläubiger bei Insolvenz des Bestellers des Mittelsmannes zum Rückzahlungszeitpunkt seine ganze Forderung) aus den (vom Besteller des Mittelsmannes) zwischenzeitlich verkauften oder verschenkten (Grund-)Vermögenswerten beitreiben (und deren Erwerber evinzieren). Denn die Forderung ist für die Verfahrensbeteiligten fest umrissen gewesen und von ihnen niedergeschrieben worden. So hat man es ja auch in den Tosafot[381] mit Bezug auf denjenigen erläutert, der (als Grundstückskäufer seine Schadensersatzforderungen gegen den Verkäufer für den Fall einer deliktobligatorischen Eviktion) im Hinblick auf die Melioration und die (ihm vom legitimen Eigentümer entwehrten bezw. in Rechnung gestellten) Früchte (in der Verkaufsurkunde) genau fixie-

---

nehmen. Die evinzierten Käufer erwerben dann allerdings selber wieder einen Schadensersatzanspruch gegen den Verkäufer, den sie durchsetzen können, sobald sich dieser wirtschaftlich wieder erholt hat.

[374] Weil Nachmanides das vorgestellte Modell der innerjüdischen Zinsnahme als äusserst fragwürdige Umgehung eines biblischen Verbotes ansieht.

[375] Also 100 Währungseinheiten. Die Formulierung des Darlehensnehmers läßt erkennen, daß dem eigentlichen Rechtsgeschäft eine Willenseinigung mit dem Darlehensgeber vorausgegangen ist.

[376] Wie schon im Text des Anfrageteils angedeutet, sollte der Zinsbetrag bei dieser Konstellation am besten in einer fixen Summe Geldes angegeben werden, die sich auch bei Zahlungsverzug des Effektivschuldners zum vereinbarten Rückzahlungstermin nicht weiter erhöht. Der Zinssatz beträgt hier 100% bei nicht angegebener Laufzeit.

[377] Levi.

[378] Ruben.

[379] Bei der anschließenden Beurkundung des Schuldverhältnisses, das die (religionsgesetzlich nicht stattfindende!) stellvertretende Darlehensabwicklung mit verzeichnet.

[380] Simon.

[381] Zu diesem Begriff siehe schon S.31 Anmerkung 182.

ren läßt:[382] daß er (seine diesbezüglichen Schadensersatzforderungen bei Insolvenz des bösgläubigen Verkäufers ebenfalls) aus den (von seinem Verkäufer) zwischenzeitlich verkauften oder verschenkten (Grund-)Vermögenswerten beitreiben darf.[383] Wenn man (nun freilich) die Art und Weise berücksichtigt, auf die die (jüdischen Urkunden-)Schreiber jener Ortschaften[384] (Verkaufsurkunden) schreiben, nämlich mit der Erwähnung eines einwandfrei vollzogenen Kinjans[385] (und der Erwähnung der [Übereignungs-]Formel) "mit nunmehriger Rechtsfolge", dann darf (d)er (durch deliktobligatorische Eviktion geschädigte Grundstückskäufer bei Insolvenz des bösgläubigen Verkäufers) seine (Forderungen bezüglich der ihm entwehrten bezw. in Rechnung gestellten Früchte und bezüglich des Meliorationsmehrwertes aus dem zwischenzeitlich veräußerten Verkäufervermögen zu Lasten von deren Erwerbern) sogar selbst dann beitreiben, wenn er (die beiden fraglichen Einzelposten in der Kaufurkunde) nicht konkret (mit zwei Maximumsbeträgen) beziffert

---

[382] Es geht um folgende Konstellation: Wenn Abraham ein von ihm geraubtes Grundstück, das ihm nicht gehört, bösgläubig an den gutgläubigen Käufer Isaak veräußert, und danach der wahre Eigentümer Jakob daherkommt und den bedauernswerten Isaak entschädigungslos evinziert, dann darf er ihm auch die Früchte, die es gerade trägt, wegnehmen, und darf von Isaak für die schon genossenen Früchte Schadensersatz fordern. Er muß dem Isaak eine zwischenzeitlich vorgenommene Melioration der Grundfläche nur in Höhe von dessen Aufwendungen erstatten. Dadurch entsteht dem geschädigten Käufer Isaak natürlich ein Schadensersatzanspruch gegen den bösgläubigen Verkäufer Abraham. Wenn dieser bei der Schadensersatzklage Isaaks zahlungsunfähig ist, dann darf Isaak seine Forderung bezüglich des eigentlichen Grundstückskaufpreises aus den von Abraham zwischenzeitlich veräußerten (Grund-)Vermögenswerten beitreiben und deren Erwerber evinzieren. Den realen Mehrwert der Melioration und den Wert seiner weggenommenen oder schadensersatzweise bezahlten Früchte darf er aber bei den Erwerbern von Abrahams (Grund-)Vermögenswerten nach mischnisch-talmudischem Recht im Prinzip nicht geltend machen. Hier kann nur Isaak nur Abraham selber belangen, sobald dieser wirtschaftlich wieder zu Kräften gekommen ist. Siehe M Gittin V,3. Wenn allerdings der zwar gutgläubige, aber doch hypervorsichtige Isaak für den Fall der Fälle auch seine diesbezüglichen Schadensersatzforderungen in der Kaufurkunde vorweg konkretisiert und angegeben hat, im Falle einer deliktobligatorischen Eviktion die bezahlten oder weggenommenen Früchte und die Meliorationsmehrwert bis zu maximal den und den Beträgen beim Verkäufer Abraham geltend machen zu wollen, dann sieht die Sachlage laut der von Nachmanides bemühten Quelle anders aus: Isaak kann dann die tatsächlichen Schäden auch bei diesen beiden Einzelposten bis zur jeweils genannten Einzelgesamthöhe aus den von Abraham in der Zwischenzeit sonstwie verkauften oder verschenkten (Grund-)Vermögenswerten beitreiben und deren Erwerber evinzieren. Siehe den nachfolgenden Satz oben im Haupttext.
[383] Den Hinweis des Hrsg.'s Asaf auf eine Passage in den Standard-Tosafot zu b Gittin 51a habe ich nicht so recht verstanden; und auf welche halachische Tradition Nachmanides hier genau rekurriert, habe ich nicht zu ermitteln vermocht.
[384] Welcher Ortschaften? Der Hintergrund dieser Anspielung bleibt unklar.
[385] Zum Kinjan siehe S.21 Anmerkung 116. Er geht der Beurkundung des Rechtsgeschäftes, mindestens aber der Aushändigung der ihn verzeichnenden Verkaufsurkunde an den Käufer voraus.

hat.[386] Das entspricht der Art und Weise, in der wir (schon im Talmud) jene Bestimmung interpretieren, nach der (d)er (evinzierte Erwerber auch seine Entschädigung bezüglich der Melioration) aus dem (von seinem insolventen Verkäufer in der Zwischenzeit an Dritte) verkauften oder verschenkten (Grund-)Vermögenswerten beitreiben kann: wenn man nämlich (auch für diesen Einzelposten) am Verkäufer den Kinjan vollzogen hat.[387]

•

Du hast noch folgende Frage gestellt:[388] Ein Darlehensgeber verklagte den Darlehensnehmer auf die Zahlung der ihm geschuldeten Verbindlichkeit, (und bei der Einleitung des Zwangsvollstreckungs-

---

[386] Es reicht unter diesen Umständen aus, wenn der Käufer in der Verkaufsurkunde den Veräußerer für die Schäden im Falle einer Eviktion auch bei diesen beiden Einzelposten explizit, aber ohne irgendwelche Nennung konkreter Maximumsbeträge haftbar macht. Dies kann dadurch geschehen, daß er seinen diesbezüglichen Doppelanspruch in der am Ende der Urkunde erwähnten Vollziehung des Kinjans am Verkäufer durch die Zeugen ausdrücklich mit einschließt. Eine andere Möglichkeit besteht darin, daß der Käufer den Verkäufer im laufenden Urkundentext neben der Haftung für Rechtsmängel beim Grundstück auch für seine künftige Melioration und seine künftige Fruchtziehung in die Rechtsmängelhaftung nimmt und am Urkundenende den Vollzug des Kinjans am Verkäufer für alles vorher Geschriebene verzeichnen läßt. Der Käufer kann dann im Eviktionsfall und bei zahlungsunfähig gewordenem Veräußerer auch diese beiden Einzelforderungen aus den anderen, von seinem bösgläubigen Veräußerer zwischenzeitlich verkauften oder verschenkten (Grund-)Vermögenswerten beitreiben und deren Erwerber entsprechend evinzieren.

[387] Es geht hier um eine einigermaßen dunkle, einem gewissen Rav Josef zugeschriebene Äußerung in b Baba Metzi'a 15a. Siehe auch Raschis Kommentar zur Stelle. In seinem eigenen Talmudkommentar zur Stelle behandelt Nachmanides die fragliche Passage nicht. Die Frage nach der Verbindung des ganzen Komplexes mit der Ausgangsproblematik des Responsums ist wohl so zu beantworten: Analog zu den Rechten des evinzierten Erwerbers bezüglich der Melioration und der Früchte, also der Zusatzwerte, die über den eigentlichen Grundstückswert zum Veräußerungszeitpunkt hinausgehen, darf der Darlehensgeber im Ausgangsfall des Responsums neben der Erstattung des Grundkapitals auch seinen Mehrwert in Gestalt der Zinsen bei zahlungsunfähigem Darlehensschuldner aus den von diesem zwischenzeitlich veräußerten (Grund-)Vermögenswerten beitreiben und die Erwerber entsprechend evinzieren. Die Voraussetzung dafür ist, daß der Darlehensnehmer sein (Grund-)Vermögen im Schuldschein ausdrücklich für die Erfüllung der Forderung haftbar macht und (vor der Beurkundung) von den Zeugen den Kinjan auch im Hinblick darauf an sich vollziehen läßt. Spezifizieren muß er sein (Grund-)Vermögen nicht; es reicht ein genereller Hinweis darauf. In einem gewöhnlichen innerjüdischen Schuldschein mit zinsloser Darlehensrückzahlung ist hingegen die Haftung des Darlehensnehmers mit seinem (Grund-)Vermögen und das Recht des Darlehensgebers zur Eviktion der Nacherwerber selbst dann gegeben, wenn die betreffende Klausel in das Dokument überhaupt nicht eingetragen worden ist (und das Vertragsverhältnis nicht mit einem Kinjan begründet wurde). Text in der Ausgabe Asaf, a.a.O., S.85f § 42.

[388] Der Fragesteller ist auch hier wieder Samuel Ben Isaak ha-Sardi aus Barcelona. Zu Person und Werk siehe S.1 Anmerkung 1.

verfahrens) fand sich bei ihm nur (Grund-)Vermögen im fernen Ausland vor.[389] (D)er (Gläubiger) sprach daraufhin zu ihm: "Mühe dich ab, verkaufe, (was du im Ausland besitzt), und bring mir (den Erlös) her!" Daraufhin sagt(e) der Darlehensnehmer zum Gläubiger: "Diese Pflicht ist mir (im Schuldschein) nicht auferlegt worden.[390] Der jüdische Gerichtshof soll für dich hier am Ort auf der Basis der (von mir angegebenen) Vermögenswerte eine Taxierung vornehmen; (und du mußt zusehen, wie du mit dieser Bescheinigung und der Beschlagnahmeverfügung des hiesigen Gerichtshofes in der Auslandsgemeinde vor dem dortigen jüdischen Gemeindegericht deinen Anspruch vollstrecken kannst)." Können wir hier sagen, daß das Recht auf Seiten des Darlehensnehmers steht, weil wir die Aufforderung: "Geh, mühe dich ab, verkaufe (deine Güter) und bring dem Gläubiger (den Erlös) her" (bei entsprechend fehlender Vertragsvereinbarung) nur dann aussprechen dürfen, wenn (d)er (Schuldner) das dem Gläubiger zu zahlende Geld in die Abhängigkeit von einem Nichtjuden bringt, so wie es im (Talmudtraktat) Ketubbot zu finden ist?[391] Oder steht das Recht vielleicht auf Seiten des Darlehensgebers, damit er nicht eine Mine[392] (für Hin- und Rück-

---

[389] Der ansonsten insolvente Schuldner gab diese Vermögenswerte vor dem jüdischen Gemeindegericht ehrlicherweise und vermutlich unter Eid an.
[390] Wäre sie ihm im Schuldschein zulässigerweise auferlegt worden, müßte er der entsprechenden Aufforderung des Gläubigers nachkommen.
[391] Es geht um eine Passage in b Ketubbot 86a: Ein Schuldner ist insolvent und verweist den Gläubiger zur Befriedigung seiner Forderung an ein ihm, dem Schuldner, gehörendes Grundstück. Bei entsprechend fehlender Vertragsvereinbarung im Schuldschein kann der Schuldner normalerweise vom Gläubiger nicht aufgefordert werden, das Grundstück selber zu veräußern und ihm, dem Gläubiger, den Erlös zu überbringen. Für gewöhnlich kümmert sich das jüdische Gemeindegericht um diese Angelegenheit. Es läßt das Grundstück durch Sachverständige im Wert taxieren und führt dann eine öffentliche Zwangsversteigerung durch. Derjenige Interessent, der den höchsten Preis bietet, mindestens aber den gerichtlich festgestellten Schätzwert des Grundstücks, bekommt die Liegenschaft zugesprochen; und der Erlös wird vom Gericht für die Tilgung der Verbindlichkeiten des Schuldners verwendet. Findet sich kein Käufer, wird dem Gläubiger, der im übrigen ebenfalls mitbieten darf, das Grundstück zum Schätzwert zugesprochen. Im talmudischen Fall sieht es so aus, daß der Schuldner kurz vor dem Zahlungstermin Geld hat und gleichzeitig einem Nichtjuden aufgrund irgendeines Rechtsverhältnisses zur Erbringung einer Leistung verpflichtet ist. Um seinen jüdischen Glaubensbruder zu ärgern, übergibt der jüdische Schuldner kurz vor der Fälligkeit der Forderung das Geld dem Nichtjuden als Sicherheit für dessen Forderung mit der Abrede, sich der Summe schadensersatzweise zu bedienen, wenn er, der jüdische Vertragspartner, die zugesagte Leistung nicht erbringen sollte. Bei solch einer Konstellation darf der jüdische Gerichtshof den Schuldner auch bei entsprechend fehlender Vertragsabrede zwingen, sein Grundstück selber zu veräußern und seinem jüdischen Glaubensbruder den Erlös zu überbringen, soweit dieser die Forderung nicht übersteigt.
[392] Also 100 Währungseinheiten.

reise, Unterkunft und Verpflegung) ausgeben muß, um nur eine Mine (aus der Zwangsversteigerung im Ausland) zu bekommen?[393]
Das ist die Antwort: Folgendermaßen sieht die Rechtslage aus: Man soll dem Gläubiger am Heimatort eine Adrachta-Urkunde im Hinblick auf jene Güter ausstellen.[394] Doch die (schriftliche Verfügung einer) öffentliche(n) Zwangsversteigerung und die (vorausgehende gerichtliche) Schätzung(surkunde über die Liegenschaftswerte) können nur an dem Ort ausgestellt werden, wo sich die Vermögenswerte befinden. (D)er (Gläubiger) soll sich (mit der Adrachta-Urkunde seines Heimatgerichts) zum jüdischen Gerichtshof im fernen Ausland begeben (und das Dokument dort vorzeigen); und die (dortigen) Richter sollen ihm die Beitreibung der Forderung aus jenen Vermögenswerten auf der Basis einer amtlichen Schätzung und einer öffentlichen Zwangsversteigerung ermöglichen.[395]

●

Ferner hast du noch folgende Frage gestellt:[396] Es geht um einen Darlehensgeber, der daranging, die Käufer (von Grundvermögen seines insolventen) Schuldners zu evinzieren. (Das tat er) auf der Basis einer Urkunde, in der die Klausel nicht verzeichnet war: "(Ich, der Schuldner, hafte dir für die Forderung auch mit Grundvermögen), das ich in Zukunft erwerben werde."[397] Die (eviktionsbedroh-

---

[393] Das jüdische Gemeindegericht in Barcelona geht offenkundig davon aus, daß der Gläubiger seine eigenen Unkosten, die ihm bei der Auslandsreise erwachsen würden, dem Schuldner nicht in Rechnung stellen könnte.

[394] Mit der Adrachta-Urkunde eröffnet das jüdische Gemeindegericht das Zwangsvollstreckungsverfahren gegen den Schuldner. Die Adrachta-Urkunde ermächtigt den Gläubiger, nach Vermögenswerten des Schuldners, vor allem Grundvermögen, zu suchen und die Werte vorläufig in Beschlag zu nehmen.

[395] Zum Problem der Umlegung der dem Gläubiger dabei entstehenden Unkosten auf den Schuldner äußert sich Nachmanides weiter nicht. Text in der Ausgabe Asaf, a.a.O., S.97 § 62.

[396] Der Fragesteller ist auch hier wieder Samuel Ben Isaak ha-Sardi aus Barcelona. Zu Person und Werk siehe S.1 Anmerkung 1.

[397] Bei einer beurkundeten Darlehensforderung haftet der Darlehensnehmer seinem Darlehensgeber für die Erfüllung der Forderung mit allem Grundvermögen, das er zu Beginn der Vertragslaufzeit sein eigen nennt. Verkauft oder verschenkt der Darlehensnehmer hernach seine Grundstücke und ist er zum Rückzahlungszeitpunkt insolvent, dann kann der Darlehensgeber die Erwerber der Grundstücke evinzieren, ihnen also die Grundstücke entschädigungslos wegnehmen, soweit dies der Tilgung seiner Forderung dient. Der Darlehensnehmer haftet für gewöhnlich aber nicht mit jenem Grundvermögen, das er erst während der Darlehenslaufzeit erwirbt und noch vor dem Fälligkeitstermin der Rückzahlung an Dritte weiterveräußert. Solche Vermögenswerte kann der Darlehensgeber bei Insolvenz seines Schuldners den betreffenden Erwerbern nicht wegnehmen. Wenn allerdings im Schuldschein die oben zitierte Klausel verzeichnet steht, wonach der Darlehensnehmer dem Darlehensgeber auch mit solchen, erst noch zu erwerbenden Grundstücken haftet, dann darf der Darlehensgeber nach dem

ten) Käufer haben (beim Zwangsvollstreckungsverfahren vor dem jüdischen Gemeindegericht) ausgesagt: "(D)er (Darlehensschuldner) hat (das fragliche Grundvermögen) erst nach der Darlehensaufnahme erworben (und später, aber vor der Fälligkeit seiner Verbindlichkeit, an uns weiterverkauft. Das betreffende Grundvermögen) haftet nicht (für die Erfüllung der Gläubigerforderung)." Der Darlehensgläubiger aber sagt: "Er hat (das fragliche Grundvermögen) vor der Darlehensaufnahme erworben (und danach, aber vor der Fälligkeit meiner Forderung, an die betreffenden Personen weiterverkauft. Dieses Grundvermögen haftet also sehr wohl für die Erfüllung meiner Forderung)." Wem sollen die Richter Gehör schenken? Und wenn der Darlehensgläubiger seine Behauptung mit Gewißheit vorträgt, während die (eviktionsbedrohten) Käufer (ihre Gegenbehauptung nur) mit einem "Vielleicht" geltend machen,[398] auf wem liegt dann die Last der Beweiserbringung?

Das ist die Antwort: In meinen Augen stellt sich (die Angelegenheit) so dar: Wenn dieses Grundstück vom Darlehensnehmer Ruben kommt und es Zeugen dafür gibt, daß es (seit undefinierbar alten Zeiten) sein Eigentum gewesen ist, dann müssen die Käufer den Beweis erbringen, daß er es selber (käuflich) erwarb, und zu welchem Tag er es erwarb. Wenn (sie diesen Beweis) nicht (erbringen können), dann muß man das Grundstück qua Präsumption als Alteigentum des Ruben ansehen und dazu sagen: "Es ist sein und seiner Väter Eigentum gewesen."[399] Wenn allerdings bei dem Grundstück aufgrund von Zeugen(aussagen grundsätzlich) bekannt ist, daß Ruben es (irgendwann käuflich) erworben und es (an die jetzt eviktionsbedrohten Personen weiter-)verkauft hat,[400] dann muß der evinzierende (Darlehensgläubiger zur Durchsetzung seines Anspruchs) den Beweis erbringen, daß Ruben das (strittige) Grundstück schon °vor der Entstehung seines (Gläubiger-)Haftungsanspruchs erwarb. (Die-

---

Fälligkeitszeitpunkt für seine Forderung und bei zahlungsunfähigem Schuldner auch die Erwerber solcher Liegenschaften evinzieren.

[398] Sie erklären bei dieser Konstellation folgendes: Sie sind sich zwar nicht sicher, aber doch der Meinung, daß der Darlehensschuldner das fragliche Grundeigentum erst nach der Aufnahme des Kredites erworben (und dann an sie weiterveräußert) hat; doch sie wollen nicht mit letzter Sicherheit ausschließen, daß der Grundstückserwerb auch vorher geschehen sein könnte. Der Darlehensgläubiger aber sagt, er wisse mit absoluter Gewißheit, daß das fragliche Grundeigentum schon vor dem Beurkundungszeitpunkt des Schuldscheins in das Eigentum seines Schuldners gelangt sei.

[399] Bei dieser Konstellation werden die Käufer des fraglichen Grundstücks zugunsten des Darlehensgläubigers evinziert. Natürlich entsteht ihnen dann gegenüber ihrem Verkäufer Ruben ein Schadensersatzanspruch, den die geschädigten Erwerber geltend machen können, sobald Ruben wieder wirtschaftlich zu Kräften gekommen ist.

[400] Die Zeugen können vor Gericht bestätigen, daß Ruben das Grundstück tatsächlich einmal selber gekauft hat, und zwar mutmaßlich im zeitlichen Umfeld der Darlehensaufnahme. Den genauen Zeitpunkt können sie aber nicht mehr nennen.

sen Beweis muß der Darlehensgläubiger) selbst dann (erbringen), wenn er mit absoluter Gewißheit behauptet, (er sei sich völlig sicher, daß Ruben das Grundstück vor dem Darlehensaufnahmezeitpunkt käuflich erworben habe, während weder die eviktionsbedrohten Käufer noch die Zeugen in der Lage sind, einen genauen Zeitpunkt für den Erwerb des Grundstücks durch Ruben anzugeben).[401]
Auf welcher Basis darf ich nun sagen, daß beim Vorhandensein von positiven Zeugen(aussagen) zur Eigentümerschaft Rubens an dem Grundstück (seit unbestimmt alter Zeit) die Käufer den Beweis (für die Richtigkeit ihrer anderslautenden Behauptung) erbringen müßten, (um der Eviktion zu entgehen)? Weil wir das so beim Gesetz über die Eigentümerpräsumption feststellen können. Wenn nämlich (ein in seinen Rechten angefochtener Grundeigentümer, der keine Kaufurkunde vorzuweisen vermag), Zeugen dafür beibringen kann, daß das Grundstück schon seinen Vätern gehörte und sie auf ihm wohnten, dann gilt die Präsumption, daß es unter allen Umständen deren Eigentum gewesen ist.[402] Diese Angelegenheit gilt bei uns aufgrund von einwandfreien Beweisen als definitiv entschieden.[403] Und folgendes haben die gaonäischen Autoritäten[404] im Hinblick auf denjenigen gelehrt, der sein gesamtes Vermögen seinem Glaubensbruder überschrieb, (und in der Schenkungsurkunde die Formulierung) "mit nunmehriger Rechtsfolge und nach meinem Tod" (verwendete).[405] (Über den Schenkenden) wußte niemand, daß er hernach noch zusätzliche Vermögenswerte erworben hätte.[406] Hier gilt (ge-

---

[401] Vorausgesetzt wird hier weiterhin, daß Ruben, der Ersterwerber, seine Kaufurkunde nicht mehr vorweisen kann.

[402] Ein Grundeigentümer wird von einem Gegner mit einer Eviktionsklage überzogen, wonach das Grundstück in Wirklichkeit ihm, dem Gegner, gehöre. Für seinen Eigentumsanspruch bringt der Gegner zwei Zeugen bei. Wenn der Angefochtene erklärt, das Grundstück geerbt zu haben, und Zeugen beibringen kann, die bloß aussagen, daß das Grundstück den (oder dem) Vorfahren des Beklagten gehört hat oder daß der Vorfahre des Beklagten es mindestens einen Tag lang eigentümermäßig genutzt hat, wird die Klage abgewiesen und der Angefochtene in seinem Grundeigentum bestätigt. Vergl. hierzu schon die Diskussion in b Baba Batra 41b* und die systematische Darstellung im Gesetzbuch des Moses Maimonides: Mischne Tora: Hilchot To'en we-Nit'an Kap.XIV § 13.*

[403] Siehe noch einmal den Schluß der vorigen Anmerkung.

[404] Also die nachtalmudischen jüdischen Gelehrten vornehmlich im Irak vom 8.-11. Jrh.

[405] Mit dieser Formulierung übereignet der Schenkende den Grundstock seines Vermögens an den Bedachten, behält sich aber bis zum eigenen Tod den vollen Nießbrauch bzw. die Fruchtziehung an dem verschenkten Vermögen, insbesondere am Grundvermögen, vor. Die Werte verbleiben bis dahin in der Sachherrschaft des Schenkenden. Vergl. hierzu schon M Baba Batra VIII,7.*

[406] Das Problem ist, daß eine Schenkungsurkunde nur jene Sachwerte umfassen kann, die zum Zeitpunkt der Schenkung in der Gewalt des Schenkenden stehen. Güter, die der Schenkende erst nach dem Beurkundungszeitpunkt erwirbt, können in der Schen-

mäß den genannten Autoritäten, daß das gesamte (nachgelassene) Vermögen (nach dem Tod des Schenkenden) ins (volle) Eigentum des Beschenkten übergeht.[407] Wenn allerdings das Grundstück (im Ausgangsfall des Responsums) als Eigentum anderer galt, dann von Ruben erworben und (zu einem unklaren Zeitpunkt von ihm weiter-) verkauft wurde, so müßte der evinzierende (Darlehensgläubiger zur Durchsetzung seines Anspruchs) den Beweis (für seine Behauptung) erbringen, (daß die Liegenschaft von Ruben schon vor dem Datum des Schuldscheins käuflich erworben wurde). Was ist der Grund dafür? (Nun), was man (schon von Gerichts wegen) zugunsten der Erben als Argument geltend macht, macht man genauso zugunsten eines Käufers als Argument geltend.[408] So sieht die Rechtslage aus.[409]

•

Ferner hast du noch folgende Frage gestellt:[410] Ein Darlehensnehmer schrieb dem Gläubiger (in den Schuldschein) hinein, (daß auch) seine mobilen Wertgegenstände adhäriert an seinen Grundbesitz (für die Erfüllung der Forderung haften sollten).[411] Außerdem

---

kungsurkunde nicht vorweg vermerkt werden. Was man noch nicht hat, kann man nach rabbinischem Recht nämlich nicht verschenken.

[407] Weil bis zum Erweis des Gegenteils qua Präsumption davon auszugehen ist, daß das gesamte nachgelassene Vermögen Gegenstand der Schenkungsverfügung des Verstorbenen war. Wenn die gesetzlichen Erben des Testators behaupten, daß Teile der weggeschenkten Vermögenswerte vom Testator erst nach dem Erlaß seiner Verfügung erworben wurden und damit dem Bedachten nicht zustehen, sondern ihnen, so müssen sie diese Behauptung beweisen.

[408] Wenn gegen Erben Forderungen von Gläubigern des Verstorbenen geltend gemacht werden, soll das jüdische Gemeindegericht unter bestimmten Umständen nach sich aus Argumente und Gesichtspunkte bemühen, die dafür sprechen, daß die Erben das umstrittene Vermögen behalten können. Der Kläger muß seine Forderungen hieb- und stichfest beweisen, um sie gegen die Erben des Verstorbenen durchdrücken zu können. Genauso soll das jüdische Gemeindegericht bei bestimmten Ausgangssituationen auch zugunsten von Grundstückskäufern verfahren, die in ihrem diesbezüglichen Eigentum angefochten werden.

[409] Text in der Ausgabe Asaf, a.a.O., S.82f § 37.

[410] Der Fragesteller ist auch hier wieder Samuel Ben Isaak ha-Sardi aus Barcelona. Zu Person und Werk siehe S.1 Anmerkung 1.

[411] Ist ein Schuldner mit einer beurkundeten Forderung zum Zahlungszeitpunkt insolvent, so kann sich der Gläubiger an dem von seinem Schuldner verkauften oder verschenkten Grundvermögen schadlos halten und deren Erwerber evinzieren. Die vom Schuldner zwischenzeitlich verschenkten oder verkauften Mobilien kann der Gläubiger bei solch einer Ausgangslage den Erwerbern für gewöhnlich nicht mehr wegnehmen. Wird allerdings im Schuldschein auch eine Mobiliarhaftung des Schuldners, und zwar adhäriert an das Grundvermögen, eingetragen, so kann der Gläubiger bei Zahlungsunfähigkeit seines Schuldners bei oder nach fälliger Forderung auch die Erwerber solcher Sachwerte evinzieren. Im übrigen darf das Grundvermögen völlig fiktiv

schrieb er ihm (den Satz in das Dokument hinein: "Ich, der Schuldner, hafte dir für die Forderung auch mit mobilen oder immobilen Vermögenswerten), die ich in Zukunft erwerben werde."[412] Nun kam ein (anderer) Gläubiger mit einem später begründeten Forderungsverhältnis (dem ersten Gläubiger) zuvor, nahm sich (die) mobile(n) Werte (des Schuldners[413] zur Erfüllung seiner eigenen Forderung), verkaufte sie an einen anderen, gab das (dafür empfangene) Geld aus und brauchte es auf. D(ies)er Käufer ist für uns nicht mehr auftreibbar, so daß (d)er (frühere Gläubiger, der erst jetzt seine Forderung geltend macht und seinen Schuldner völlig insolvent vorfindet), jenem die Sachwerte wegnehmen könnte.[414] Muß jetzt der Verkäufer (und spätere Gläubiger des Schuldners) dem (ersten) Gläubiger das vom Käufer empfangene Geld ersetzen?[415] Du vertrittst die Meinung,[416] daß (d)er (spätere Gläubiger dem früheren) ersatzpflichtig ist, weil dieser etwas einkassierte, was ihm nicht gehörte. Von Rechts wegen müsse er, (so deine Meinung), das Geld demjenigen zurückerstatten, der den Rechtsanspruch darauf gehabt habe. Du hast als Beweis eine Aussage aus der halachischen Problemdiskussion im (Talmud-)Kapitel ḤZQT (HBTYM) angeführt, die da lautet: MAN MUSS DOCH EVENTUELL BEDENKEN, DASS (d)ER (insolvente Darlehensschuldner und Verkäufer seiner mobilen Güter dem Gläubiger) DIE MOBILIEN ADHÄRIERT AN SEINEN GRUNDBESITZ (als Haftungsmasse für dessen Forderung) ÜBEREIGNET HAT. (DENN RABBA HAT GESAGT: WENN JEMAND DEM ANDEREN SEINE MOBILIEN ADHÄRIERT AN SEINEN GRUNDBESITZ [als Haftungsmasse für dessen Forderung] ÜBEREIGNET HAT, DANN HAT DER ANDERE AUF BEIDES EINEN HAFTUNGSANSPRUCH ERWORBEN [und kann bei Insolvenz seines Schuldners auch die Erwerber von mobilen Werten aus dem Schuldnervermögen evinzieren])(b Baba Batra 44b).
Das ist (nun) die Antwort (dazu): Eure Argumentation auf der Basis dieser Beweisstelle ist mir nicht einsichtig geworden. Sie macht doch in diesem Zusammenhang gar keinen Sinn. Ebenso geht die von euch angeführte Begründung dafür, daß (d)er (spätere Gläubiger) das Geld demjenigen zurückerstatten müsse, der den Rechtsan-

---

sein. Die Haftung mit dem Mobiliarvermögen gilt auch dann, wenn der Schuldner gar keine Grundstücke besitzt! Nur die Formulierung im Schuldschein muß korrekt sein, um ein Recht des Gläubigers auch auf Eviktion der veräußerten Mobilien zu begründen.

[412] S.72f Anmerkung 397 gilt sinngemäß.

[413] Die er bei ihm vorfand und vom Schuldner noch nicht weggegeben waren!

[414] Im Klartext: Der erste Gläubiger kann den Käufer nicht evinzieren, weil jener nicht am Ort ist.

[415] Und muß der spätere Gläubiger eventuell jetzt selbst einer Zwangsvollstreckung unterworfen werden, wenn er den Schaden nicht in bar verfügbarem Geld ersetzen kann?

[416] Samuel Ben Isaak ha-Sardi wird von Nachmanides angeredet, und nicht umgekehrt.

spruch darauf gehabt habe, am Wesen des Sachverhaltes vorbei. (Bei der Immobiliarzwangsvollstreckung ist es doch so): Wenn das Feld, das für die Forderung des ersten Gläubigers haftbar gemacht worden ist, vor (der Fälligkeit seiner Forderung) durch Käufer erworben wird oder von einem (anderen) Darlehensgeber mit einem später (als die erste Forderung) begründeten Forderungsverhältnis einkassiert wird,[417] und wenn es dann durch sie[418] an andere weiterverkauft wird, dann hat doch der (erste) Darlehensgeber[419] gegen den (jeweiligen) Verkäufer keinerlei (Kompensations-)Anspruch. Er kann jenes Geld[420] nicht als Haftungsmasse für irgendetwas in Anspruch nehmen. Allein das Feld ist doch (bei insolventem Darlehensschuldner) für die Erfüllung der Gläubigerforderung haftbar. (D)er (erste Gläubiger) muß (somit) hingehen und es von den Letzterwerbern ein(zu)kassieren (versuchen).[421] Allerdings hat sich für mich bei diesem Rechtsfall[422] aufgrund der Tatsache, daß (d)er (spätere Gläubiger) die Werte an jemanden verkauft hat, den (d)er (frühere Gläubiger wegen seiner Unauffindbarkeit) nicht (mehr) evinzieren kann, folgender neuer Sachverhalt ergeben: (daß der spätere Gläubiger gegenüber dem früheren für den ihm entstandenen Schaden) haftbar ist.[423] Denn der (frühere) Gläubiger kann zu Lasten des späteren so argumentieren: "Du hast die mobilen Werte (des Schuldners), die (in erster Linie) für meine Forderung hafteten, jemandem ausgehändigt, bei dem wir(!) nicht die Möglichkeit haben, daß ich(!) ihn (auf Herausgabe der Wertgegenstände) verklage." Damit aber hat er dem Haftungsanspruch seines Glaubensbruders Schaden zugefügt, so wie wir es im (Talmud-)Kapitel SWR ŠNGH ausführen (wo der eine zum andern sagt):[424] 'DU HAST ES ZUGELAS-

---

[417] Weil der Schuldner zum Vollstreckungszeitpunkt dieser Forderung ansonsten insolvent ist, und diese Forderung des späteren Gläubigers früher fällig ist als die des ersten.

[418] Durch die Käufer oder durch den anderen Darlehensgeber.

[419] Der wegen der langen Laufzeit seines Darlehensvertrages beim Schuldner erst später seine Forderung geltend machen konnte und dabei auch seinerseits den Schuldner insolvent vorfand.

[420] Das die Erstkäufer oder der andere Darlehensgeber als Erlös für die Weiterveräußerung des Feldes bekommen haben.

[421] So müßte der Erstgläubiger dann auch mit den mobilen Sachwerten des Schuldners verfahren, wenn sie laut Schuldschein adhäriert an das Grundeigentum des Schuldners für die Erfüllung der Gläubigerforderung haftbar gemacht worden sind.

[422] Der Ausgangsfall des Responsums ist gemeint.

[423] Damit aber folgt Nachmanides dem Fragesteller und seinem Gerichtshof in Barcelona der Sache nach nun doch. Er kritisiert lediglich die Begründung als falsch, die Samuel Ben Isaak ha-Sardi für seine im Prinzip richtige Entscheidung bemüht hat.

[424] Es geht um folgendes Problem: Ein Ochseneigentümer verleiht sein Tier unentgeltlich an einen Glaubensbruder. Während sich das Tier in der Obhut des Entleihers befindet, tötet oder verletzt es einen anderen Ochsen. Das zuständige jüdische Ge-

SEN, DASS DER OCHSE VON EINER INSTITUTION BESCHLAGNAHMT WORDEN IST, (DIE ICH NICHT [auf Herausgabe des Tieres] VERKLAGEN KANN ....)'(b Baba Kamma 40b).*[425] Und wir sind uns dessen sicher: Wer dem Haftungsanspruch seines Glaubensbruders Schaden zufügt, ist (für den Schaden) haftbar, so wie es unser großer Meister[426] bei der Behandlung des (Talmud-)Kapitels HṠWLH entscheidet[427] usw.[428]

•

An den gelehrten Herrn Samuel ha S(ef)ardi,[429] der du von Gott behütet sein mögest. Es geht um das, was du mich wegen der Rechtslage zur Unpfändbarkeit (bestimmter Gebrauchsgegenstände bei einem zahlungsunfähigen Schuldner) gefragt hast. Für dich sind nämlich die Worte des Meisters Abraham, des Gerichtspräsidenten seligen Andenkens,[430] nur schwer verständlich, der folgendes geschrieben hat: "Wenn ein (insolventer) Darlehensnehmer sagt: 'Ich will nicht, daß meine Gebrauchsgegenstände[431] (zur Zahlung meiner Schulden) verkauft werden,' dann muß (d)er (Darlehensgeber) sie ihm immer wieder zurückgeben, (wenn er sie zwischendurch benötigt)." Aus den Ausführungen der übrigen Lehrer aber geht für dich klar hervor, daß man dem Schuldner nur die lebensnotwendigen

---

meindegericht läßt das Tier vermutlich auf Veranlassung des geschädigten Eigentümers dem Entleiher wegnehmen, um die Ansprüche des Geschädigten zu sichern. Der Eigentümer des schädigenden Tieres macht nun dem Entleiher den nachfolgend zitierten Vorwurf.

[425] Die Argumentation des Nachmanides klingt einigermaßen rätselhaft, weil der Entleiher den gerichtlichen Eingriff ja hinnehmen mußte und sich von Rechts wegen gar nicht gegen die Beschlagnahme wehren konnte. Ein schuldhaftes Verhalten ist dem Entleiher des Ochsen auch im Argumentationszusammenhang der Talmudstelle überhaupt nicht vorwerfbar.

[426] Zu Isaak Al-Fasi und seinem Talmudkompendium siehe S.10 Anmerkung 52.

[427] Nämlich zu b Gittin 41a.*

[428] Text in der Ausgabe Asaf, a.a.O., S.83f § 39(a).

[429] Zu Samuel Ben Isaak ha-Sardi aus Barcelona, der hier mit einer Variante auch ha-Sefardi tituliert wird, siehe schon S.1 Anmerkung 1.

[430] Gemeint ist Abraham Ben Isaak von Narbonne, ein bedeutender Talmudgelehrter und Rechtsgutachter des 12.Jrh.'s, der Schwiegervater des Abraham Ben David von Posquières. Eine Textvariante nennt ihn statt seines Schwiegervaters als Autor der nachfolgend referierten Ansicht.

[431] Möglicherweise besitzt er lebensnotwendige Gebrauchsgegenstände jeweils in mehrfacher Ausfertigung, die der Gläubiger gepfändet hat, und darüber hinaus noch andere, nicht unbedingt lebensnotwendige Mobilien, die der Gläubiger ebenfalls gepfändet hat. Der Sachverhalt ist aber nicht klar geschildert.

Gebrauchsartikel beläßt und den Überschuß definitiv (dem Darlehensgläubiger zu Verwertungszwecken) zuspricht.[432] Das ist die Antwort: Du bist (das Problem) mit lobenswerter Genauigkeit angegangen und bist in lobenswerter Weise bestrebt gewesen, der (einschlägigen) Halacha genau nachzuforschen, die abgründig, dunkel und versiegelt in den Worten der Altvorderen enthalten ist, um jegliche Verborgenheit ans Licht zu bringen. Ich will dir nun unsere Auffassung zur Kenntnis bringen,[433] die durch deine Talmudhochschule erbeten worden ist.[434] Wir haben sie nämlich schon längst in Gestalt einer sorgfältigen, nach dem besten Vermögen unseres Verstandes durchgeführten Untersuchung fertig (formuliert). Sie findet sich mit ihren Entscheidungen und ihren Beweisen bei uns niedergeschrieben.[435] Doch ich will vor dir (noch einmal gesondert) den Sachverhalt mit der Unpfändbarkeit in geordneter Weise darstellen und dir die wesentlichen Beweise in gekürzter Form zur Kenntnis bringen. Du bist gelehrt (genug), um die Dinge dann selber definitiv zu entscheiden.

Der generelle Duktus der Gesetzestradition richtet sich nach jenen Autoritäten, die (dem zahlungsunfähigen Schuldner) einen bestimmten Unpfändbarkeitsschutz zugestehen. Wenn der Vollstreckungsbeamte des jüdischen Gerichtshofs zu Beginn (auf Anforderung des Gläubigers) daherkommt und den Darlehensschuldner pfändet, so soll man(!) zu seinen Gunsten bestimmte Dinge von der Pfändung ausnehmen.[436] Wie ist das zu verstehen? (Wenn der

---

[432] Die lebensnotwendigen Gegenstände würden dem Schuldner dann nur in ein- bis zweifacher Ausführung belassen; der Rest würde verkauft und der Erlös an den Gläubiger gehen.
[433] Oder: "Ich will dir nun die Befolgung unserer Auffassung nahelegen,..." Hebräisch: WHNNY MʿMYDK ʿL DʿTYNW.
[434] Statt ŠNTBQŠ wäre ja wohl ein ŠNTBQŠH besser gewesen.
[435] Nämlich im Talmudkommentar von Nachmanides zu b Baba Metziʿa 113a-114a.
[436] Das Problem, das den ganzen Text durchzieht, ist der nicht klar ausgeführte Unterschied zwischen einer Pfändung, mit der der Darlehensgläubiger das Pfand erst einmal bloß als Sicherungsmittel für das Bestehen seiner in der Regel schon fälligen Forderung nimmt oder nehmen läßt, und zwischen einer Zwangsverwertung des Pfandgutes, die der völligen oder teilweisen Tilgung der Verbindlichkeiten des Darlehensschuldners dient. Eine vom Hrsg. Asaf notierte Variante spricht das Problem immerhin etwas deutlicher an; sie lautet: "Wenn der Vollstreckungsbeamte des jüdischen Gerichtshofes am Anfang mit einer Pfändung daherkommt, (muß man zugunsten des Schuldners) in derselben Weise (Dinge von der Pfändung ausnehmen), in der man zu seinen Gunsten am Schluß, also zum Zeitpunkt der Einkassierung der Forderung, Dinge von der Pfändung ausnimmt." Eine Pfändung, die im ersten Stadium bloß als Sicherungsmaßnahme für die Forderung des Darlehensgläubigers herhalten soll, macht zum Beispiel Sinn, wenn die Forderung im Sabbatjahr fällig geworden ist, nicht bezahlt wurde und am Ende des Sabbatjahres zu erlöschen droht. Nach rabbinischem Recht erlöschen solche Forderungen am Ende des Siebentjahres aber nicht, wenn der Gläubiger ein Pfand vom Schuldner in der Hand hat. Was liegt nun näher, als sich kurz

Schuldner mehrere Liegemöbel hat), so pfändet (d)er (Vollstrekkungsbeamte) nicht alle seine Liegemöbel weg; vielmehr beläßt er dem Schuldner (soviel), wie es ihm gewohnheitsmäßig zukommen soll. Das ist es nämlich, was gelehrt wird: MAN BELASSE DEM (bisher) REICHEN ZWEI LIEGEMÖBEL[437] UND EINE °MATRATZE, (UND DEM ARMEN ZWEI LIEGEMÖBEL UND EINE GEFLOCHTENE LIEGEMATTE)(b Baba Metziʿa 113b). Das besagt, daß der Vollstreckungsbeamte des jüdischen Gerichtshofes ihm von vorneherein unpfändbare Gebrauchsutensilien beläßt, die er ihm nicht wegpfändet. Das ist es ja auch, was wir im (Mischna-)Traktat ʿArachin gelernt haben: OBWOHL MAN GESAGT HAT, DASS MAN DIEJENIGEN, DIE DEN SCHÄTZWERT EINER PERSON SCHULDIG GEBLIEBEN SIND, (PFÄNDET,[438] SO BELÄSST MAN DEM SCHULDNER DENNOCH NAHRUNG FÜR 30 TAGE, KLEIDUNG FÜR 12 MONATE, EIN LIEGEMÖBEL MIT EINER AUFLAGE [zum Schlafen, ein Paar?] SCHUHE usw.) (M ʿArachin VI,3).[439] Das lehrt, daß man ab dem Zeitpunkt der Pfandnahme bestimmte Dinge von der Pfändung ausnimmt. Wenn aber der Darlehensgläubiger jene Utensilien eigenmächtig pfändet oder gar gewaltsam in Beschlag nimmt,[440] dann handelt er zwar rechtswirksam; doch muß er (dem Schuldner die Dinge immer für die Tageszeit) zurückgeben, (zu der sie von ihm benötigt werden). Hernach darf er sie wieder pfänden

---

vor dem Ende eines solchen Jahres ein Pfand vom Schuldner zu nehmen, um das Erlöschen der Forderung zu verhindern? Anschließend kann der Gläubiger dann in Ruhe seine Klage einreichen und seinen Zahlungsanspruch durch das jüdische Gemeindegericht im neuen Jahr nach dem Sabbatjahr titulieren lassen. Hat das Gericht zugunsten des Darlehensgläubigers entschieden, so erlischt diese Forderung dann nicht mehr, auch nicht am Ende des nächsten Sabbatjahres. Das Problem besteht nun unter anderm darin, wie der Gläubiger oder Gerichtsvollzieher verfahren soll, wenn der Schuldner nur Gegenstände besitzt, die zu seiner Lebensführung absolut notwendig sind. Dasselbe Problem erhebt sich dann auch, wenn endgültig vollstreckt wird und die Forderung so weit wie möglich durch das jüdische Gemeindegericht beigetrieben werden soll. Welche Gebrauchsartikel müssen von der Verwertung ausgeschlossen und dem Schuldner belassen werden?

[437] Ein Sofa für den Tagesgebrauch, auf dem man auch sitzen kann, und ein Bettgestell für die Nacht, auf das dann vom Schuldner die Liegeunterlage getan wird.

[438] Nach Lev.27,2ff* konnte man zur Zeit des bestehenden Tempels den Schätzwert einer Person dem Heiligtum geloben, und wurde dann in der entsprechenden Höhe gegenüber der Tempelverwaltung zahlungspflichtig. Die Mischna behandelt den Fall, daß Leute ihrer Selbstverpflichtung nicht nachkommen konnten und darum von der Tempelverwaltung gepfändet wurden. Diese ursprünglich nur sakralrechtlich gültigen Vorschriften wurden dann in talmudischer Zeit mit gewissen Abwandlungen auch auf weltliche Insolvenzverfahren ausgedehnt.

[439] Die Familienangehörigen des Schuldners profitieren von den Pfändungsfreigrenzen im Prinzip nicht! Frau und Kinder müssen im Zweifelsfall betteln gehen oder von der Armenfürsorge der jüdischen Ortsgemeinde unterhalten werden, solange der Familienvater seine Verbindlichkeiten nicht getilgt hat.

[440] Um sie zum Beispiel wegen des ausklingenden Sabbatjahres zunächst einmal nur als Mittel zur Sicherung seiner Forderung an sich zu nehmen.

(und muß sie dann wieder für den benötigten Tagesabschnitt zurückgeben. Dieses Verfahren muß er bei bestimmten lebensnotwendigen Gebrauchsgegenständen) gemäß unseren mischnischen Rabbinen auf unbegrenzte Zeit (einhalten, wenn der Schuldner zahlungsunfähig bleibt).[441] Denn nach ihnen richtet sich die Halacha. Handelt es sich aber um ein Seidenkissen oder um eine Seidendecke[442] oder um ein Gewand aus feinster Wolle, oder (um eine Schlafunterlage), auf der (d)er (Schuldner von seinem Stand her) nicht zu schlafen gewohnt war, sondern (bloß) auf einer Matte oder Matratze, und ist die Lage jetzt so, daß er sich ein (solches) Kissen und eine (solche) Bedeckung[443] gekauft hat, dann soll (d)er (Darlehensgläubiger) sie nicht wegnehmen, (für den benötigten Tagesabschnitt) wieder zurückgeben (und die Prozedur) auf unbegrenzte Zeit (einhalten, wenn der Schuldner zahlungsunfähig bleibt). Vielmehr darf (d)er (Darlehensgläubiger) die Dinge unter Aufsicht des jüdischen Gerichtshofes (sofort oder erst nach Ablauf einer 30-tägigen Frist?) verkaufen und für seinen Schuldner (zum Beispiel) eine (weniger hochwertige) Matratze oder eine Matte (als Schlafunterlage) kaufen.[444] Die gibt (d)er (Darlehensgläubiger) ihm dann zurück, (behält die Differenz vom Verkaufserlös als Teiltilgung für seine Forderung ein), und nimmt dem Schuldner die (neu ausgehändigten, minderwertigeren) Gebrauchsgegenstände niemals mehr wieder weg.[445] Dies ist es (ja auch), was man (im Talmud dazu) gesagt hat: (HABEN LEUTE GEGEN EINEN SCHULDNER EINE FORDERUNG VON 1000 MINEN, UND TRÄGT DIESER EINEN MANTEL IM WERT VON 100 MINEN,[446] SO SOLL MAN IHM DIESES GEWAND (bei sonstiger Insolvenz) AUSZIEHEN (UND IHM EINEN MANTEL ALS KLEIDUNG ZUGESTEHEN, DER IHM GE-

---

[441] Meint Nachmanides damit M Baba Metzi'a IX,13?* Einigermaßen unklar bleibt das Verhältnis zwischen dem Vollstreckungsbeamten und dem eigenmächtig vorgehenden Gläubiger. Darf der Gläubiger auch nach dem ersten Besuch des Vollstreckungsbeamten und dessen Verfügung so verfahren wie hier beschrieben? Darf der Gläubiger weiter so verfahren wie hier beschrieben, wenn das spätere Zwangsverwertungsverfahren nach der gerichtlichen Titulierung der Gläubigerforderung nichts oder nicht genügend erbringt, um die Gläubigerforderung zu befriedigen? Wenn ja, dann hat die ständige Wegnahme und Rückgabe hernach nur noch den Sinn eines Druckmittels gegen den Schuldner, weil die Darlehensforderung des Gläubigers ja aufgrund der nunmehrigen gerichtlichen Titulierung am Ende des nächsten Sabbatjahres nicht mehr erlischt.
[442] Oder: "um ein seidenes Gewand", hebräisch KSWT ŠL MŠY.
[443] Im hebräischen Text steht jetzt KST.
[444] Der Anfang der Aufzählung der verwertbaren Gegenstände kongruiert nicht so recht mit ihrem Ende.
[445] Ein Schuldner mit anfangs hochwertigen lebensnotwendigen Gebrauchsgegenständen steht also spätestens nach der endgültigen gerichtlichen Entscheidung seines Falles, oder vielleicht auch schon vorher, unter bestimmten Umständen besser da als ein Schuldner mit a priori minderwertigen lebensnotwendigen Gebrauchsgegenständen derselben Kategorie.
[446] Und hat er sonst keinen Mantel mehr.

BÜHRT)(b Schabbat 128a).*⁴⁴⁷ Das aber besagt, daß (d)er (Darlehensgläubiger) die (neu gekauften billigeren Ersatz-)Artikel nie mehr (nach dem oben beschriebenen Verfahren) wegnimmt und wieder zurückgibt.[448] Und es gibt Dinge,[449] die er überhaupt nicht mehr zurückgeben muß, weil er sie (gleich) zwecks Einkassierung (seiner Forderung) durch den jüdischen Gerichtshof wegnimmt.[450] Eine Rückgabepflicht gibt es (in bestimmtem Umfang) nur bei (beweglichem) Pfandgut, (das als Mittel zur Sicherung seiner Forderung dient). Und man darf sagen, daß (d)er (Gläubiger) einen rückgabepflichtigen Artikel die ganze 30-tägige Frist (ab der Einleitung der Pfändung dem Schuldner täglich zum Bedarfszeitpunkt) in natura zurückgeben muß; denn eine Rückgabe erfolgt in natura. Wenn er aber nach Beendigung der 30-tägigen Frist zum jüdischen Gerichtshof kommt, um durch diese Institution seine Forderung für sich einkassieren zu lassen, so gibt man(!) dem Schuldner dann nur noch die Dinge zurück, die man ihm von Rechts wegen als unpfändbar belassen muß, so wie wir es oben geschrieben haben. Infolgedessen muß er ihm dann keine Gegenstände mehr zurückgeben, die ihm nicht gebühren.[451] Hier steht der gewöhnliche jüdische Laie

---

[447] Der Mantel wird spätestens ab der gerichtlichen Titulierung der Gläubigerforderungen, oder vielleicht auch schon vorher, verkauft; die Gläubiger können ihre Forderungen aus dem Erlös bruchteilig befriedigen; und ein kleiner Teil des Erlöses wird dazu verwandt, dem Schuldner einen deutlich weniger werten, einfacheren Mantel zu kaufen.

[448] Die billigeren Ersatzartikel verbleiben ganz in der Sachherrschaft des Schuldners und dürfen vom Gläubiger für keinen Tagesabschnitt mehr weggenommen werden.

[449] Statt WY"L ist mit dem Talmudkommentar von Nachmanides zu b Baba Metziʿa 114a ein WYS zu lesen.

[450] Statt DBHZQT GBYYH ist mit dem Talmudkommentar von Nachmanides zu b Baba Metziʿa 114a ein DBTWRT GBYYH zu lesen. Es geht hier vornehmlich um Grundeigentum des insolventen Schuldners, das bei Wegnahme sofort der Zwangsverwertung durch den jüdischen Gerichtshof unterworfen wird, und das man nicht zur bloßen Sicherung einer Gläubigerforderung pfändet. Doch auch bestimmte mobile Wertgegenstände können vom Gläubiger a priori ohne Rückgabepflicht innerhalb der 30-tägigen Frist gepfändet werden. Siehe dazu S.85 und S.87. Grundsätzlich ist darauf hinzuweisen, daß die Mobiliarzwangsvollstreckung der Immobiliarzwangsvollstreckung vorausgeht. Erst wenn die definitive Vollstreckung in das Geld- und das sonstige Mobiliarvermögen des Schuldners nichts oder nicht genügend ergibt, um die Gläubigerforderung zu befriedigen, geht es an das Grundvermögen des Schuldners, sofern vorhanden.

[451] Diese werden vielmehr der definitiven Zwangsverwertung zugeführt. Während der 30-tägigen Frist kann der Gläubiger dem Schuldner offenbar eine ganze Reihe von (an sich lebensnotwendigen) Gebrauchsgegenständen mit der Auflage wegnehmen, sie ihm für den Tagesabschnitt, zu dem sie (potentiell) benötigt werden, wieder zu überlassen. Damit wäre die in der Eingangsfrage angesprochene Problematik allem Anschein nach tangiert, wo ein Schuldner Dinge, die zur Bestreitung des Lebensunterhaltes für sich genommen absolut notwendig sind, in größerer Anzahl als für ihn notwendig besitzt. Der Gläubiger müßte dann 30 Tage lang alle diese Utensilien en bloc immer wieder für die betreffende Tageszeit zurückgeben, bis schließlich nach Ablauf der Frist das jüdische Gemeindegericht unter vorausgehender Titulierung der Gläubigerforderung aus

(als Gläubiger) schlechter da als die Tempelverwaltung.[452] Denn der gewöhnliche jüdische Laie muß (innerhalb der 30-tägigen Frist eine Reihe von Sachen immer wieder dem Schuldner) zurückgeben; (die Tempelverwaltung aber muß dies nicht tun).[453] Und wenn du dagegen einwenden möchtest, daß auch der gewöhnliche jüdische Laie bei Utensilien, die (d)er (Schuldner) nicht notwendig braucht, keiner Rückgabepflicht unterliegt, sondern (nur zum Beispiel) beim Tagesgewand oder beim Nachtgewand, so nimmt doch die Tempelverwaltung die beiden Gewänder (ihrem Schuldner) erst gar nicht weg, (um sie ihm zum Bedarfszeitpunkt täglich wieder auszuhändigen), sondern man beläßt (ihm diese Gewänder dort von vornehrein) als unpfändbar.[454] Vielmehr verhält es sich so: Bei (einer Reihe von) Gegenständen, die dem Schuldner nicht gebühren, muß ein gewöhnlicher jüdischer Laie (als Gläubiger) die Dinge in natura (dem Schuldner immer wieder) solange zurückgeben, bis ihm der jüdische Gerichtshof nach Ablauf der 30-tägigen Frist die (endgültige) Einkassierung gestattet.[455] Bei der Tempelverwaltung (mit einem insolventen Gelöbnisschuldner) ist es hingegen so, daß sie die Utensilien (ab der Einleitung des Pfändungsverfahrens insgesamt) sofort (beschlagnahmt und) verkauft, und sie dem Schuldner (davon lediglich) zurückgibt, was ihm aufgrund der Unpfändbarkeitsgesetzgebung zusteht. So deutet auch Raschi, dessen Andenken gesegnet sei,[456] die (im Talmudtext erst aufgestellte und dann verworfene) Rückgabepflicht (von Pfandgut) durch die Tempelverwaltung (an den Gelöbnisschuldner),[457] nämlich auf einen Zeitraum, der alle 30 Tage umfaßt.[458] Anders betrachtet findest du diesen Tatbe-

---

dem Pfandgut die überschüssigen Dubletten aussondert, sie verkauft, den Erlös dem Gläubiger gibt, und den Rest dem Schuldner überläßt. Darf der nicht vollständig befriedigte Gläubiger auch noch danach weiter wie oben geschildert verfahren und dem Schuldner die belassenen lebensnotwendigen Gebrauchsgegenstände für den Tagesabschnitt wegnehmen, an dem sie vom Schuldner nicht benötigt werden, um sie ihm für den anderen Tagesabschnitt wieder aushändigen zu müssen?

[452] Wenn sie bei Bestehen eines Tempels in Jerusalem einen leistungsunfähigen Gelöbnisschuldner pfändet(e).

[453] Die letzte Ergänzung in Klammern folgt dem Text im Talmudkommentar von Nachmanides zu b Baba Metzi'a 114a.

[454] Ohne daß der Tempel damit zum Beispiel am Ende eines Sabbatjahres seinen Anspruch gegen den Gelöbnisschuldner verwirkt! Der gewöhnliche Gläubiger mit einer am Ende des Sabbatjahres überfälligen Forderung muß hingegen zusehen, wie er sich zur Sicherung seines Anspruchs mit diesem Verfahren über die Runden hilft. Mit dem Talmudkommentar des Nachmanides zu b Baba Metzi'a 114a ist das 'YN vor MSDRYN zu streichen.

[455] Die Mobilien des Schuldners werden bei Titulierung der Gläubigerforderung unter gerichtlicher Aufsicht verkauft, und der Erlös fällt dem Gläubiger zu.

[456] Zu Person und Werk siehe S.5 Anmerkung 27.

[457] Siehe die Diskussion in b Baba Metzi'a 114a.

[458] Siehe seinen Talmudkommentar zu b Baba Metzi'a 114a.

stand auch bei Gegenständen vor, mit deren Hilfe man lebensnotwendige Nahrung zubereitet oder konsumiert. Denn bei der Tempelverwaltung gibt man (dem insolventen Gelöbnissschuldner) die Utensilien nicht (zur täglichen Bedarfszeit dauernd) zurück, sondern beläßt ihm (a priori) ein unpfändbares Minimum (von diesen Gegenständen), so wie es im (Traktat) ʽArachin zu finden ist.[459] Geht es aber um einen gewöhnlichen jüdischen Laien (als Gläubiger), so muß man (solche Gegenstände erst einmal mindestens über den 30-tägigen Zeitraum hin zum täglichen Bedarfszeitpunkt immer wieder) zurückgeben, obwohl darüber nichts in der Heiligen Schrift erläutert steht. Und jegliche Zurückgabe von Pfandgut betrifft °nur den Zeitraum, da es als Pfandgut (zur Sicherung der Gläubigerforderung) anzusehen ist. Dieser Zeitraum umfaßt als gerichtsübliche Frist 30 Tage (ab Einleitung des Pfändungsverfahrens). Wenn aber (d)er (Gläubiger) danach zum jüdischen Gerichtshof kommt, beläßt diese Institution (dem Schuldner) das unpfändbare Existenzminimum und läßt für den Gläubiger (unter Verwertung der endgültig einbehaltenen Gegenstände) die (unmittelbar zuvor titulierte) Forderung einkassieren, so wie es ihm rechtlich zukommt. Von da an werden (die fraglichen Gegenstände, die man dem Schuldner während der 30-tägigen Frist immer wieder zurückgegeben hat), hier nicht mehr zurückgegeben.[460] Solange allerdings der jüdische Gerichtshof dem Gläubiger die Einkassierung seiner Forderung (noch) nicht ermöglicht hat, muß er sogar 100 Jahre lang (einen solchen Gegenstand dem Schuldner immer wieder zum benötigten Tageszeitpunkt) zurückgeben, darf ihn dann wieder wegnehmen, und muß ihn erneut (zum benötigten Tageszeitpunkt) zurückgeben. Denn er ist (erst eimal nur) als Pfandgut (zur Sicherung seiner Forderung) in seiner Hand, bis daß (ihm) der jüdische Gerichtshof diesen definitiv (zur endgültigen Verwertung) zuspricht. Der barmherzige (Gott) hat gesagt: DU SOLLST IHM (BEI SONNENUNTERGANG) DAS PFAND ZURÜCKGEBEN, (DAMIT ER IN SEINEM GEWAND SCHLAFEN KANN...) (Deuter.24,13).* Das heißt: Solange es ein Pfandgut ist, sollst du nicht schlafen gehen und sein Pfand gleichzeitig bei dir behalten. Und wenn man (dem Schuldner zum benötigten Tageszeitpunkt immer wieder die fraglichen Utensilien) zurückgibt, so gilt das nur, wenn er (zum Beispiel) bloß ein einziges Kissen oder eine einzige (gepolsterte?) Decke hat. Selbst wenn das Stück eine Mi-

---

[459] Wo?
[460] Die Frage bleibt auch hier immer noch ungeklärt, ob bei den belassenen existenznotwendigen Gegenständen der noch nicht voll befriedigte Gläubiger dem Schuldner bestimmte Artikel auch weiterhin zu dem Tageszeitpunkt wegnehmen darf, zu dem sie vom Schuldner nicht benötigt werden, um sie ihm für den Tagesabschnitt zurückgeben zu müssen, an dem er ihrer bedarf.

ne⁴⁶¹ wert ist, verpflichtet die Tora den Gläubiger, es (für den benötigten Tageszeitpunkt immer wieder dem Schuldner) zurückzugeben.⁴⁶² Hat (d)er Schuldner aber (zum Beispiel jeweils) zwei (Tages- und Nachtgewänder), dann nimmt (ihm d)er (Gläubiger zur Sicherung seiner vom Untergang bedrohten Forderung) einen Artikel weg, gibt ihn überhaupt nicht mehr zurück und überläßt (ihm) den anderen.⁴⁶³ Und das ist die beim (bisher) Reichen anzuwendende Deutung der Aussage des barmherzigen Gottes: DAMIT ER (IN SEINEM GEWAND) SCHLAFEN KANN (Deuter.24,13). Und diese Vorschriften gelten für ein Tages- oder für ein Nachtgewand, oder für Utensilien, die man für die Zubereitung oder für den Verzehr von lebensnotwendiger Nahrung unbedingt braucht.°Aber bei allen übrigen Dingen, wie zum Beispiel bei Schalen⁴⁶⁴ und bei Messern, die man zur Zubereitung lebensnotwendiger Nahrung nicht benötigt, bei einem (Prunk-?)Stuhl, einem (siebenarmigen) Leuchter, und so auch bei Büchern und anderen Gegenständen, pfändet man ohne Rückgabepflicht,⁴⁶⁵ selbst wenn der Schuldner die betreffenden Artikel (eigentlich) benötigt. (Es verhält sich damit so), wie wir es (im Talmud) sagen: (JEMAND PFÄNDETE SEINEM NÄCHSTEN DAS FLEISCH[ER]MESSER HINWEG. DANN TRAT ER VOR ABBAJE HIN, [um seine Forderung wenigstens zum Teil aus dem Verkauf des präsentierten Messers zu befriedigen]. DER SPRACH ZU IHM:) 'GEH UND GIB (DAS MESSER) ZURÜCK, DENN ES GEHÖRT ZU DEN DINGEN, DIE MAN FÜR DIE ZUBEREITUNG LEBENSNOTWENDIGER NAHRUNG BENÖTIGT' (b Baba Metziʿa 116a).*⁴⁶⁶ Das impliziert nämlich folgendes: Verhält es sich (mit dem gepfändeten Gegenstand) nicht so, dann muß (d)er (Gläubiger) ihn selbst bei Benötigung durch den Schuldner nicht einmal für die Stunde zurückgeben, zu der jener (den Gegenstand eigentlich) benötigt. Denn die Tora nimmt es da nur mit dem Tagesgewand und mit dem Nachtgewand genau, nicht aber mit allen übrigen Gegenständen; denn es steht ja geschrieben: DAMIT ER IN SEI-

---

461 Also 100 Währungseinheiten.
462 Im Verhältnis zu den Ausführungen auf S.81f ergeben sich hier Probleme.
463 Ohne den anderen Artikel während der nächsten 30 Tage für einen bestimmten Tagesabschnitt wegzupfänden.
464 Oder: "bei Glasflaschen", hebräisch ṢLWḤYWT.
465 Die Gegenstände werden nach Ablauf der 30-tägigen Frist und nach erfolgter Titulierung der Gläubigerforderung unter gerichtlicher Aufsicht verkauft; und mit dem Erlös wird die Forderung so weit wie möglich befriedigt.
466 Und nicht 115a, wie vom Hrsg. Asaf notiert. Unklar bleibt, ob die Rückgabe zur Gänze erfolgen muß oder es auch ausreicht, wenn der Gläubiger das Messer immer nur für die benötigte Tageszeit dem Schuldner überläßt, um es anschließend wieder an sich zu nehmen. Von der Argumentation des Kontextes her liegt die zweite Annahme näher.

NEM GEWAND SCHLAFEN KANN (Deuter.24,13). In der Mechilta[467] wird (zu Exodus 22,25f)[468] folgendes gelehrt: DENN DAS ALLEIN IST SEINE BEDECKUNG (Ex.22,26): DAMIT IST DAS OBERGEWAND GEMEINT.[469] ES IST SEIN GEWAND FÜR SEINE HAUT: DAMIT IST DAS HEMD GEMEINT.[470] WORIN SOLL ER SCHLAFEN? DAS SCHLIESST EIN FELL ALS LIEGEUNTERLAGE MIT EIN (Mischpatim § 19). Und es verhält sich auf jeden Fall so, daß man kraft Aussage unserer Rabbinen jene Utensilien, die man für die Zubereitung (oder für den Verzehr) von lebensnotwendiger Nahrung unbedingt braucht, (mindestens zum benötigten Tagesabschnitt) zurückgeben muß. Wir haben ja folgendes gelernt: UND DEN PFLUG (MUSS ER IHM) FÜR DIE TAGESZEIT (ZURÜCKGEBEN)(M Baba Metziʿa IX,13). Das lehrt, daß sie dieses[471] aus einem Schluß vom Leichteren zum Schwereren ableiten: Weil die Tora die Unpfändbarkeit dieser (Utensilien)[472] mit größerem Nachdruck gebietet[473] als bei den übrigen Dingen,[474] so muß jener, der diese (Utensilien) pfändet, sie erst recht (zumindest für den benötigten Tagesabschnitt dem Schuldner) zurückgeben.[475] Kommt (d)er (Gläubiger) allerdings nach Ablauf der 30-tägigen Frist zum jüdischen Gerichtshof, um durch diesen seine Forderung einkassieren zu lassen, so läßt das Gericht für ihn die Forderung auch aus jenen Utensilien einkassieren, mit denen man lebensnot-

---

[467] Die Mechilta des Rabbi Ismael ist ein hauptsächlich halachischer Midrasch zum Buche Exodus, der in seiner heute vorliegenden Gestalt vermutlich am Ende des dritten Jrh.'s kompiliert oder redigiert wurde, aber etliches Material schon aus dem 2.Jrh. enthält.

[468] Die Verse lauten wie folgt: WENN DU DAS GEWAND DEINES (armen) NÄCHSTEN PFÄNDEST, MUSST DU ES IHM BIS ZUM SONNENUNTERGANG WIEDER ZURÜCKGEBEN. DENN DAS ALLEIN IST SEINE BEDECKUNG. ES IST SEIN GEWAND FÜR SEINE HAUT. WORIN SOLL ER SCHLAFEN?...

[469] Das der Gläubiger dem Schuldner bis vor(!) Sonnenuntergang zurückgeben muß, also für den ganzen Tagesabschnitt. Siehe die Mechilta des Rabbi Ismael zu Ex.22,25 unmittelbar vorher. TLYT im Mechilta-Text bedeutet hier nicht spezifisch "Mantel".

[470] Das der Gläubiger dem armen Schuldner zur Nacht wiedergeben muß.

[471] Nämlich die Rückgabepflicht von sicherungsgepfändeten Utensilien, die mit der Nahrungszubereitung oder mit dem Nahrungskonsum zu tun haben.

[472] Der in der vorigen Anmerkung genannten.

[473] Siehe - pars pro toto - Deuter.24,6, wo das Pfänden von Mühlsteinen mit der Begründung verboten wird, daß damit das Leben eines Menschen zum Pfand genommen würde. Eigentlich müßte solch ein Gegenstand dem zahlungsunfähigen Schuldner voll und ganz, nicht aber immer wieder nur für den benötigten Tagesabschnitt zurückgegeben werden.

[474] Zum Beispiel beim Tages- oder Nachtgewand, das der Gläubiger für den nicht benötigten Tagesabschnitt pfänden darf.

[475] Die Pfändung der mit der Nahrung zusammenhängenden Utensilien ist a priori kraft Toragesetzes verboten. Übertritt der Gläubiger dieses Verbot, so muß er die besagten Artikel dem Schuldner dennoch nur für den benötigten Tagesabschnitt immer wieder zurückgeben. Eine Rechtspflicht zur gänzlichen Rückgabe besteht trotz der Verletzung eines Toragesetzes nach Nachmanides Auffassung nicht!

wendige Nahrung zubereitet oder verzehrt. Allerdings beläßt das Gericht dem Schuldner davon ein (von seiner Seite her) unpfändbares Minimum, °so °wie es ihm auch bei anderen Artikeln ein (von seiner Seite her) unpfändbares Minimum beläßt.[476] Das verhält sich so, wie wir es im Traktat ʿArachin sagen: IST ER EIN ZIMMERMANN, (SO BELÄSST MAN IHM ZWEI ÄXTE UND ZWEI SÄGEN). RABBI ELIESER SAGT: IST ER EIN BAUER, (SO BELÄSST MAN IHM SEIN RINDERGESPANN; IST ER EIN ESELTREIBER, SO BELÄSST MAN IHM SEINEN ESEL)(M ʿArachin VI,3).* NACH AUFFASSUNG UNSERER RABBINEN GEHÖREN DIESE DINGE[477] ABER ZU DEN (im Zwangsvollstreckungsverfahren zugunsten des Gläubigers verwertbaren) GÜTERN (aus dem Schuldnervermögen)(b ʿArachin 24a),* so wie es dort steht. So sieht die Rechtslage bei der Unpfändbarkeit aus. Daraus ergibt sich jetzt, daß es (von Gerichts wegen zur vorläufigen Sicherung einer vom Untergang bedrohten Gläubigerforderung) keine Pfändung bei (zur Lebensführung wirklich) notwendigen Dingen gibt, wie zum Beispiel bei zwei Liegemöbeln und der Matratze eines (bisher) Reichen, und bei zwei Liegemöbeln und der geflochtenen Matte eines Armen.[478] Nicht zurückgegeben werden (innerhalb der 30-tägigen Frist gepfändete) Dinge, die der Schuldner nicht benötigt, wie zum Beispiel (bestimmte) Mobilien und für den Hausbedarf nötige Dinge, ausgenommen jene Utensilien, mit denen man lebensnotwendige Nahrung zubereitet oder verzehrt. Geht es aber um (vom Gläubiger) widerrechtlich gepfändete Dinge, also um Utensilien, die der Schuldner (für seine Lebensführung) benötigt, und um Utensilien, mit deren Hilfe man lebensnotwendige Nahrung zubereitet oder verzehrt, und ebenso um Utensilien (beider Kategorien), die er zwar benötigt, die aber als in größerer Stückzahl bei ihm vorhanden gelten als ihm gebührt, so mag (d)er (Gläubiger) sie zwar von vorneherein an sich nehmen; er muß dann aber (alle wieder mindestens zum benötigten Tagesabschnitt dem Schuldner) zurückgeben. Er darf sie (nach Ablauf der 30-tägigen Frist bei Titulierung seiner Forderung) dann unter gerichtlicher Aufsicht (und unter Aussparung der von Gerichts wegen unpfändbaren Gegenstände) verkaufen. Das verhält sich so, wie es oben erläutert worden ist.[479]

•

---

[476] Siehe noch einmal S.84 Anmerkung 460.
[477] Nur die von Rabbi Elieser genannten.
[478] Siehe oben S.80.
[479] Der in vielen Aspekten reichlich unklare Text findet sich in der Ausgabe Asaf, a.a.O., S.66ff § 10.

Du hast noch eine Frage gestellt,[480] die das Procedere bei der Grundstückstaxierung betrifft.[481] Nimmt man am Anfang die Taxierung vor, versteigert man erst danach (das Grundstück) in Form einer öffentlichen Ausrufung, und bekommt es der Darlehensgläubiger in Höhe seines Schätzwertes zugesprochen, wenn die Versteigerer (einen Käufer, der bereit gewesen wäre), ihren Schätzpreis (zu zahlen), nicht gefunden haben? Oder ist es vielleicht so, daß wenn man einen Käufer gefunden hat, man es ihm für viel oder wenig Geld[482] definitiv zusprechen darf, weil ja die Versteigerung in Form einer öffentlichen Ausrufung den wesentlichen Teil (des Immobiliarzwangsvollstreckungsverfahrens) darstellt und wir (in der Gesetzestradition) keine Angabe (des Inhaltes) vorgefunden haben, daß die Taxierung (des Grundstücks) der öffentlichen Zwangsversteigerung (mit Bindungswirkung) vorausgehen muß?[483]

Das ist die Antwort: Es verhält sich in der Tat so: Am Anfang bemächtigen sich drei (sachkundige Personen im Auftrag des jüdischen Gerichtshofes des Schuldnergrundstücks), um es im Wert zu schätzen, und schätzen von jenem Grundstück zugunsten des Darlehensgläubigers umfangsmäßig so viel ab, wie es zur Deckung seiner Forderung ausreicht. Hernach versteigert man den Grundstücksteil in Form einer öffentlichen Ausrufung. Findet man jemanden, der mehr als den Schätzwert bietet, verkauft man das Objekt an ihn.[484] Findet man keinen (Kaufinteressenten), der bereit wäre, auch nur den von ihnen fixierten Schätzwert zu bezahlen, so spricht man dem Darlehensgläubiger den Grundstücksteil definitiv unter Zugrundelegung seines Schätzwertes zu. Dies ist mit der Aussage gemeint: SO UND SO HOCH IST DER ERTRAGSWERT (der Grundfläche);[485] UND SO UND SO HOCH IST DER SCHÄTZWERT (b ʿArachin

---

[480] Der Fragesteller ist auch hier wieder Samuel Ben Isaak ha-Sardi aus Barcelona. Zu Person und Werk siehe S.1 Anmerkung 1.

[481] Einem insolventen Schuldner werden durch das jüdische Gemeindegericht zunächst mobile Wertgegenstände zur Erfüllung der Gläubigerforderung weggenommen, soweit sie ihm nicht kraft Unpfändbarkeit belassen werden müssen. Hat er keine oder nicht genügend Mobilien zur Erfüllung der Gläubigerforderung, geht es in einem zweiten Schritt an den Grundbesitz, sofern beim Schuldner vorhanden. Fachkundige Männer aus der Gemeinde schätzen im Auftrag des Gerichts den Verkehrswert des Schuldnergrundstücks; und dieser Wert wird bei der anschließenden öffentlichen Zwangsversteigerung als Mindestpreis zugrunde gelegt, der von den Kaufinteressenten zu zahlen ist. Von dem Erlös soll die Gläubigerforderung befriedigt werden. Der über die Forderung hinausgehende Erlös fällt abzüglich eventueller Verfahrenskosten an den Schuldner.

[482] Auch unterhalb des Schätzwertes.

[483] Diese These klingt in Anbetracht der talmudischen Belegsituation recht kühn.

[484] Der Gläubiger wird anschließend aus dem Erlös im Umfang seiner Forderung abgefunden.

[485] Der jährliche Ernteertrag des Feldes (oder die Jahresmietrendite eines Wohnhauses) wird damit ausgerufen.

21b).[486] Das heißt: (Die Mitteilung): SO UND SO HOCH IST DER ERTRAGSWERT (wird gemacht), weil die Leute so eher geneigt sind, (überhaupt Geld) dafür zu geben.[487] (Mit den Worten) UND SO UND SO HOCH IST DER SCHÄTZWERT verkündigt man die vom jüdischen Gerichtshof für das Objekt vorgenommene Werteinschätzung, die höher liegt als das, was man (jährlich als Ertrag) auf ihm vorfindet.[488] Es besteht kein Zweifel an dem Sachverhalt, daß der jüdische Gerichtshof unter allen Umständen beim Verkauf oder bei der definitiven Zuweisung des Objekts (an den Darlehensgläubiger) nur auf der Basis der Werteinschätzung arbeiten darf (und nicht darunter!).[489] In jedem Fall aber sollen die Sachverständigen bei ihrer Werteinschätzung des Grundstücks ausschließlich die bei ihnen ortsüblichen Verhältnisse und den Zeitpunkt zugrundelegen, in dem sie sich aktuell befinden. Sie sollen nach den Zeitumständen handeln und (den Preis von anderen) Felder(n) berücksichtigen, die in der Region zum augenblicklichen Zeitpunkt verkauft worden sind.[490] Das läßt sich so auch aus dem ersten Kapitel (des Talmudtraktats) Baba Kamma beweisen.[491]

•

Du hast noch folgende Frage gestellt:[492] Wenn die Forderung nur gering ist, (der ansonsten völlig insolvente Schuldner ein Grundstück besitzt), und die Grundfläche, die dem Gläubiger (bei der Zwangsverwertung aus dem Grundstück) zukommt, zu gering im Ausmaß ist, (um wirtschaftlich verwertbar zu sein), kann dann (d)er (Gläubiger) den Darlehensschuldner zwingen, ihm für sein Geld

---

[486] Im talmudschen Kontext ist das zweiteilige Zitat Bestandteil der öffentlichen gerichtlichen Ausrufung eines zur Zwangsversteigerung freigegebenen Grundstücks von Waisenkindern, deren verstorbener Vater und Erblasser unbeglichene Verbindlichkeiten hinterlassen hat.
[487] Ein Kaufinteressent ist eher geneigt, ein Grundstück zu kaufen, dessen Jahresrendite er einschätzen kann, als eine Liegenschaft, deren Rentabilität er nicht recht einzuschätzen vermag.
[488] Die mit Hilfe der Sachverständigen erfolgte Taxierung des jüdischen Gemeindegerichtes legt den tatsächlichen Verkehrswert der zu versteigernden Liegenschaft zugrunde, der natürlich weit höher zu beziffern ist als deren Jahresertrag.
[489] Diese Maßnahme dient dem Schutz des Schuldners. Wenn der Gläubiger wegen fehlender sonstiger Interessenten das Grundstück oder Teile davon zugesprochen bekommt, muß die Gläubigerforderung zugunsten des Schuldners mit dem wirklichen, hier geschätzten Verkehrswert der Liegenschaft aufgerechnet werden, nicht aber mit dem Wert von nur einer Jahresrendite.
[490] Oder: "zum Verkauf anstehen."
[491] Aus b Baba Kamma 7b-8a? Text in der Ausgabe Asaf, a.a.O., S.68 § 11.
[492] Der Fragesteller ist auch hier wieder Samuel Ben Isaak ha-Sardi aus Barcelona. Zu Person und Werk siehe S.1 Anmerkung 1.

vom Rest(grundstück noch soviel zusätzlich) zu verkaufen, (daß für den Gläubiger eine wirtschaftlich verwertbare Grundfläche herauskommt)?[493]

Das ist die Antwort: Dies ist doch ein völlig klarer Sachverhalt, daß der jüdische Gerichtshof einen Gläubiger nicht verpflichten kann, für seine Forderung (aus dem Grundstück) etwas[494] zu nehmen, was unter dem (wirtschaftlich verwertbaren) Mindestmaß liegt und eines Menschen nicht würdig ist. Das bedarf keiner vertieften Diskussion (im Lehrhaus). Du kannst diesen Sachverhalt auch aus dem entnehmen, was unser großer Meister in den Halachot[495] zum ersten Kapitel des (Talmudtraktates) Baba Metzi'a geschrieben hat.[496] Denn der (eviktionsbedrohte) Käufer, der (das erworbene Grundstück mit Eigeninvestitionen) melioriert hat, hat aufgrund des Umstandes, daß der Gläubiger (seines Verkäufers) ihn (für die Melioration zur Gänze oder zumindest in gewissem Umfang) mit Geld abfinden muß, eine Forderung gegen den Gläubiger (seines Verkäufers). (D)er (Gläubiger) aber darf ihn (laut Isaak Al-Fasi bei einer Abfindung in natura) nur mit einer Grundfläche abfinden, die das gebührende Mindestausmaß (für eine wirtschaftliche Nutzung) aufweist.[497]

Was aber den zweiten von dir angesprochenen Punkt betrifft,[498] wo man einem Gläubiger (zur Erfüllung seiner Forderung) ein (wirtschaftlich verwertbares) Flächenausmaß aus dem Grundstück des

---

[493] In diesem Fall würde der Schuldner sogar noch Geld vom Gläubiger bekommen, wie im Text oben angedeutet.

[494] Statt DBD ist doch wohl DBR zu lesen.

[495] Zu Isaak Al-Fasi und seinem Talmudkompendium siehe S.10 Anmerkung 52.

[496] In der talmudischen Ausgangsstelle b Baba Metzi'a 15b (und nicht 16b, wie vom Hrsg. Asaf angegeben) geht es um folgende Konstellation: A ist Schuldner von B und verkauft ein für die Forderung haftendes Grundstück an C. C nimmt nach dem Erwerb der landwirtschaftlich nutzbaren Grundfläche erhebliche Investitionen zur Wertverbesserung an ihr vor, die ihren Ertragswert merklich steigern. Nun wird A insolvent, und B will dem Käufer C das Grundstück für die Befriedigung seiner Forderung wegnehmen, das ohne die Melioration die Forderung B's voll abdecken würde. Der eviktionsbedrohte Käufer C verlangt von B nun eine Entschädigung für seine Melioration, deren Wert über die Gläubigerforderung hinausgeht. Nach einer im Talmudtext geäußerten Lehrmeinung darf C von B mit Fug und Recht verlangen, ihm von dem Grundstück in natura soviel Fläche zu belassen, wie sie dem Wert seiner zwischenzeitlich zustande gebrachten Melioration entspricht.

[497] Das geht natürlich nur, wenn der vom eviktionsbedrohten Grundstückskäufer einforderbare Meliorationsmehrwert einen entsprechend hohen Betrag ausmacht, so daß bei der Umrechnung in einen Grundstückswert ein wirtschaftlich nutzbares Areal herauskommt. Liegt der vom Grundstückskäufer einforderbare Betrag darunter, muß der Gläubiger den Grundstückskäufer bei der Eviktion mit der entsprechenden Geldsumme abfinden. Siehe zu allem Isaak Al-Fasis einschlägige Ausführungen zu b Baba Metzi'a 15b.

[498] Im überlieferten Text des Anfrageteils wird das nachfolgend geschilderte Problem nicht angesprochen!

(ansonsten insolventen) Darlehensschuldners aufgrund einer Wertabschätzung zugesprochen hat, und wo nun vom Grundstück für den Darlehensschuldner weniger übrig geblieben ist (als das wirtschaftlich verwertbare Mindestausmaß), so haben wir dazu das Sefer ha-Maor eingesehen.[499] Es hat nämlich folgendes geschrieben: Wenn der Gläubiger (des Grundstücksverkäufers) den Käufer (wegen Insolvenz des Verkäufers) evinziert, aber nur einen Teil der (nicht meliorierten) Grundfläche zur Erfüllung seiner Forderung benötigt, so darf (d)er (evinzierte Grundstückskäufer) bei einem (zu kleinen) Restgrundstück, das seiner nicht würdig ist, (den evinzierenden Gläubiger zwingen, die Restfläche aufzukaufen; und er soll) vom Gläubiger (natürlich) Geld dafür nehmen.[500] Den Ausführungen dieses Werkes möchtest du entnehmen, daß der Gläubiger, der sich (mit einem Grundstücksteil) vom Darlehensschuldner selbst auszahlen läßt, (bei einem für den Darlehensschuldner wirtschaftlich nicht mehr verwertbaren Restgrundstück dem Darlehensschuldner das analoge Entgegenkommen zeigen müßte).[501] Ich aber bin bei jenem Rechtsfall (schon im Ansatz) anderer Meinung als das angeführte Werk, und zwar nicht aufgrund eines (führbaren) Beweises, sondern aufgrund von Argumenten, deren Vertretung die Vernunft zwingend nahe legt.[502] Du kannst sie im Sefer Milchemet ha-Schem nachschauen.[503] Wenn dein Verstand (ihnen) zustimmen kann, soll-

---

[499] Das Sefer ha-Maor stammt von Serachja Ben Isaak ha-Levi, einem in Südfrankreich wirkenden Talmudgelehrten des 12. Jrh.'s. Es stellt einen äußerst kritischen Superkommentar zu Isaak Al-Fasis Talmudkompendium dar, und ist in traditionellen Talmudausgaben dem Talmudkompendium Isaak Al-Fasis beigedruckt.

[500] Die Ausführungen Serachja Ben Isaak ha-Levis zu b Baba Metziʿa 15b bei Isaak Al-Fasi werden von Nachmanides nicht ad litteram zitiert, sondern in Gestalt einer eigenständigen Paraphrase wiedergegeben.

[501] Hier geht es um die Konstellation, daß der Darlehensschuldner sein für die Forderung des Gläubigers haftendes Grundstück zum Insolvenzzeitpunkt noch im Eigenbesitz hat, und es noch nicht verkauft hat.

[502] Nachmanides lehnt die Entscheidung Serachja Ben Isaak ha-Levis schon beim teilevinzierten Grundstückskäufer ab, und will dem Darlehensnehmer selbst erst recht nicht die Option zugestehen, den Gläubiger zum Aufkauf des wirtschaftlich nicht mehr verwertbaren Restgrundstücks zu zwingen, nachdem dieser ihm den größten Teil seiner Grundfläche zur Befriedigung der Forderung weggenommen hat.

[503] Statt MLḤMWT ist ja wohl nur MLḤMT zu lesen. Dieses Werk bildet einen Superkommentar von Nachmanides zum Talmudkompendium Isaak Al-Fasis. Nachmanides verwirft dort zu b Baba Metziʿa 15b die Entscheidung Serachja Ben Isaak ha-Levi bezüglich der Rechte des teilevinzierten Grundstückskäufers. Zur Begründung verweist Nachmanides auf den Fall, wo zwei Personen gemeinsam ein Grundstück besitzen und nutzen, und wo der Grundstücksanteil des einen für sich genommen eine wirtschaftlich verwertbare Fläche ergeben würde, der Grundstücksanteil des anderen aber nicht, weil er zu klein ist. Auch dort könne der kleinere Eigentümer den größeren nicht zwingen, ihm das kleine Stück abzukaufen oder ihm stattdessen den ganzen eigenen, größeren Anteil zu verkaufen.

test du (d)eine Entscheidung (in der zweiten von dir angesprochenen Angelegenheit) auf deren Basis fällen.[504]

•

Du hast noch folgende Frage gestellt:[505] Siehe, unsere Deutung des von der Tora ausgesprochenen Verbotes, den unteren Mühlstein und den Läuferstein (eines insolventen Schuldners) zu pfänden,[506] geht allein auf den unteren Mühlstein und den Läuferstein einer Handmühle. Es müßte aber (im innerjüdischen Rechtsverkehr doch) erlaubt sein, (bei Insolvenz des Müllers) Wassermühlengebäude zu pfänden, die fest mit dem Erdboden verbunden sind? (D)er (Gläubiger oder der Vollstreckungsbeamte des jüdischen Gemeindegerichts) kann sie ja nicht von ihrem Ort entfernen, sondern er müßte (durch technische Maßnahmen) das Mahlen unmöglich machen.[507]
Das ist die Antwort: Diese ganze Anfrage ist im Hinblick auf den Inhalt der Rechtslage recht unpräzise geraten. Denn bei (beweglichen) Gegenständen entsendet der jüdische Gerichtshof (seinen Beamten) und läßt sie pfänden, damit man das betreffende Pfandgut zugunsten des Gläubigers einkassiert, und damit es nicht der Darlehensschuldner verkauft, (um den Erlös heimlich für sich zu verbrauchen), damit er es nicht entstricken kann,[508] und DAMIT ES NICHT (IM FALL SEINES plötzlichen TODES) ZUM BESTANDTEIL DER BEWEGLICHEN GÜTER IM EIGENTUM VON DESSEN KINDERN WIRD (b Baba Metziʻa 104b).[509] Ebenso kann auch der Gläubiger selber dem

---

[504] Das hebräische TʻŚH MʻŚH ist dem aramäischen ʻBD ʻWBDʼ nachempfunden. Text in der Ausgabe Asaf, a.a.O., S.68 § 12.
[505] Der Fragesteller ist auch hier wieder Samuel Ben Isaak ha-Sardi aus Barcelona.
[506] Hierzu siehe Deuter.24,6. Die Übersetzung der beiden aus dem Bibeltext übernommenen Termini RKB und RḤYM orientiert sich an den Ausführungen im Bibelwörterbuch "Sefer ha-Schoraschim" von David Kimchi (Narbonne, 12./13.Jrh.) unter dem Lemma RYḤ.
[507] Hier ergeben sich Unklarheiten. Besteht die Pfändung darin, daß der Vollstreckungsbeamte oder der Gläubiger die Apparatur der Mühle gebrauchsunfähig macht? Oder soll das Mühlengebäude auf andere Weise gepfändet werden, damit man sich die Unbrauchbarmachung der Apparatur ersparen kann und die Mühle weiter mahlt?
[508] Indem er das von Pfändung bedrohte Gut einem anderen heimlich in Verwahrung gibt.
[509] Ist ein Gegenstand noch nicht gepfändet, so geht er im Falle des Todes seines Schuldners automatisch in das Eigentum seiner Kinder über. In das von ihnen geerbte Mobiliarvermögen kann aber der Gläubiger kraft talmudischen Rechts nicht vollstrecken, sondern nur in den von ihnen geerbten Grundbesitz seines Schuldners. Gegen diesen Übelstand hilft in talmudischer Zeit nur eine Pfändung mobiler Vermögenswerte zu Lebzeiten des Schuldners. In gaonäischer Zeit wurde die Erbenhaftung auch auf das mobile Nachlaßvermögen eines Schuldners erweitert; sie mußte aber bis weit ins Mittelalter hinein im Schuldschein an vielen Orten ausdrücklich vereinbart worden sein. Ein Gläubiger, der die Herausgabe nicht gepfändeter Mobilien aus dem Vermögen

Darlehensschuldner ein Pfand gewaltsam wegnehmen, um es von ihm als Tilgung für seine Forderung einzukassieren.[510] Und bei diesen (Gegenständen) hat die Tora ein Pfändungsverbot erwähnt: bei Utensilien, die man für die Zubereitung oder den Verzehr von lebensnotwendiger Nahrung unabdingbar benötigt. Was aber die von euch angesprochene Funktionsuntüchtigkeitsmachung von Wassermühlengebäuden betrifft, wie soll man denn da verfahren? Soll (d)er (Vollstreckungsbeamte dem Müller) °die °Tür (zum Mühlhaus) zusperren, damit er nicht mehr mahlen kann? Oder soll er ihn (gewaltsam) zurückhalten, damit er nicht mehr mahlt? Wie könnte denn ein jüdischer Gerichtshof von Rechts wegen °so verfahren, selbst wenn dieses Mühlengebäude nicht zur Kategorie jener Dinge gehören soll, die man für die Herstellung lebenswichtiger Nahrung unabdingbar benötigt? Darf denn ein jüdischer Gerichtshof es einem Menschen unmöglich machen, zu pflügen und zu säen, bis er seine Schulden bezahlt? Ebenso steht es auch nicht in der Macht des Gläubigers, so zu verfahren, nämlich den Darlehensschuldner zu behindern oder dessen Güter von ihrer Arbeit abzuhalten. Wenn er dies unter physischer Gewalteinwirkung tut, gleichgültig, ob es sich um Geräte handelt, die man für die Herstellung oder Zubereitung lebensnotwendiger Nahrung benötigt, oder ob es sich nicht um solche Geräte handelt, so gilt doch bei ihnen allen dasselbe Recht. Der Gläubiger verletzt ihnen gegenüber dann nicht das (biblische) Pfändungsverbot (für solche Utensilien) oder (das Verbot der) gewaltsamen Wegnahme. Vielmehr fällt er (mit seinen Aktivitäten) in die Kategorie von Räubern; und beim Prozeß zwischen den beiden betroffenen Parteien steht er als Schädiger da.[511] Wenn allerdings der Gläubiger (eigenmächtig) das Mühlenhaus betritt, den oberen Mühlstein oder das (Mühl-)Eisen, die Welle mit dem Stockgetrie-

---

des verstorbenen Schuldners zur Befriedigung seiner Forderung von den Erben verlangte, konnte an manchen Orten in Schwierigkeiten geraten, wenn eine Mobiliarhaftungsklausel mit Wirkung auf die Erben im Schuldschein fehlte.

[510] Mit Blick auf die Diskussion von S.79ff ergeben sich weitere Unklarheiten.

[511] Wenn der Gläubiger seinen Schuldner daran behindert, seine Arbeitsmittel zum Lebensunterhalt einzusetzen, kann der Schuldner seinen Gläubiger auf Schadensersatz mit der Wirkung der Verminderung der Schuldenlast verklagen. Angenommen, der Gläubiger hat gegen seinen Schuldner eine Forderung von 1000 Schillingen; und durch seine Behinderungsmaßnahmen entsteht dem Schuldner ein Einnahmeausfall von 100 Schillingen. Bei dieser Konstellation vermindert sich die Gläubigerforderung auf 900 Schillinge. Falls der Gläubiger als Räuber dem Geschädigten zusätzlich noch ein Fünftel bzw. ein Viertel zur Grundsumme zu zahlen hat, vermindert sich die Last des Schuldners um weitere 25 Schillinge; und der Gläubiger kann dann nur mehr 875 Schillinge von seinem Darlehensschuldner zurückfordern.

be,⁵¹² die (Mühl-)Räder oder dergleichen Dinge wegnimmt,⁵¹³ dann verletzt er der Kategorie nach (das biblische) Pfändungsverbot, das dem unteren Mühlstein und dem Läuferstein (einer Handmühle) gilt.⁵¹⁴ Obwohl diese Geräte ihre Arbeit nicht als Installationen verrichten, die (über das Gebäude fest mit dem Erdboden verbunden sind, °dürfen °sie °nicht °schlechter °dastehen als ein Pflug und ein Joch für Kühe, deren Arbeit mit dem Erdboden zu tun hat und die in der Gemara⁵¹⁵ zu den Dingen gezählt werden, die man zur Herstellung lebensnotwendiger Nahrung benötigt.⁵¹⁶ Ebenso hat man im Jerusalemer Talmud auch den Spaten, mit dem man gräbt, unter diese Kategorie subsumiert.⁵¹⁷ Mir scheint die Sachlage so zu sein, daß die Tora nur die beweglichen Gegenstände (des Schuldnervermögens) der Pfändungsgesetzgebung (mit partieller Rückgabepflicht) unterwirft.⁵¹⁸ Sind die Utensilien aber (über das Gebäude auch nur mittelbar) mit dem Erdboden fest verbunden und damit dem Erdboden gleich zu achten, wie zum Beispiel der untere Mühlstein (eines Wassermühlwerks) und dergleichen Dinge mehr, aus denen der Gläubiger seine Forderung befriedigen kann, (wenn diese gerichtlich

---

⁵¹² Hebräisch: HSWBB.

⁵¹³ Das wasserkraftgetriebene Mühlrad hängt an einer horizontal verlaufenden Welle, die ins Mühlengebäude hineingeht und dort in einem Zahnrad endet, dessen Zacken seitlich abstehen. Es leitet die Bewegung der Mühlradwelle in eine vertikal von unten nach oben laufende Welle weiter. Am unteren Ende der Vertikalwelle befindet sich ein aus Stöcken bestehender Kranz, in deren Zwischenräume die Zacken des sich drehenden Zahnrads hineingreifen und damit dieses Stockgetriebe zum Drehen bringen. Am oberen Ende der durch den perforierten Bodenmühlstein hindurchgehenden, vom Stockgetriebe gedrehten Vertikalwelle sitzt das Mühleisen, das den Läuferstein packt und die eigene, von der Vertikalwelle verursachte Drehbewegung an ihn weitergibt. Der Läuferstein zermahlt dann das auf dem unteren, unbeweglichen Bodenstein aufgeschüttete Getreide.

⁵¹⁴ Es geht wieder um die Injunktion von Deuter.24,6.

⁵¹⁵ Zu diesem Begriff siehe S.XVII in der Einleitung.

⁵¹⁶ Von der Aufzählung des Nachmanides erscheint in b Baba Metziʿa 116a* nur das Joch für Kühe als dem Pfändungsverbot unterworfen. Der Pflug soll laut M Baba Metziʿa IX,13 dem insolventen Schuldner zur Tagesarbeit zurückgegeben werden, was darauf schließen läßt, daß der Gläubiger ihn über Nacht pfänden darf. Es geht wieder um jenes Pfändungsverfahren, mit dem der Gläubiger das Erlöschen seiner noch nicht gerichtlich titulierten Forderung verhindern will, weil zum Beispiel das Ende eines Sabbatjahres bevorsteht.

⁵¹⁷ Im Textus receptus dieses Talmuds zu Baba Metziʿa IX,12* steht geschrieben, daß man den Spaten einem insolventen Schuldner über Nacht wegnehmen darf und für die Tagesarbeit zurückgeben muß. Das gilt dann offenkundig auch für die anderen im obigen Zusammenhang genannten und a priori mit einem Pfändungsverbot belegten Objekte. Wird das Pfändungsverbot bei ihnen verletzt, muß der Gläubiger seine Selbsthilfehandlung tageszeitlich beschränken.

⁵¹⁸ Hier geht es wieder primär um die Situation, daß der Gläubiger Gegenstände aus dem Vermögen seines insolventen Schuldners erst einmal nur als Sicherungsmittel pfändet, um die zum Beispiel wegen eines ausklingenden Sabbatjahres vom Untergang bedrohte Forderung zu retten.

tituliert worden ist und der Zeitpunkt der Immobiliarzwangsvollstreckung gekommen ist), so pfändet doch kein jüdischer Gerichtshof solche Dinge (zur Sicherung einer vom Untergang bedrohten Gläubigerforderung), auch nicht für den Zeitabschnitt, zu dem man mit ihnen keine lebensnotwendige Nahrung herstellt oder zubereitet. Denn es handelt sich dabei um (Quasi-)Grundeigentum.[519] Der Streitgegner[520] hat an den Grundstücken des Schuldnervermögens nämlich kein Pfandrecht (zur Sicherung seiner vom Untergang bedrohten Forderung), sondern nur die Möglichkeit, sie (nach gerichtlich titulierter Forderung zum Zeitpunkt der Immobiliarzwangsvollstreckung) zur Erfüllung seiner Forderung (einmalig und definitiv) zu verwerten. Wenn nämlich (nach mißlungener oder nur teilweise erfolgreicher Vollstreckung in das bewegliche Schuldnervermögen) die Zeit für die Taxierung (des Grundvermögens des Schuldners) kommt, soll man daraus eine Wertabschätzung für den Gläubiger vornehmen, (um dann eine Zwangsversteigerung des betreffenden Grundvermögens und der mit dem Grund und Boden fest verbundenen Objekte) in Form einer öffentlichen Ausrufung (vorzunehmen).

Nun könntest du noch folgenden Einwand geltend machen: 'Müssen wir nicht die Sorge hegen, daß (d)er (Schuldner) jene Utensilien aus der Stelle, wo sie (mittelbar oder unmittelbar) fest mit dem Erdboden verbunden sind, der Möglichkeit nach heraußreißen könnte, um sie dem Gläubigerzugriff (durch Verbringung an einen unbekannten Ort) zu entziehen?' Darauf ist zu antworten: Die betreffenden Dinge sind im Moment als Grundeigentum anzusehen; und damit fallen sie nicht unter die Pfändung(sgesetzgebung auf biblischer Grundlage). Man soll sich nämlich (im Prinzip erst einmal) keine Sorgen darum machen, daß (d)er (Schuldner zum Beispiel) Pflanzungen ausreißt oder (etwa) die Bausubstanz der Häuser niederreißt, um die betreffenden Objekte dem Zugriff des Gläubigers zu entziehen.[521] Wenn allerdings der jüdische Gerichtshof gesehen hat, daß (d)er (Schuldner) so handelt, dann soll das Gericht aus den fraglichen Objekten (im Rahmen eines vorgezogenen Zwangsver-

---

[519] Das das jüdische Gemeindegericht nicht pfändet, um eine bedrohte Gläubigerforderung etwa bei Ende eines Sabbatjahres oder wegen eines möglichen Todes des Schuldners vor dem Untergang zu retten. Immobilien und ihnen gleichkommende Dinge werden vielmehr zum gegebenen Zeitpunkt beschlagnahmt und dann sofort ein- für allemal zugunsten des Gläubigers zwangsverwertet, nachdem die Gläubigerforderung bei Gericht tituliert worden ist.

[520] Der Gläubiger ist gemeint.

[521] Analog dazu ist dann auch bei den fest mit dem Gebäude verbundenen Bestandteilen eines Wassermühlwerkes nicht a priori davon auszugehen, daß der insolvente Müller sie zu entfernen sucht, um sie der Verwertung durch den Gläubiger im Rahmen des Immobiliarzwangsvollstreckungsverfahrens zu entziehen.

wertungsverfahrens) die Forderung zugunsten des Gläubigers mit sofortiger Wirkung für ihn(?) beitreiben.[522] Auf jeden Fall pfändet man die Objekte (von Gerichts wegen) nicht, (um den Untergang der Gläubigerforderung zu verhindern und sie für den jeweils benötigten Tagesabschnitt dem Schuldner immer wieder zurückzugeben, sei es für 30 Tage oder gar auf unbegrenzte Zeit). Falls jedoch der Gläubiger selbst die Dinge[523] übertretungsweise herausgerissen und gewaltsam an sich genommen hat, (um das Erlöschen seiner Forderung zu verhindern), dann gelten diese Gegenstände bereits als (solche) Mobilien (des Schuldnervermögens), die er nur für den Zeitabschnitt an sich nehmen darf, zu dem mit ihnen nicht gearbeitet wird, und die er für den Zeitabschnitt zurückgeben muß, zu dem mit ihnen gearbeitet wird.[524] Sie sind dann (bis zur endgültigen gerichtlichen Titulierung der Gläubigerforderung und der anschliessenden Zwangsverwertung) wie (andere, lebenswichtige) Mobilien (aus dem Schuldnervermögen) zu behandeln.[525]

•

Du hast noch folgende Frage gestellt:[526] Es geht um einen Grundstücksschätzwert, den (der frühere Schuldner an den früheren Gläubiger) zurückzahlen möchte.[527] Der (ehemalige) Darlehens-

---

[522] Bevor die Pflanzen vom Schuldner völlig entfernt oder die Gebäude von ihm total zerstört worden sind. Das hebräische LŠʿTW wirft Verständnisschwierigkeiten auf.

[523] Also einzelne Bestandteile des Wassermühlengetriebes. Hier geht es wieder nicht nur um den unteren Mühlstein, der quasi zur Immobilie gerechnet wird, sondern auch um die übrigen, oben genannten Bestandteile der Wassermühlwerksapparatur, die quasi als mobile Gegenstände gelten.

[524] Diese Prozedur müßte der Gläubiger 30 Tage lang einhalten. Läßt allerdings der Gläubiger seine Forderung gegen Fristende bei Gericht titulieren, dann wird ja gegen die Wassermühle als solche vollstreckt. Sie wird verkauft oder dem Gläubiger zugesprochen; und sämtliche Apparaturbestandteile des Mühlengetriebes fallen nach Abschluß der 30-tägigen, tageszeitlich beschränkten Rückgabefrist unterschiedslos unter die Zwangsverwertung.

[525] Der in mancher Hinsicht nicht unbedingt klare Text findet sich in der Ausgabe Asaf, a.a.O., S.70f § 16.

[526] Der Fragesteller ist auch hier wieder Samuel Ben Isaak ha-Sardi aus Barcelona. Zu Person und Werk siehe S.1 Anmerkung 1.

[527] Die Angelegenheit hat folgenden Hintergrund: Ein insolventer Schuldner hatte ein bebautes Grundstück, dessen Verkehrswert vom jüdischen Gemeindegericht so hoch eingeschätzt wurde wie die Höhe seiner Schulden. Weil sich bei der Zwangsversteigerung kein Käufer fand, der bereit war, mindestens den gerichtlichen Schätzpreis in Höhe der ausstehenden Gläubigerforderung dafür zu zahlen, ging das Grundstück auf den Gläubiger über. Mit der Zuweisung des Grundstücks an den Gläubiger wurde dessen Forderung getilgt. Nach Jahren kommt der Schuldner finanziell wieder zu Kräften und möchte von seinem unter anderm in b Baba Metziʿa 35a talmudisch verbrieften Recht Gebrauch machen, das Grundstück zum damaligen Schätzwert (in Höhe seiner dama-

gläubiger hat (das übernommene Haus) niedergerissen und (ein neues) gebaut. Beim (Neu-)Bau hat er Veränderungen (gegenüber dem Vorgängermodell) vorgenommen, weil ihm das so besser gefiel. Nun ist aber (dadurch) bei dem Objekt keinerlei Wertsteigerung (gegenüber dem damaligen Schätzwert) eingetreten. Wie soll man hier verfahren? Darf (d)er (frühere Darlehensgläubiger) zum andern sagen: "Wenn du das Objekt (wieder) haben möchtest, nimm es für diese Summe!"?[528] Denn es handelt sich ja um einen verkaufsgleichen Akt.[529]

Das ist die Antwort: Es ist doch in Anbetracht der fehlenden Wertsteigerung bei dem Objekt überhaupt keine Frage, daß man zugunsten des (ehemaligen) Darlehensgläubigers (von Gerichts wegen) keine Abschätzung (der ihm zwischenzeitlich entstandenen Unkosten) vornehmen darf, (um sie dann ganz oder teilweise dem rückkaufswilligen Altschuldner aufzubürden).[530] (D)er (Altgläubiger) muß sich vielmehr mit der Entgegennahme des Schätzwertes (in Geld und in Höhe seiner damaligen Forderung) begnügen, so wie er ihm (damals) zugesprochen worde, und muß dafür (das baulich veränderte Grundstück an den Altschuldner) zurückgehen lassen.[531]

•

Du hast ferner noch darum gebeten,[532] daß ich dir eine Klarstellung zu dem liefere, was du von uns vernommen hast: daß es (bei der Zwangsvollstreckung in das vom Schuldner verkaufte Grundvermögen) nicht nötig ist, die Prozedurfolge in (der Ausstellung) der Tir-

---

ligen Schulden) vom früheren Darlehensgläubiger wieder zurück zu kaufen. Dabei ergibt sich jedoch eine Schwierigkeit, die im Folgenden näher geschildert wird.

[528] Die sich aus dem damaligen (und heutigen!) Schätzwert plus den Unkosten zusammensetzt, die dem ehemaligen Darlehensgläubiger bei seinen eigenen Abriß- und Neubaumaßnahmen entstanden sind.

[529] Wenn jemand ein Objekt erwirbt, es kostenpflichtig verändert und dann weiterverkauft oder rückverkauft, so ist es doch eigentlich nur normal, daß er seine finanziellen Aufwendungen auf den wie auch immer definierten Basispreis zu Lasten des Käufers aufschlagen darf.

[530] Das geht unter dieser Konstellation nicht. Anders sähe die Sachlage aus, wenn durch die zwischenzeitlichen Aufwendungen des Altgläubigers der Schätzwert des bebauten Grundstücks jetzt höher wäre als damals, zum Zeitpunkt der Zwangsvollstreckung.

[531] Text in der Ausgabe Asaf, a.a.O., S.71 § 17.

[532] Der Bitt- bzw. Fragesteller ist auch hier wieder Samuel Ben Isaak ha-Sardi aus Barcelona. Zu Person und Werk siehe S.1 Anmerkung 1.

pa(-Urkunde),[533] der Adrachta(-Urkunde),[534] der Schuma(-Urkunde),[535] der Achrasta(-Urkunde)[536] und der Achlatta(-Urkunde)[537] einzuhalten, wenn der Darlehensschuldner, der Darlehensgläubiger und der Käufer (eines für die Forderung haftenden Schuldnergrundstücks) vor uns (bei Gericht verfügbar) sind. (Dir) ist die von uns vertretene, in deiner Hand befindliche Gesetzes(auslegungs)tradition(?) als nicht evident erschienen; und du bist (deswegen) genötigt gewesen, ihretwegen (noch einmal) nachzufragen.
Das ist die Antwort: Du weißt schon lange, daß die erste Urkunde, die (vom Gericht) bezüglich des (vom insolventen Schuldner) verkauften (oder verschenkten) Grundvermögens geschrieben wird, den folgenden Inhalt hat: 'X wurde für schuldig befunden, dem Y eine Mine[538] zu zahlen; doch wir fanden bei ihm keine frei verfügbaren Vermögenswerte (zur Begleichung der Forderung) vor. Daraufhin zerrissen wir die Gläubigerurkunde. Wir geben ihm (dafür schriftlich die) Vollmacht, die Verfolgung aufzunehmen und nach einem °Käufer zu suchen, der nach dem und dem Zeitpunkt, nämlich dem (Ausstellungs-)Datum der (Darlehens-)Urkunde, °vom °Schuldner °Grundvermögen gekauft hat.[539] Er soll sie(!)[540] vor uns zu Gericht laden und von ihnen seine Forderung einkassieren dürfen.' Diese (Bescheinigung) wird Adrachta(-Urkunde) genannt, oder auch Tirpa(-Urkunde), wenn man die differierenden Lesarten in der Gema-

---

[533] Diese vom jüdischen Gemeindegericht ausgestellte Urkunde berechtigt den Gläubiger, verkaufte Grundstücke aus dem Vermögen seines ansonsten völlig insolventen Schuldners den Erwerbern wegzunehmen.
[534] Die Adrachta-Urkunde steht eigentlich vor der Tirpa-Urkunde. Mit der Adrachta-Urkunde ermächtigt das jüdische Gemeindegericht den Gläubiger, Käufer von in der vorigen Anmerkung genannten Grundstücken erst einmal ausfindig zu machen.
[535] Sie fixiert den gerichtlichen Schätzwert des evinzierten Grundstücks.
[536] Damit ist die gerichtliche Verfügung gemeint, die das dem Käufer weggenommene Grundstück zur öffentlichen Zwangsversteigerung freigibt.
[537] Mit der das Grundstück definitiv dem Gläubiger zugewiesen wird, wenn sich bei der Zwangsversteigerung kein Kaufinteressent gefunden hat, der bereit gewesen wäre, mindestens den gerichtlichen Schätzpreis für die Liegenschaft zu zahlen.
[538] Also 100 Währungseinheiten.
[539] Wie schon mehrfach ausgeführt, haftet der Schuldner mit allen Grundstücken, die er zum Zeitpunkt der Darlehensaufnahme sein eigen nennt, für die Erfüllung der Forderung. Verkauft er danach Grundstücke an Dritte und ist er zum Zeitpunkt der Fälligkeit der Rückforderung insolvent, dann kann der Gläubiger bei beurkundetem Darlehensvertrag den Erwerbern die Grundstücke zur Erfüllung seiner Forderung in der Regel entschädigungslos wegnehmen. Die evinzierten Erwerber können sich dann im Rückgriff an ihrem Verkäufer schadlos halten, sobald jener finanziell wieder zu Kräften gekommen ist.
[540] Jetzt auf einmal im Plural. Gemeint sind die Käufer.

ra[541] berücksichtigt.[542] Hernach forscht der Darlehensgläubiger mit dieser Urkunde in seiner Hand den Käufern (von Grundvermögen seines insolventen Schuldners) nach. Findet er dabei einen Käufer, der (ein Schuldnergrundstück) zu einem späteren Zeitpunkt als dem Zeitpunkt seiner Darlehensgewährung gekauft hat, so stellt man ihm (beim jüdischen Gemeindegericht) dann die Tirpa-Urkunde zu Lasten jenes Käufers aus. Danach beschlagnahmt man (dieses Grundstück), um (es für die nachfolgende öffentliche Zwangsversteigerung) im Wert zu taxieren. Deswegen dürfen wir Folgendes sagen: Wenn jemand beim jüdischen Gerichtshof klagt und das Gericht den Darlehensschuldner schwören läßt, daß er keine Vermögenswerte (mehr) hat, (um die Gläubigerforderung befriedigen zu können),[543] und wenn der jüdische Gerichtshof und jedermann wissen, daß die und die Person das und das Feld von jenem Darlehensschuldner (nach der Darlehensaufnahme!) gekauft hat, warum sollten wir dann dem jüdischen Gerichtshof die Mühe auferlegen, eine Adrachta(-Urkunde zur Eröffnung des Immobiliarzwangsvollstreckungsverfahrens) auszustellen? Vielmehr soll man sofort den Vollstreckungsbeamten des jüdischen Gerichtshofes zu dem Käufer schicken, (der den Käufer vor Gericht lädt). Dort hört man dann seine Worte an; und wenn der Käufer schuldig gesprochen wird, (das vom Schuldner gekaufte Feld herauszurücken), stellt man dem Darlehensgläubiger eine Tirpa(-Urkunde) zu Lasten des Käufers aus. Anschließend beschlagnahmt man (das Grundstück), um (es für die nachfolgende öffentliche Zwangsversteigerung) im Wert zu taxieren. Als unsere Meister (in alter Zeit) die (Ausstellung) diese(r) Adrachta(-Urkunde) gewohnheitsmäßig praktizierten, handelten sie zum Vorteil des Darlehensgläubigers so. Zuweilen kommt es doch vor, daß (d)er (Gläubiger) von einem (Grund-)Eigentum des Darlehensschuldners (vor Ort) nicht das Geringste weiß und somit genötigt ist, diesem Eigentum in einem anderen Land nachzufor-

---

[541] Zu diesem Begriff siehe S.XVII in der Einleitung.
[542] Im Textus receptus des Talmuds zu b Baba Batra 169a (und nicht 149a, wie von Asaf angegeben) werden die Begriffe Adrachta und Tirpa in genau umgekehrter Bedeutung als oben erläutert verwendet. Die Tirpa-Urkunde steht dort am Anfang des Immobiliarzwangsvollstreckungsverfahrens, und die Adrachta-Urkunde folgt erst danach. Ein früher Zeitgenosse von Nachmanides, der Kastilier Meir Ben Todros ha-Levi Abulafia, vermerkt in seinem Talmudkommentar "Jad Ramah" zu b Baba Batra 169b* jedoch eine Talmudtextvariante, die die Adrachta-Urkunde den Anfang machen und von der Tirpa-Urkunde gefolgt sein läßt.
[543] Der insolvente Schuldner muß beim Vollstreckungsverfahren auf Verlangen des jüdischen Gemeindegerichts beschwören, für die Befriedigung der Forderung verwertbare Mobilien oder Immobilien nicht mehr unter seiner Sachherrschaft zu haben. Die Vollstreckung in das vom Schuldner noch innegehabte Vermögen in Mobilien oder Grundeigentum geht der Vollstreckung in das von ihm veräußerte (Grund-)Vermögen nämlich vor.

schen.[544] Wenn er dem (Schuldner-)Vermögen mit der in seiner Hand befindlichen Darlehensurkunde (im Ausland) nachjagt, könnte doch (bis zum Rückfrageeingang beim Heimatgericht) der Sachverhalt (in der Heimat) eventuell vergessen werden,[545] daß er (zuvor) seine Beweise zum (damals dort amtierenden) jüdischen Gerichtshof brachte, seine Urkunde (dort) gerichtlich beglaubigen ließ,[546] im Prozeß gegen den Darlehensschuldner obsiegte und ihm den (Offenbarungs-)Eid auferlegte. Wäre er gewillt, dem Vermögen mit der in seiner Hand befindlichen Darlehensurkunde (auch im Ausland) nachzujagen, so dürfte er das (allerdings) tun.[547]

Nun trägst du (ja auch noch) folgende Überlegung vor: "Wieso darf (d)er (Gläubiger auch ohne Vorweis einer gerichtlichen Verfügung nach dem Insolvenztermin) die Käufer (von heimischen Schuldnergrundstücken) zum (örtlichen) jüdischen Gerichtshof laden? Die (Grundstücks-)Käufer könnten ihm doch sagen: 'Gehe zum Darlehensschuldner (und lade ihn noch einmal vor Gericht), weise (uns als Ergebnis) deine Tirpa(-Urkunde) zu seinen Lasten[548] vor; und dann werden wir dich auszahlen!'" Das aber wäre nicht gesetzesgemäß. Denn selbst wenn (die Ermächtigung zur Verfolgung des vom Schuldner verkauften Grundvermögens durch das jüdische Gemeindegericht dem Gläubiger) nur mündlich (erteilt wurde), darf er zu dem betreffenden (Grundstückskäufer) sagen: "Ich werde den Beweis erbringen, daß ich über den Schuldner gesiegt habe und er vom

---

[544] Wo der Darlehensschuldner bekanntermaßen oft weilt und auch Grundeigentum besitzt oder Grundeigentum besessen hat, das er während der Laufzeit seines Darlehensvertrages an andere Glaubensbrüder verkauft hat.

[545] Im hebräischen Text steht YŠKḤ, das mit Sicherheit als Nifʿal zu lesen ist.

[546] Eine Darlehensurkunde ist am Heimatort des Schuldners und des Gläubigers vollstreckbar, wenn das örtlich zuständige jüdische Gemeindegericht die Echtheit der Zeugenunterschriften festgestellt hat. Dieser gerichtliche Beglaubigungsvermerk wird auf dem Schuldschein eingetragen. Tritt der Gläubiger mit dem beglaubigten Dokument vor das jüdische Gemeindegericht am Auslandswohnsitz seines Schuldners, so fragt es unter Umständen erst einmal beim Gemeindegericht am Heimatwohnsitz des Gläubigers nach, ob die Sache wirlich ihre Ordnung hat. Bis die Anfrage des jüdischen Gemeindegerichts aus dem Ausland mit einer Abschrift der dort vorgelegten Urkunde beim Heimatgericht des Gläubigers eingegangen ist, können aber die Richter gewechselt haben. Wenn dann die Amtsvorgänger und die Zeugen des Darlehensgeschäfts aus irgendwelchen Gründen nicht mehr auftreibbar sind, kann vom Heimatort des Gläubigers eine Bestätigung der Echtheit seiner (nicht im Original zurückgesandten) Urkunde nicht mehr erfolgen. Hätte er sich vom alten Gericht an seinem Heimatort gleich eine Adrachta-Urkunde mitgeben lassen, so würde das Gericht am Auslandsort und Zweitwohnsitz des Schuldners die Zwangsvollstreckung bei Vorweisung der Bescheinigung durch den Gläubiger ohne weitere Umstände in die Wege leiten. Eine Adrachta-Urkunde ist mit ihrer juristischen Terminologie und in ihrer äußeren Aufmachung als gerichtliche Urkunde von einem juristischen Laien kaum fälschbar.

[547] Er setzt sich dann allerdings dem Risiko der geschilderten Schwierigkeiten aus.

[548] Zu Lasten des vom Darlehensschuldner verkauften Grundvermögens.

jüdischen Gerichtshof mit dem und dem (vorsitzenden Richter zur Zahlung) mir gegenüber verurteilt worden ist. (Deswegen mußt du mit mir zu dem besagten Gemeindegericht kommen)." Dies gilt dann erst recht bei jenem jüdischen Gerichtshof selbst: daß seine Mitglieder (auch ohne Beifügung einer Adrachta-Urkunde ihren Vollstreckungsbeamten) hinter den Käufern (von Grundstücken aus dem Schuldnervermögen) herschicken können und sie[549] zum Prozeß mit dem Gläubiger laden dürfen. Denn der Darlehensschuldner ist ja schon (zur Zahlung) verurteilt worden; und er ist mittellos.

Ferner haben wir auch noch dieses in Gestalt eines vollkommenen Beweises auf der Basis jener Gesetzestradition im (Talmudkapitel) GṬ PŠWṬ[550] in unserer Hand: Der Darlehensgläubiger oder der in seinem Kaufobjekt evinzierte (Grundstücks-)Käufer darf (oder: soll) sofort zu späteren Käufern (des Grundstücksverkäufers) gehen und mit ihnen (wegen der Herausgabe ihrer aus dem Schuldnervermögen erworbenen Grundstücke) prozessieren.[551] Der jüdische Gerichtshof wird sie dann verpflichten, ihn (in Geld oder in natura) auszuzahlen. Die (letzten Käufer) können, (wenn sie zum Beispiel vom evinzierten Vorerwerber formlos zum Eviktionsprozeß geladen werden), nicht sagen: "(Wir verweigern den Prozeß). Wende dich erst einmal an den Darlehensschuldner oder an den Grundstücksver-

---

[549] Statt ʾWTW is ja wohl ʾWTN zu lesen.

[550] Es geht um eine Eviktionsdiskussion in b Baba Batra 168b-169b, die schon im talmudischen Kontext so kompliziert ist, daß ich sie im Wesentlichen nicht verstanden habe! Die Schlußfolgerungen, die Nachmanides aus der talmudischen Diskussion zieht, meine ich allerdings im Wesentlichen verstanden zu haben.

[551] Es geht um folgende Konstellation: Ein Darlehensnehmer oder auch eine andere Person verkaufen nacheinander zum Beispiel drei Grundstücke an drei verschiedene Erwerber. Die Liegenschaften haften grundsätzlich für die Erfüllung der Darlehensforderung; oder sie sind auf andere Weise belastet. Der Gläubiger des insolvent gewordenen Veräußerers ist gehalten, sich bei der Immobiliarzwangsvollstreckung zunächst einmal an den letzten Grundstückskäufer zu halten und ihn mit dessen erworbenem Grundstück zu evinzieren. Ergibt die Zwangsverwertung nicht genug, um seine Forderung zu befriedigen, so soll sich der Gläubiger des Veräußerers danach an den vorletzten Grundstückskäufer wenden, und so weiter und so fort. Für die Aufforderung an den letzten Grundstückskäufer, mit ihm vor das jüdische Gemeindegericht zu gehen und sich dort gegebenenfalls evinzieren zu lassen, bedarf der Gläubiger zwar keiner Adrachta-Urkunde; es ist aber sicher auch hier von Vorteil, wenn er diese Urkunde und nicht seinen Schuldschein vorweist. Wendet sich der Gläubiger sofort an den frühesten Grundstückskäufer, so kann dieser den Eviktionsprozeß normalerweise verweigern und den Gläubiger auffordern, erst einmal die späteren Erwerber von Grundstücken aus dem Vermögen des insolventen Schuldners zu belangen. Wenn sich aber der erste Grundstückskäufer die Eviktion trotzdem gefallen läßt oder auch gefallen lassen muß, weil der Gläubiger seines Verkäufers an dem fraglichen Grundstück eine förmliche Hypothek bestellt hatte, oder weil es mit anderen Rechtsmängeln behaftet ist, dann hat der evinzierte Käufer im Prinzip selbst wiederum einen Eviktionsanspruch gegen die späteren Käufer von weiteren Grundstücken aus dem Verkäufervermögen. Er soll sich dann selber wieder an den oder an die letzten Käufer wenden.

käufer.[552] Wenn er dann bei dem entsprechenden Prozeß zu deinen Gunsten verurteilt wird[553] und du eine Tirpa(-Urkunde) zu Lasten seiner (späteren) Käufer ausgehändigt bekommst, dann werden wir dich auszahlen." Dies ist gemeint, wenn man dort (im Talmud) sagt: IN DER ZWISCHENZEIT KANN ER[554] DIE FRÜCHTE (auf dem von ihm nachevinzierten Grundstück eines späteren Käufers) ABPFLÜCKEN UND VERZEHREN (b Baba Batra 169b).[555] Folglich soll der jüdische Gerichtshof die (letzten) Käufer (zur Herausgabe ihrer erworbenen Grundstücke an den evinzierten Erstkäufer) verpflichten und muß nicht warten, bis dem Verkäufer (wegen des dem ersten Käufer entstandenen Schadens) der Prozeß gemacht wird, und er (zum Schadensersatz) an den Erstkäufer verurteilt wird, (den er wegen Insolvenz zumindest in absehbarer Zeit nicht leisten kann).[556] Vielmehr stehen die (späteren) Käufer (nicht nur gegenüber dem Gläubiger des Verkäufers,[557] sondern auch gegenüber früheren und evinzierten Käufern von Grundstücken aus dem Verkäufervermögen als haftende Rechtsnachfolger) wie der Verkäufer da; und ebenso stehen die (späteren) Käufer (nicht nur gegenüber dem Darlehensgläubiger, sondern auch gegenüber früheren und evinzierten Käufern von Grundstücken aus dem Vermögen des Darlehensschuldners als haftende Rechtsnachfolger) wie der Darlehensschuldner selber da. Zwar wird dort (im Talmudtext) die (zweite Konstellation angedeutetermaßen) als Problem angesprochen, (wenn es heißt): FALLS ES

---

[552] Der nicht als Darlehensschuldner verkaufte, gleichwohl aber gegenüber einem Dritten in einer Weise verpflichtet war, daß er das Grundstück nicht hätte veräußern dürfen.

[553] Nämlich zum Schadensersatz an den evinzierten Erstkäufer, den dieser wegen der augenblicklichen Insolvenz seines Verkäufers bei ihm nicht beitreiben kann, wohl aber aus weiteren Grundstücken, die der Verkäufer hernach noch an andere veräussert hat.

[554] Im Talmudtext ist vom evinzierten Erstkäufer die Rede, der selber wiederum das landwirtschaftlich nutzbare Grundstück eines späteren Käufers schadensersatzweise an sich gerissen hat und das Objekt auch wirtschaftlich nutzt.

[555] Wenn der Verkäufer wieder finanziell zu Kräften gekommen ist und den annahmebereiten ersten Grundstückskäufer in Höhe des Verlustes entschädigt, geht die vom ersten Käufer nachevinzierte Liegenschaft wieder an den letzten Käufer zurück. Was der erste Käufer inzwischen an Nießbrauch aus dem nachevinzierten Grundstück gezogen hat, kann ihm der letzte Käufer nicht in Rechnung stellen. Daraus aber geht laut Nachmanides e silentio hervor, daß die Eviktion des Grundstücks des letzten Käufers durch den erstevinzierten Käufer nicht zwingend die erfolglose Belangung des Grundstücksverkäufers durch den geschädigten ersten Käufer voraussetzt. Siehe den nachfolgenden Satz.

[556] Gegenüber seinem Gläubiger ist der Grundstücksverkäufer vom Gericht bei dieser Konstellation ja längst zur Leistung verurteilt worden, aber eben auch für insolvent befunden worden.

[557] Der kein Darlehensschuldner war, sondern mit dem erstverkauften Grundstück gegenüber einem Dritten auf eine Weise haftete, daß er es nicht hätte veräußern dürfen.

SICH SO (mit Grundstücksverkäufen und mit der Eviktion dieser Liegenschaften) VERHÄLT,[558] MÜSSTE ES SICH DOCH MIT DARLEHENSURKUNDEN AUCH SO VERHALTEN (b Baba Batra 169b);[559] und man bietet dort folgende Lösung an: (Die von der Eviktion bedrohten späteren Käufer von Grundvermögen des Darlehensnehmers) KÖNNTEN (immerhin) SAGEN: MÖGLICHERWEISE HAT DER HAUSHERR[560] (inzwischen) DEN GLÄUBIGERANSPRUCH MIT GELD BEFRIEDIGT (b Baba Batra a.a.O.). Das aber heißt doch, daß sie (zur Verifikation dieser Behauptung) selber nach ihm[561] suchen müssen, (aber ihre eigene Eviktion durch den Erstkäufer nicht von der vorherigen, erneuten Einvernahme des Schuldners bzw. Gläubigers durch das jüdische Gemeindegericht abhängig machen dürfen). Versuche diese Gesetzestradition zu verstehen; und du wirst den Sachverhalt für klar befinden.

(Aus all dem) kannst du nun entnehmen, daß das Nichtvorhandensein einer Adrachta-Urkunde (für den Vollstreckungsgläubiger) beim (Eviktions-)Prozeß ein Hinderungs- oder Verzögerungsmoment schaffen kann. Dasselbe gilt der Sache nach auch für die zweite Urkunde, nämlich die Tirpa. Sie wird um der Bedürfnisse des Evizienten willen[562] geschrieben. Sonst könnte es nämlich passieren, daß die Angelegenheit bei einem anderen, (nachfolgenden) jüdischen Gerichtshof (am Heimatort des Gläubigers) in Vergessenheit gerät.[563] Ebenso hat die (Beurkundung) der öffentlichen Ausrufung (des zwangszuversteigernden Grundstücks) den Zweck, daß (d)er (Vollstreckungsgläubiger) nach Beendigung derselben (beim Fehlen von Kaufinteressenten in das evinzierte Grundstück eingewiesen wird) und dessen Früchte (schon) genießen darf,[564] bevor man für ihn die Achlatta(-Urkunde)[565] schreibt. Wenn man es allerdings für richtig hält, jene (Urkunden mit Ausnahme der Achlatta-Urkunde von Gerichts wegen) nicht zu schreiben, so muß man das auch nicht tun. Heutzutage pflegt man vor uns (bei Gericht) wie folgt zu verfahren: Man beglaubigt die (Echtheit der Zeugenunterschriften auf

---

[558] Wobei der Grundstücksverkäufer kein Darlehensschuldner war, sondern mit dem erstverkauften Grundstück gegenüber einem Dritten auf eine Weise haftete, daß er es nicht hätte veräußern dürfen.

[559] Wenn also der Darlehensnehmer mehrere belastete Grundstücke nacheinander an verschiedene Glaubensbrüder verkauft hat, und der vom Gläubiger des insolventen Darlehensnehmers erstevinzierte Käufer die späteren Käufer zur Kompensation des erlittenen Schadens selber nachevinzieren will.

[560] Der Darlehensschuldner.

[561] Nach dem Darlehensschuldner oder nach dem Darlehensgläubiger?

[562] Also um des Vollstreckungsgläubigers willen.

[563] Mit Blick auf S.99f ergeben sich hier wegen der Tirpa-Urkunde Unklarheiten.

[564] Siehe b Baba Metziᶜa 35b.

[565] Siehe dazu noch einmal S.98 Anmerkung 537.

der) Urkunde des Darlehensgläubigers,[566] läßt den Darlehensschuldner kraft gaonäischer Verordnung schwören, daß er insolvent ist,[567] und sendet dann (den Vollstreckungsbeamten) zu den Käufern (von Grundstücken) aus dem Schuldnervermögen. (Der lädt sie vor das jüdische Gemeindegericht), das sich ihre Argumente anhört. Werden sie beim (Eviktions-)Prozeß (zur Herausgabe ihrer Liegenschaften) verurteilt, schätzt man (von den Grundstücken) soviel zugunsten des Gläubigers ab, wie es dem Wert seiner Forderung entspricht, und versteigert (das beschlagnahmte Grundvermögen) zwangsweise in Form einer öffentlichen Ausrufung. (Findet sich kein Kaufinteressent, der bereit wäre, mindestens den gerichtlichen Schätzpreis für die Liegenschaft[en] zu zahlen), schreibt man hernach zum gesamten Verfahren eine einzige Urkunde (mit folgendem Wortlaut: 'Wir, das jüdische Richterkollegium, mußten eine Sitzung abhalten), weil Y mit einer Darlehensurkunde in seiner Hand vor uns erschien, die auf so und so viele Schillinge lautete und das und das (Ausstellungs-)Datum aufwies. Das Dokument wurde vor uns in geziemender Weise beglaubigt, und der Darlehensschuldner zur Zahlung an den Antragsgegner verurteilt. Wir fanden aber keine (verwertbaren) Güter bei ihm vor. Daraufhin ließen wir ihn seine Mittellosigkeit beschwören; und dieser Darlehensgläubiger nahm die Verfolgung der Käufer (von Grundstücken aus dem Schuldnervermögen) auf. Er ließ einen gewissen Z vor uns laden, der vom Schuldner ein Feld gekauft hatte, und zwar zu dem und dem Zeitpunkt, der nach dem Zeitpunkt der Darlehensaufnahme lag.[568] Beim (Eviktions-)Prozeß wurde Z (zur Herausgabe seines Kaufobjekts) verurteilt. Dabei ließen wir den Darlehensgläubiger schwören, daß er noch keinerlei Zahlung auf der Basis dieser Darlehensforderung erhalten hatte. Weil der Käufer ihn nicht mit Geld abfinden wollte, waren wir gezwungen, zugunsten des Gläubigers einen Teil von jenem Feld (in Höhe der Forderung) wertmäßig abzuschätzen. Wir beschlagnahmten (das Feld) für die Wertabschätzung und zwangsversteigerten (das Teilstück) seinethalben in Form einer öffentlichen Ausrufung, so wie es sich geziemte. (Da sich niemand fand, der auch nur den Schätzpreis zu zahlen bereit gewesen wäre), haben wir die Darlehensurkunde zerrissen. Wir weisen nun dem genannten Darlehensgläubiger Y das und das (Teil-)Feld[569] innerhalb seiner Grundstücksgrenzen[570] und innerhalb seiner (im einzelnen genann-

---

[566] Gemeint ist der Schuldschein.
[567] Der Offenbarungseid ist eine Einrichtung der nachtalmudischen Zeit.
[568] Siehe noch einmal S.98 Anmerkung 539.
[569] Das vorher erwähnte ist natürlich gemeint.
[570] Oder: "mit seinen spezifischen Kennzeichen", hebräisch: BSYMNYH.

ten) Anrainer als Eigentum zu.' Den ganzen (restlichen) Inhalt der Urkunde (schreibt man dann auch noch nieder).[571]

---

[571] Text in der Ausgabe Asaf, a.a.O., S.71f § 18.

INDEX LOCORUM

a) Bibelstellen

Exodus
21,19 - S.14
22,25f - S.86

Leviticus
25,28 - S.49
27,2ff - S.80
27,16-21 - S.48

Numeri
32,29f - S.58

Deuteronomium
24,6 - S.86,92,94
24,13 - S.84ff

b) Klassische Rabbinica

<u>Mechilta des Rabbi Ismael:</u>
Mischpatim
§ 19 - S.86

<u>Mischna:</u>
-Gittin
V,3 - S.69
VII,8 - S.60

-Baba Kamma
X,6 - S.1f

-Baba Metzi'a
IV,1 - S.28f
V,2 - S.64
IX,12 - S.16
IX,13 - S.81,86,94

-Baba Batra
VIII,7 - S.74
X,3 - S.21,24
X,5 - S.59f
X,7 - S.23

-'Arachin
VI,3 - S.80,87

<u>Talmud, babylonischer:</u>
-Schabbat
128a - S.81f

-Pesachim
31a - S.31

-Ketubbot
19a - S.30
33b - S.14
84b-85a - S.35
85a - S.36f
85b - S.30
86a - S.71
92b-93a - S.14

-Nedarim
33a-b - S.41

-Gittin
14a-b - S.40
65b - S.16
66a - S.16f
72a - S.60
72b - S.61f

-Kidduschin
20b - S.48

-Baba Kamma			-Sanhedrin	
7b-8a	-	S.89	29a-b -	S.33
40a-b	-	S.40f		
40b	-	S.31,77f	-ʿAboda Sara	
59b	-	S.39	63b -	S.19
89a	-	S.31	71a -	S.18
112b	-	S.11ff		
			-Bechorot	
-Baba Metziʿa			20a -	S.36
12b-13a	-	S.24	48a -	S.3f
15a	-	S.70		
15b	-	S.51,53ff,90	-ʿArachin	
35a	-	S.96	21b -	S.88f
35b	-	S.103	24a -	S.87
45b	-	S.29		
52b	-	S.49	Talmud, Jerusalemer:	
64a-b	-	S.65f	-Ketubbot	
65a	-	S.64	XIII,2 -	S.36,41
66a-b	-	S.50		
66b	-	S.10	-Baba Metziʿa	
67b	-	S.2f,43ff	IX,12 -	S.94
72a-b	-	S.51f		
77b	-	S.49	-Schebuʿot	
96a	-	S.8	V,1 -	S.7
104b	-	S.92		
110a	-	S.47	Tosefta:	
112a	-	S.16	-Demai	
113b	-	S.80	VI,4 -	S.19f
114a	-	S.83		
115a	-	S.37	-Baba Kamma	
116a	-	S.85,94	X,30 -	S.2
-Baba Batra			-Baba Metziʿa	
41b	-	S.26,74	I,19 -	S.39
44b	-	S.76		
107a	-	S.48	-Baba Batra	
148a	-	S.34	XI,15 -	S.6,8
169a	-	S.99		
169b	-	S.102f		
173a	-	S.23		
173b	-	S.3,7		
174a	-	S.4		
174b	-	S.6		

c) Mittelalterliche Quellen (nur auswahlweise)

Abraham Ben David von Posquières:
Responsen
S.42

David Kimchi:
Sefer ha-Schoraschim
(Bibelwörterbuch)
RYH - S.92

Halachot Gedolot:
Hilchot Ribbit
S.45ff

Isaak Al-Fasi:
-Responsen
S.11f,14

-Talmudkompendium
Gittin
41a - S.78
Baba Metzi'a
14b+15b - S.54
15b - S.90
67b - S.43

Isaak Ben Abba Mari von Marseille:
Sefer ha-'Ittur
Buchstabe 'Ajin
'Iska wa-Chob
S.49

Meir Ben Todros ha-Levi Abulafia:
Jad Ramah (Talmudkommentar)
-Baba Batra
169b - S.99

Moses Maimonides:
Mischne Tora
-Hilchot Ischut
VI § 2+14 - S.58
-Hilchot Malwe we-Lowe
XXIII § 5 - S.28
XXV § 9 - S.8
XXV § 10 - S.9
-Hilchot To'en we-Nit'an
VI § 8 - S.33
VII § 1 - S.34
XIV § 13 - S.74

Moses Nachmanides:
-Sefer Milchemet ha-Schem
(zu Isaak Al-Fasi)
Baba Metzi'a
15b - S.91
Baba Batra
174b - S.6

-Talmudkommentar
Kidduschin
20b - S.49
Baba Metzi'a
67a - S.44f
114a - S.82f
Baba Batra
167b - S.27
'Aboda Sara
71a - S.19

Natronai Bar Hilai Gaon:
Responsen
S.11

Raschi:
Talmudkommentar
-Kidduschin
20b - S.49

(Fortsetzung Raschi,
Talmudkommentar:)
-Baba Metzi‛a
15a - S.70
114a - S.83

Salomon Ben Adret:
Talmudkommentar
-Baba Batra
167b - S.22

Samuel Ben Meir:
Talmudkommentar
-Baba Batra
32b - S.5f

Serachja Ben Isaak ha-Levi:
Sefer ha-Maor (zu Isaak Al-Fasi)
-Baba Metzi‛a
15b - S.91
-Baba Batra
174b - S.6

Tosafot (zum babylonischen Talmud):
Ketubbot
19a - S.31

INDEX RERUM (nur auswahlweise)

Abwesenheit einer Partei
(bei Vertragsbeurkundung)
S.21ff

Achlatta-Urkunde
S.98,103

Achrasta-Urkunde
S.98

Adrachta-Urkunde
S.11ff,72,98ff,103

Antichrese
s.u. Grundpfandgeschäfte

Antrauung
S.55

Arbeitsbehinderung
S.93

Armut
S.80,87

Aufrechnung (von Forderungen)
S.42ff

Auslandsvollstreckung
S.71f,99f

Bedingungen
S.56ff

Beglaubigung (von Urkunden)
S.100,103f

Beitreibungsschwierigkeiten
S.65

Betrug
S.25ff

Beweislast
S.22,73ff

Bösgläubigkeit (bei Kaufgeschäften)
S.51,53ff,68ff

Bücher
S.85

Bürgschaft
S.3ff,11

Darlehensgeschäfte
S.1ff,27ff,42ff,50ff,
67ff,89ff,97ff

Decke
S.84

Depositenrecht
s.u. Verwahrungsvertrag

Drittschuldner
S.30ff,40f

Ehescheidung
S.60ff

Eheschließung
s.u. Antrauung

Ehevertrag
s.u. Ketubba

Eigentümerpräsumption
S.52,73ff

Erbe(nhaftung)
S.2f,36f,48,75,92f

Eviktion
S.4ff,11,25ff,32,50ff,54f,
67ff,72ff,90f,97ff

Feld
S.11,42,45,48f,55ff,63,
77,89,99,104

Fernreise
S.10f,71f,99f

Fiktivgläubiger
S.32ff

Forderungsabtretung
s.u. Zession

Forderungspfändung
s.u. Drittschuldner

Forderungsverfall
S.37,79f,87,94ff

Fruchtziehung
S.3,42ff,54,68f,74,102f

Gefängnis
S.14

Gerichtsbarkeit, jüdische
S.5,10ff,38ff,59,63f,
71ff,79ff,92f,95f,98ff

Gerichtsvollzieher
S.79ff,92f,99,101,104

Gesamtschuldner
S.7ff

Geschäfts(un)fähigkeit
S.50f

Geschäftsführung ohne
Auftrag
S.41

Glasflaschen
S.85

Gläubigerkonkurrenz
S.35ff,76f

Gläubigerunkosten
S.71f

Gratishüter
S.51

Grundpfandgeschäfte
S.2f,42ff,52

Grundsteuer
S.45ff

Grundstücksertragswert
S.88f

Grundstückshehlerei
S.51,53ff,68f

Grundstücksnachbarn
S.104f

Grundstückstaxierung
S.71f,88f,95ff,104

Grundstücks(ver)kauf
S.4,11,14,21ff,49ff,68ff,
88ff,97ff

Grundstücksverkehrswert
S.89,97

Handmühle
S.92,94

Hausabriß
S.95,97

Hausneubau
S.97

Herbeiführung der eigenen
Zahlungsunfähigkeit
S.4,10

Immobiliarzwangsvollstreckung
S.4ff,11ff,25ff,32,50ff,54,
67ff,82,88ff

Insolvenz
s.u. Zahlungsunfähigkeit

Irrtum
S.14,22

Joch (für Pflugtiere)
S.94

Jubeljahr
S.48f

Kaufgeschäfte (bei Immobilien)
siehe unter Grundstücks-(ver)kauf

Kaufgeschäfte (bei Mobilien)
S.28f,46,64ff,76f,81,83,87

Ketubba
S.9,31f

Kinjan
S.21,24ff,56,58,63,69f

Kippdarlehen
s.u. Vorzeitigkeit

Kissen
S.84

Kleinstratenzahlung
S.49

König
S.18,20f,45

Kor (Hohlmaß)
S.15,17

Körperverletzung (mit oder ohne Todesfolge)
S.14

Läuferstein (einer Mühle)
S.92ff

Leihe
S.40f,53f

Leistungsannahmeverweigerung
S.1ff,49

Leistungsort
S.1f

Leuchter
S.85

Liegematte
S.80f,87

Liegemöbel
S.80,87

Lohnhüter
S.40,51

Löwenverscheuchung
s.u. Geschäftsführung ohne Auftrag

Mahlen (von Getreide)
S.92f

Marktpreis (für Weizen)
S.18

Matratze
S.80f,87

Melioration
S.68ff,90

Messer
S.85

Miete
S.64

Minderjährigkeit
S.50ff

Mine (Währungsbezeichnung)
S.15f,21,30,32ff,48,
68,71f,81,84f,98

Mobiliarzwangsvollstreckung
S.11ff,75ff,92ff

Mühleisen
S.93

Mühlräder
S.94

Mühlstein
S.92ff

Nachfristgewährung
S.3f

Nachtgewand
S.83,85f

Naturaldarlehen
S.17

Naturaliensteuer
S.46f

Nichtjude
S.71

Nießbrauch
s.u. Fruchtziehung

Nötigung
S.53,93

Obrigkeit, nichtjüdische
S.46f

Offenbarungseid
S.99f,104

Optionskauf
S.31,50,56ff

Pfändung
s.u. Mobiliarzwangsvollstreckung

Pflug
S.94

Pflügen
S.93

Postskript (auf einer Urkunde)
S.56,63

Preisbindungslosigkeit
S.56f,65

Protesterklärung, vorsorgliche
S.53

Prozeßbetrug
S.11ff

Raub
S.1f,93

Rechtsmängel(haftung)
S.14,25f,70

Reichtum
S.80,85,87

Richterwechsel
S.100,103

Risikoabwälzung
S.65f

Rückkaufsrecht (bei Grundstücken)
S.48f,96f

Sabbatjahr
S.37,79f

Säen
S.93

Schaden(sersatz)
S.13f,39f,65,68ff,77f, 93,98,102

Schalen
S.85

Scheidung
s.u. Ehescheidung

Schenkung
S.37f,60,74f

Scherzversprechen
S.33

Schilling
S.15,17f,56f,104

Schuldanerkenntnis
S.26,33f,39

Schuldnerschutz
S.78ff

Schuldschein
S.5f,21ff,27f,32ff,59f 64ff,71f,75f,98,100,104

Schuma-Urkunde
S.98

Seidendecke
S.81

Seidengewand
S.81

Seidenkissen
S.81

Selbsthilfe, außergerichtliche
S.80f,87,92ff,96

Sicherungsübereignung
S.37ff

Spaten
S.94

Stellvertretung
S.18ff,40,67f

Steuerüberwälzung
S.18,20f

Stockgetriebe (einer Wassermühle)
S.93f

Strafrecht
S.14

Stuhl
S.85

Sus (Währungsbezeichnung)
S.49

Tagesgewand
S.83,85f

Tauschgeschäfte
S.28f

Testament
S.74f

Tirpa-Urkunde
S.97ff,102f

Tod
S.9,37,60f,74f

Transportgefährdung
S.1

Treuhänder
S.10,56ff,63

Türsperre
S.93

Unauffindbarkeit (eines Vollstreckungsschuldners)
S.76f

Ungültigkeit (von Verträgen)
S.50ff,65

Unkostenüberwälzung
S.97

Unpfändbarkeit
s.u. Schuldnerschutz

Unrentabilität (einer zu kleinen Grundfläche)
S.89ff

Urkundenfälschung
S.11ff

Urkundenrecht
S.21ff

Urkundenschreiber
S.21,69

Verbotsumgehungsgeschäft
S.56f,67f

Vermögenssteuer
S.18,20f

Verschwendung
S.4,10

Vertragsverletzung
S.35f,38ff,56ff,63f

Verwahrungsvertrag
S.1,7,10f,15,17,35ff,51,54ff,63

Verzicht
S.30ff

Vollstreckungsvereitelung
S.30f,92,95f

Vorzeitigkeit (bei der Tilgung)
S.2f,49

Wassermühlen
S.92ff

Weizen
S.15,17f

Willensmängel
S.50f,57ff

Wollgewand
S.81

Wüste
S.1f

Zahlungsfrist, gesetzliche
S.55

Zahlungsquittung
S.5f,9

Zahlungsunfähigkeit
S.4,7ff,30ff,50ff,67ff,
76ff,98f,101,104

Zession
S.15ff,30f,34,64ff

Zeugen
S.5,21,26ff,33,58f,63,103

Zins(verbot)
S.18ff,42ff,64ff,70

Zwangsversteigerung (von Grundstücken)
S.51f,56f,71f,88f,95f,98f,
103f

VERZEICHNIS DER ZITIERTEN UND DARÜBER HINAUS KONSULTIERTEN LITERATUR

ABRAHAM BEN DAVID VON POSQUIÈRES: WEITERE RECHTSENTSCHEIDE ABRAHAM BEN DAVIDS VON POSQUIÈRES, AUS DEM HEBRÄISCHEN UND ARAMÄISCHEN ÜBERSETZT UND ERLÄUTERT VON H.G.VON MUTIUS, FRANKFURT A.M. U.A., 2002 (JUDENTUM UND UMWELT 73).
#
ASSIS, Y.T.: JEWISH ECONOMY IN THE MEDIEVAL CROWN OF ARAGON, 1213-1327 - MONEY AND POWER, LEIDEN U.A., 1997 (BRILL'S SERIES IN JEWISH STUDIES XVIII).
#
THE BABYLONIAN TALMUD TRANSLATED INTO ENGLISH, BESORGT VON I.EPSTEIN UND ANDEREN, 18 BDE, NACHDRUCK, LONDON, 1978.
#
BIBLIA HEBRAICA, HRSG. VON R.KITTEL UND P.KAHLE, 12.AUFL., STUTTGART, 1961.
#
CHAZAN, R.: BARCELONA AND BEYOND: THE DISPUTATION OF 1263 AND ITS AFTERMATH, BERKELEY, KALIFORNIEN, U.A., 1992.
#
DAVID KIMCHI: RABBI DAVIDIS KIMCHI RADICUM LIBER..., HRSG. VON J.H.R.BIESENTHAL UND F.LEBRECHT, BERLIN, 1847.
#
GLEISBERG, H.: TRIEBWERKE IN GETREIDEMÜHLEN - EINE TECHNISCHGESCHICHTLICHE STUDIE, DÜSSELDORF, 1970 (TECHNIKGESCHICHTE IN EINZELDARSTELLUNGEN, 15).
#
GOODBLATT, D.: THE BABYLONIAN TALMUD; IN: AUFSTIEG UND NIEDERGANG DER RÖMISCHEN WELT II/19,2, HRSG. VON W.HAASE, BERLIN/NEW YORK, 1979, S.257FF.
#
GULAK, A.: YSWDY HMŠPṬ H'BRY - SDR DYNY MMWNWT BYŚR'L, 2 BDE, 2.AUFL., TEL-AVIV, 1967.
#
HAAS, P.J.: RESPONSA: LITERARY HISTORY OF A RABBINIC GENRE, ATLANTA, GEORGIA, 1996.
#
HLKWT GDWLWT, VENEDIG, 1548.
#
IDEL, M., UND PERANI, M.: NAHMANIDE ESEGETA E CABBALISTA - STUDI E TESTI, FLORENZ, 1998.
#

ISAAK AL-FASI: HLKWT RB ʾLFS LRBNW YSḤQ BʺR YʿQB ʾLFSY, HRSG. VON N.SACHS, 2 BDE, JERUSALEM, 1969.

#

ISAAK BEN ABBA MARI VON MARSEILLE: SFR HʿYṬWR, DIGITALISIERTE EDITION; IN → (THE) RESPONSA PROJECT...

#

LEVI, J.: WÖRTERBUCH ÜBER DIE TALMUDIM UND MIDRASCHIM, 4 BDE, 2.AUFL., BERLIN/WIEN, 1924.

#

MEIR BEN TODROS HA-LEVI ABULAFIA: YD RMH; DIGITALISIERTE EDITION,IN: SIEHE UNTER → MOSES NACHMANIDES, ERSTER EINTRAG.

#

MISCHNAJOT - DIE SECHS ORDNUNGEN DER MISCHNA, HRSG. UND INS DEUTSCHE ÜBERSETZT VON A.SAMMTER UND ANDEREN, 6 BDE, 3.AUFL., BASEL, 1986.

#

MKYLTʾ DRBY YŠMʿʾL, HRSG. VON H.S.HOROVITZ UND I.A.RABIN, 2. AUFL., JERUSALEM, 1970.

#

MOSES MAIMONIDES: MŠNH TWRH WHWʾ SFR HYʺD HḤZQH..., TRADITIONELLE AUSGABE MIT SUPERKOMMENTAREN, 2 BDE, NEW YORK/BERLIN, 1926.

#

MOSES NACHMANIDES: RMBʺN ʿL TLMWD BBLY; DIGITALISIERTE EDITION, IN: HSFRYH HTWRNYT HMMWHŠBT/HQWNQWRDNSYH LŠʺS ʿM RʾŠWNYM, JERUSALEM, 1999.
- RECHTSENTSCHEIDE VON MOSES NACHMANIDES AUS GERONA, TEILE 1 UND 2, AUS DEM HEBRÄISCHEN UND ARAMÄISCHEN ÜBERSETZT VON H.G.VON MUTIUS, FRANKFURT A.M. UND ANDERSWO, 2003 (JUDENTUM UND UMWELT, 75+76).
- SFR MLḤM(W)T HŠM: SIEHE UNTER → TLMWD BBLY.
- SFRN ŠL RʾŠWNYM - TŠWBWT WPSQYM WMNHGWT, HRSG. VON S. ASAF, JERUSALEM, 1935, S.53FF.

#

NEUSNER, J.: THE TOSEFTA - AN INTRODUCTION, ATLANTA, GEORGIA, 1992 (SOUTH FLORIDA STUDIES IN THE HISTORY OF JUDAISM 47).

#

NEWMAN, J.: HALACHIC SOURCES FROM THE BEGINNING TO THE NINTH CENTURY, LEIDEN, 1969 (PRETORIA ORIENTAL SERIES VIII).

#

NOVAK, D.: THE THEOLOGY OF NAHMANIDES SYSTEMATICALLY PRESENTED, ATLANTA, GEORGIA, 1992 (BROWN JUDAIC STUDIES 271).

#

THE OXFORD DICTIONARY OF THE JEWISH RELIGION, HRSG. VON R.J.Z. WERBLOWSKY UND G.WIGODER, NEW YORK/OXFORD, 1997.
#
RASCHI: SIEHE UNTER → TLMWD BBLY
#
THE RESPONSA PROJECT (PRWYYQT HŠW"T), HRSG. VON DER BAR ILAN UNIVERSITY, CD-ROM, VERSION 7.0, RAMAT GAN, 1999.
#
SALOMON BEN ADRET: RŠB"' 'L TLMWD BBLY, DIGITALISIERTE EDITION; IN: SIEHE UNTER → MOSES NACHMANIDES, ERSTER EINTRAG.
#
SERACHJA BEN ISAAK HA-LEVI: SFR HM'WR: SIEHE UNTER → TLMWD BBLY.
#
SOKOLOFF, M.: A DICTIONARY OF JEWISH BABYLONIAN ARAMAIC OF THE TALMUDIC UND GEONIC PERIODS, RAMAT-GAN U.A., 2002.
#
STEMBERGER, G.: EINLEITUNG IN TALMUD UND MIDRASCH, 8.AUFL., MÜNCHEN, 1992.
- DER TALMUD - EINFÜHRUNG, TEXTE, ERLÄUTERUNGEN, MÜNCHEN, 1982.
#
TLMWD BBLY 'M PYRWŠ RŠ"Y, TWSFWT..., TRADITIONELLE AUSGABE MIT VIELEN SUPERKOMMENTAREN UND ANDEREN HALACHISCHEN WERKEN, 20 BDE, NACHDRUCK JERUSALEM, 1975/76.
#
TLMWD YRWŠLMY 'W TLMWD HM'RB..., TRADITIONELLE AUSGABE MIT SUPERKOMMENTAREN, 8 BDE, JERUSALEM, 1972/73.
#
TWSFT' 'L PY KTBY YD 'RFWRT WWYNH, HRSG. VON M.S.ZUCKERMANDEL, 2. VON S.LIEBERMANN BESORGTE AUFLAGE, JERUSALEM, 1975.

Als ethnische und religiöse Gemeinschaft, die seit rund zweieinhalb Jahrtausenden ihre Existenz und Identität in der Zerstreuung behaupten muß, weist das Judentum ein besonders vielfältiges und wechselhaftes Umweltverhältnis auf. Einerseits ist es ständig mehr oder minder der Einwirkung der jeweiligen Umwelt ausgesetzt, nimmt an deren Zivilisation, Sprache und Kultur Anteil und prägt mit den so aufgenommenen Mitteln auch das eigene Selbstbewußtsein aus. Andererseits übt es selber Einfluß auf die Umwelt aus und wird oft zu einem dynamischen Faktor in den verschiedensten kulturgeschichtlichen Bereichen. Gleichzeitig kommt es aber auch zu Spannungen im Umweltverhältnis, bis zu einem gewissen Grade durch das Bedürfnis von Religionsgemeinschaften zur Abgrenzung und Selbstabgrenzung bedingt, fast immer durch die Minderheits- und Diasporasituation verschärft und oft durch judenfeindliche Tendenzen in religiösen oder weltanschaulichen Strömungen von existenzgefährdendem Ausmaß. Fehlen solche Spannungen und nimmt angesichts des problemlosen Umweltverhältnisses die Assimilation überhand, treten im Judentum selbst Gegenströmungen auf, die eine Profilierung in ethnischer oder religiöser Hinsicht mit dem Ziel der Selbstbehauptung zum Ziel haben. Diesen vielfältigen, zum Teil auch ineinanderlaufenden oder gar gegenläufigen Prozessen nachzuspüren, ist das Ziel der Reihe "Judentum und Umwelt", die mit einer Studie zur Geschichte des Hebräischen eröffnet wird, der Sprache, die für die Selbstbehauptung des Judentums durchgehend von erstrangiger Bedeutung ist.

JUDENTUM UND UMWELT

REALMS OF JUDAISM

Band 1 Bruno Chiesa: The Emergence of Hebrew Biblical Pointing, The Indirect Sources. 1979.

Band 2 Helmut Hirsch: Marx und Moses. Karl Marx zur "Judenfrage" und zu den Juden. 1980.

Band 3 Annelise Butterweck: Jakobs Ringkampf am Jabbok. Gen. 32,4ff in der jüdischen Tradition bis zum Frühmittelalter. 1981.

Band 4 Margarete Schlüter: "Deraqôn" und Götzendienst. 1982.

Band 5 Hans-Georg von Mutius: Die christlich-jüdische Zwangsdisputation zu Barcelona. 1982.

Band 6 Karlheinz Müller: Das Judentum in der religionsgeschichtlichen Arbeit am Neuen Testament. Eine kritische Rückschau auf die Entwicklung einer Methodik bis zu den Qumranfunden. 1983.

Band 7 Hermann Oberparleiter: Martin Buber und die Philosophie. Die Auseinandersetzung Martin Bubers mit der wissenschaftlichen Philosophie. 1983.

Band 8 Mary Dean-Otting: Heavenly Journeys. A Study of the Motif in Hellenistic Jewish Literature. 1984.

Band 9 Hannelore Künzl: Islamische Stilelemente im Synagogenbau des 19. und frühen 20. Jahrhunderts. 1984.

Band 10 Bruno Chiesa/Wilfrid Lockwood: Ya'qub al-Qirqisani on Jewish Sects und Christianity. A translation of Kitab al-anwar, Book I, with two introductory essays. 1984.

Band 11 Giulio Busi: Horayat ha-qore'. Una grammatica ebraica del secolo XI. 1984.

Band 12 Wolfgang Bunte: Joost van den Vondel und das Judentum. "Hierusalem Verwoest" (1620) und seine antiken Quellen. 1984.

Band 13 I Hans-Georg von Mutius: Rechtsentscheide rheinischer Rabbinen vor dem ersten Kreuzzug. Quellen über die sozialen und wirtschaftlichen Beziehungen zwischen Juden und Christen. - 1. Halbband. 1984.

Band 13 II Hans-Georg von Mutius: Rechtsentscheide rheinischer Rabbinen vor dem ersten Kreuzzug. Quellen über die sozialen und wirtschaftlichen Beziehungen zwischen Juden und Christen. - 2. Halbband. 1985.

Band 14 Mascha Hoff: Johann Kremenezky und die Gründung des KKL. 1986.

Band 15 I Hans-Georg von Mutius: Rechtsentscheide Raschis aus Troyes (1040 - 1105). Quellen über die sozialen und wirtschaftlichen Beziehungen zwischen Juden und Christen. - 1. Halbband. 1986.

Band 15 II Hans-Georg von Mutius: Rechtsentscheide Raschis aus Troyes (1040 - 1105). Quellen über die sozialen und wirtschaftlichen Beziehungen zwischen Juden und Christen. - 2. Halbband. 1987.

Band 16 Talia Thorion-Vardi: Das Kontrastgleichnis in der rabbinischen Literatur. 1986.

Band 17 Dieter Fettke: Juden und Nichtjuden im 16. und 17. Jahrhundert in Polen. Soziale und ökonomische Beziehungen in Responsen polnischer Rabbiner. 1986.

Band 18 Talia Thorion-Vardi: Ultraposition. Die getrennte Apposition in der alttestamentlichen Prosa. 1987.

Band 19 Sabine S. Gehlhaar: Prophetie und Gesetz bei Jehudah Hallevi, Maimonides und Spinoza. 1987.

Band 20 Christoph Dröge: Gianozzo Manetti als Denker und Hebraist. 1988.

Band 21   Thomas Rahe: Frühzionismus und Judentum. Untersuchung zu Programmatik und historischem Kontext des frühen Zionismus bis 1897. 1988.

Band 22   Benjamin von Tudela: Buch der Reisen (Sefar ha-Massa'ot), ins Deutsche übertragen von Rolf P. Schmitz. I. - Text. 1988.

Band 23   Gert Niers: Frauen schreiben im Exil. Zum Werk der nach Amerika emigrierten Lyrikerinnen Margarete Kollisch, Ilse Blumenthal-Weiss, Vera Lachmann. 1988.

Band 24   Wolfgang Bunte: Juden und Judentum in der mittelniederländischen Literatur (1100-1600). 1989.

Band 25   Gérard Jobin: Concordance des Particules cooccurrentes de la Bible hébraïque. 1989.

Band 26   Philippe Cassuto: Qeré-Ketib et listes massorétiques dans le manuscrit B 19a. 1989.

Band 27   Wolfgang Bunte: Religionsgespräche zwischen Christen und Juden in den Niederlanden (1100-1500). 1990.

Band 28   Hans-Georg von Mutius: Rechtsentscheide jüdischer Gesetzeslehrer aus dem maurischen Cordoba. Quellen zur Wirtschafts- und Sozialgeschichte der jüdischen Minderheit in Spanien und Nordafrika im 10. und 11. Jahrhundert. 1990.

Band 29   Angelo Vivian (Hrsg.): Biblische und judaistische Studien. Festschrift für Paolo Sacchi. 1990.

Band 30   Dagmar Börner-Klein: Eine babylonische Auslegung der Ester-Geschichte. Der Midrasch in Megilla 10b-17a. 1991.

Band 31   Hans-Georg von Mutius: Rechtsentscheide Mordechai Kimchis aus Südfrankreich (13./14. Jahrhundert). Übersetzt und erläutert von Hans-Georg von Mutius. 1991.

Band 32   Bettina Marx: Juden Marokkos und Europas. Das marokkanische Judentum im 19. Jahrhundert und seine Darstellung in der zeitgenössischen Presse in Deutschland, Frankreich und Großbritannien. 1991.

Band 33   Wolfgang Bunte: Die Zerstörung Jerusalems in der mittelniederländischen Literatur (1100-1600). 1992.

Band 34   Annette Haller: Das Protokollbuch der jüdischen Gemeinde Trier (1784-1836). Edition der Handschrift und kommentierte Übertragung ins Deutsche. 1992.

Band 35   Qimḥî, Yiṣḥāq: Rechtsentscheide Isaak Kimchis aus Südfrankreich. Übers. und erl. von Hans-Georg von Mutius. 1992.

Band 36   Jacob Neusner: Classical Judaism: Torah, Learning, Virtue. An Anthology of the Mishnah, Talmud, and Midrash. Volume One: Torah. 1993

Band 37   Jacob Neusner: Classical Judaism: Torah, Learning, Virtue. An Anthology of the Mishnah, Talmud, and Midrash. Volume Two: Learning. 1993.

Band 38   Jacob Neusner: Classical Judaism: Torah, Learning, Virtue. An Anthology of the Mishnah, Talmud, and Midrash. Volume Three: Virtue. 1993.

Band 39   Dagmar Börner-Klein: Midrasch Sifre Numeri. Voruntersuchungen zur Redaktionsgeschichte. 1993.

Band 40   Wolfgang Bunte (Hrsg.): Anonymus, Tractatus adversus Judaeum (1122). 1993.

Band 41   Jacob Neusner: How Judaism Reads the Torah, I/II. I: How Judaism Reads the Ten Commandments. An Anthology of the Mekhilta Attributed to R. Ishmael. II: "You Shall Love Your Neighbor as Yourself": How Judaism Defines the Covenant to Be a Holy People. An Anthology of Sifra to Leviticus. 1993.

Band 42   Jacob Neusner: How Judaism Reads the Torah, III/IV. III: Wayward Women in the Wilderness. An Anthology of Sifré to Numbers. IV: "I Deal Death and I Give Life": How Classical Judaism Confronts Holocaust. An Anthology of Sifré to Deuteronomy. 1993.

Band 43 Clemens Thoma / Günter Stemberger / Johann Maier (Hrsg.): Judentum – Ausblicke und Einsichten. Festgabe für Kurt Schubert zum siebzigsten Geburtstag. 1993.

Band 44 Uwe Vetter: Im Dialog mit der Bibel. Grundlinien der Schriftauslegung Martin Bubers. 1993.

Band 45 Qimḥî, Yiṣḥâq: Rechtsentscheide Isaak Kimchis aus Südfrankreich. 2. Halbband, übersetzt und erläutert von Hans-Georg von Mutius. 1993.

Band 46 Ulrike Peters: Richard Beer-Hofmann. Zum jüdischen Selbstverständnis im Wiener Judentum um die Jahrhundertwende. Mit einem Vorwort von Sol Liptzin. 1993.

Band 47 Jacob Neusner: Scripture and Midrash in Judaism. Volume One, 1994.

Band 48 Jacob Neusner: Scripture and Midrash in Judaism. Volume Two, 1995.

Band 49 Jacob Neusner: Scripture and Midrash in Judaism. Volume Three, 1995.

Band 50 Hans-Georg von Mutius: Jüdische Urkundenformulare aus Marseille in Babylonisch-Aramäischer Sprache. Übersetzt und erläutert von Hans-Georg von Mutius. 1994.

Band 51 Jacob Neusner: Die Gestaltwerdung des Judentums. Die jüdische Religion als Antwort auf die kritischen Herausforderungen der ersten sechs Jahrhunderte der christlichen Ära. Aus dem Amerikanischen übertragen von Johann Maier. 1994.

Band 52 Jacob Neusner: The Talmudic Anthology. Volume One. Torah: Issues of Ethics, 1995.

Band 53 Jacob Neusner: The Talmudic Anthology. Volume Two. God: Issues of Theology, 1995.

Band 54 Jacob Neusner: The Talmudic Anthology. Volume Three. Israel: Issues of Public Policy, 1995.

Band 55 Elisabeth Hollender: Synagogale Hymnen. Qedushta'ot des Simon b. Isaak im Amsterdam Mahsor. 1994.

Band 56 Carsten Wilke: Jüdisch-christliches Doppelleben im Barock. Zur Biographie des Kaufmanns und Dichters Antonio Enríquez Gómez. 1994.

Band 57 Natascha Kubisch: Die Synagoge Santa Maria la Blanca in Toledo. Eine Untersuchung zur maurischen Ornamentik. 1995.

Band 58 Wolfgang Bunte: Rabbinische Traditionen bei Nikolaus von Lyra. Ein Beitrag zur Schriftauslegung des Spätmittelalters. 1994.

Band 59 Christfried Böttrich: Adam als Mikrokosmos. Eine Untersuchung zum slavischen Henochbuch.1995.

Band 60 Rechtsentscheide mittelalterlicher englischer Rabbinen. Aus dem Hebräischen und Aramäischen übersetzt und erläutert von Hans-Georg von Mutius. 1995.

Band 61 Jüdische Urkundenformulare aus Barcelona. Übersetzt und erläutert von Hans-Georg von Mutius. 1996.

Band 62 Gerbern S. Oegema: The History of the Shield of David. The Birth of a Symbol. 1996.

Band 63 Erika Hirsch: Jüdisches Vereinsleben in Hamburg bis zum Ersten Weltkrieg. Jüdisches Selbstverständnis zwischen Antisemitismus und Assimilation. 1996.

Band 65 Ursula Ragacs: "Mit Zaum und Zügel muß man ihr Ungestüm bändigen" – Ps 32,9. Ein Beitrag zur christlichen Hebraistik und antijüdischen Polemik im Mittelalter. 1997.

Band 66 Jane Rusel: Hermann Struck (1876 - 1944). Das Leben und das graphische Werk eines jüdischen Künstlers. 1997.

Band 67 Anja Speicher (Hrsg.): Isaak Alexander. Schriften. Ein Beitrag zur Frühaufklärung im deutschen Judentum. 1998.

Band 68   Susanne Borchers: Jüdisches Frauenleben im Mittelalter. Die Texte des Sefer Chasidim. 1998.

Band 69   Katrin Kogman-Appel: Die zweite Nürnberger und die Jehuda Haggada. Jüdische Illustratoren zwischen Tradition und Fortschritt. 1999.

Band 70   Rechtsentscheide Abraham Ben Davids von Posquières. Aus dem Hebräischen und Aramäischen übersetzt und erläutert von Hans-Georg von Mutius. 2001.

Band 71   Ursula Ragacs: Die zweite Talmuddisputation von Paris 1269. 2001.

Band 72   Rivka Ulmer: Turmoil, Trauma and Triumph. The Fettmilch Uprising in Frankfurt am Main (1612-1616) According to *Megillas Vintz*. A Critical Edition of the Yiddish and Hebrew Text Including an English Translation. 2001.

Band 73   Weitere Rechtsentscheide Abraham Ben Davids von Posquières. Aus dem Hebräischen und Aramäischen übersetzt und erläutert von Hans-Georg von Mutius. 2002.

Band 74   Abraham ben David Portaleone: Die Heldenschilde. Teil I und II. Vom Hebräischen ins Deutsche übersetzt und kommentiert von Gianfranco Miletto. 2002.

Band 75   Rechtsentscheide von Moses Nachmanides aus Gerona. Teil 1. Aus dem Hebräischen und Aramäischen übersetzt von Hans-Georg von Mutius. 2003.

Band 76   Rechtsentscheide von Moses Nachmanides aus Gerona. Teil 2. Aus dem Hebräischen und Aramäischen übersetzt von Hans-Georg von Mutius. 2003.

Band 77   Rechtsentscheide von Moses Nachmanides aus Gerona. Teil 3. Aus dem Hebräischen und Aramäischen übersetzt von Hans-Georg von Mutius. 2004.

www.peterlang.de

Hans-Georg von Mutius

Rechtsentscheide von Moses Nachmanides aus Gerona

Aus dem Hebräischen und Aramäischen übersetzt von
Hans-Georg von Mutius

Teil 1
Frankfurt am Main, Berlin, Bern, Bruxelles, New York, Oxford, Wien, 2003.
XVIII, 128 S.
Judentum und Umwelt. Herausgegeben von Johann Maier. Bd. 75
ISBN 3-631-50368-7 · br. € 34.00*

Aus dem Inhalt: Die Stellung nichtjüdischer Gerichte bei der Regelung innerjüdischer Streitigkeiten · Nichteheliche Lebensgemeinschaften unter Juden · Die Nießbrauchrechte des Ehemanns am Vermögen seiner Frau · Zur Gültigkeit oder Ungültigkeit unklarer Testamente · Der Umfang der Haftung gesetzlicher oder gewillkürter Erben für die Verbindlichkeiten des Erblassers

Teil 2
Frankfurt am Main, Berlin, Bern, Bruxelles, New York, Oxford, Wien, 2003.
XVII, 102 S.
Judentum und Umwelt. Herausgegeben von Johann Maier. Bd. 76
ISBN 3-631-50369-5 · br. € 24.50*

Aus dem Inhalt: Ist eine auf der Kopfzeile unterschriebene Urkunde gültig? · Müssen nichtjüdische Urkunden mit nur jüdischen Parteien innerjüdisch anerkannt werden? · Welche von mehreren Schuldnerverbindlichkeiten gilt bei Dissens der Parteien als zuerst getilgt? · Wem muß bei Streitigkeiten zwischen einem treuhänderischen Verwahrer und den Hinterlegern vor Gericht geglaubt werden?

Frankfurt am Main · Berlin · Bern · Bruxelles · New York · Oxford · Wien
Auslieferung: Verlag Peter Lang AG
Moosstr. 1, CH-2542 Pieterlen
Telefax 00 41 (0) 32 / 376 17 27

*inklusive der in Deutschland gültigen Mehrwertsteuer
Preisänderungen vorbehalten
Homepage http://www.peterlang.de